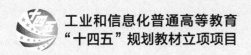

工业和信息化普通高等教育
"十四五"规划教材立项项目

会计
ACCOUNTING

会计学原理

微课版

吴敏 张丽／主编

林波 吕文 王歆 徐玄玄／副主编

ACCOUNTING

PRINCIPLES

人民邮电出版社
北京

图书在版编目（CIP）数据

会计学原理：微课版 / 吴敏，张丽主编. -- 北京：人民邮电出版社，2023.9
高等院校会计学新形态系列教材
ISBN 978-7-115-58719-0

Ⅰ. ①会… Ⅱ. ①吴… ②张… Ⅲ. ①会计学－高等学校－教材 Ⅳ. ①F230

中国版本图书馆CIP数据核字(2022)第029920号

内 容 提 要

本书在吸收了会计理论研究的新成果的基础上，以新颁布的企业会计准则及其应用指南和相关会计制度为依据，按照新修订的税收法规进行编写，增强了本书的实用性和可操作性。

本书分为 12 章，包括总论、会计核算基础、会计要素与会计等式、会计科目与会计账户、会计记账方法、借贷记账法在企业中的应用、会计凭证、会计账簿、账务处理程序、财产清查、财务报告、会计规范等内容。本书每章都有知识导图、引导案例、结合初级会计考试知识点的考试真题、知识拓展、拓展阅读和思考练习题等模块，循序渐进地帮助读者加深对会计专业知识的理解，提高运用会计理论解决实际问题的能力。

本书可作为高等院校会计学、财务管理、审计学专业以及其他经济、管理类专业相关课程的教材，也可以作为会计从业人员的参考书。

◆ 主　编　吴　敏　张　丽
　　副主编　林　波　吕　文　王　歆　徐玄玄
　　责任编辑　刘向荣
　　责任印制　李　东　胡　南

◆ 人民邮电出版社出版发行　北京市丰台区成寿寺路 11 号
　　邮编　100164　电子邮件　315@ptpress.com.cn
　　网址　https://www.ptpress.com.cn
　　固安县铭成印刷有限公司印刷

◆ 开本：787×1092　1/16
　　印张：13.5　　　　　　　　　2023 年 9 月第 1 版
　　字数：374 千字　　　　　　　2024 年 8 月河北第 2 次印刷

定价：54.00 元

读者服务热线：(010)81055256　印装质量热线：(010)81055316
反盗版热线：(010)81055315
广告经营许可证：京东市监广登字 20170147 号

前 言 Foreword

　　会计是国际通用的商业语言，会计学提供了一整套将经济信息转化为会计信息的理论和方法。党的二十大报告强调"坚持创新"，在互联网和大数据时代，会计行业将借助"互联网+"思维，创新生产方式、组织结构和服务模式，在创新、变革和融合中不断发展壮大，日益凸显其在经济生活中的重要地位和作用。

　　"会计学原理"是会计专业学生学习与掌握会计基本理论、基本知识与基本技能的一门核心主干课程，也是经济、管理类专业学生及其他专业人士了解会计初步知识的平台之一，为初学者展现了会计信息形成的基本流程和方法。

　　本书运用通俗、简洁的专业语言，在吸收了会计理论研究的新成果的基础上，以新颁布的企业会计准则及其应用指南和相关会计制度为依据进行编写。本书章节内容设计合理：每章有知识导图、引导案例、知识拓展并提出教学重点、难点，系统地描述专业知识，章末进行应知应会能力训练。本书循序渐进地帮助读者加深对会计专业知识的理解，可提高读者运用会计理论解决问题的能力。

　　本书共 12 章，主要包括会计基本理论、会计核算的基本方法、会计规范三部分。

　　一是会计基本理论，即第一章和第二章，系统地阐述了会计的研究对象、会计的内容、会计职能与会计目标、会计职业道德、会计假设、会计信息质量要求等内容。

　　二是会计核算的基本方法，即第三章至第十一章，系统地阐述了会计核算的各种专门方法以及运用会计核算方法进行会计业务处理的基本程序。大体可分为两个方面：其一，从第三章到第六章，主要论述会计科目与账户和复式记账的基本原理，并结合制造业企业主要经营过程中发生的各项经济业务，具体说明账户和借贷记账法的应用，同时阐述各个账户的特征、共性，并加以分类研究；其二，第七章至第十一章，主要论述会计凭证、账簿、账务处理程序，介绍财产清查和资产计价方法，论述财务报告的内涵及编制方法，着重结合账表格式说明记账实务。

　　三是会计规范，即第十二章，介绍了我国会计规范体系、会计法、会计准则和会计监督规范。

　　另外，为方便教师教学，本书配有教学课件、书中的思考练习题的答案及解析。

本书内容满足本科、专科教学需求，适合作为普通本科院校、高职高专院校会计学专业及其他经济、管理类专业基础会计课程的教材。

本书由武汉华夏理工学院吴敏和张丽担任主编，武汉华夏理工学院的林波、湖北商贸学院的吕文、武汉华夏理工学院的王歆和徐玄玄担任副主编。本书编写分工如下：吴敏负责编写第一章至第七章、第九章，吕文负责编写第八章，林波负责编写第十章，徐玄玄负责编写第十一章，王歆负责编写第十二章，张丽负责编写全书的拓展阅读。吴敏、李百意和项柳负责微课录制。最后，由吴敏负责统稿和定稿工作。

编者在编写本书的过程中查阅了大量的文献，借鉴了国内外同类教材和教学成果，向相关作者表示谢意！

由于作者水平有限，加之时间仓促，书中难免存在疏漏和不当之处，敬请读者不吝赐教、批评指正。

编　者

2023 年 7 月

目 录 Contents

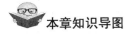 **本章知识导图**

$$
总论
\begin{cases}
会计概述
\begin{cases}
会计的产生与发展（了解）★\\
会计的含义（理解）★★\\
会计的特点（理解）★★\\
会计的对象（理解）★★
\end{cases}\\
会计的职能与会计核算方法
\begin{cases}
会计的职能（掌握）★★★\\
会计核算方法（理解）★★
\end{cases}\\
会计职业道德
\begin{cases}
会计职业道德的概念（了解）★\\
会计职业道德的主要内容（理解）★★\\
会计职业道德与会计法律制度的关系（了解）★
\end{cases}
\end{cases}
$$

引导案例

会计职业是一个非常讲究实际经验和专业技巧的职业。会计从业人员想要得到好的发展，就要注意在工作中积累经验，不断提高专业素质和专业技能，开拓自己的知识面。随着社会经济的高速发展，会计行业已经开始和其他专业慢慢融合从而产生了很多新职业，会计领域为从业者提供了不断变化并富有挑战性的工作。很多商界的成功人士最早都是从事会计工作的。

会计专业的职业方向主要包括四种：第一种是"做会计的"，即从事会计核算，会计信息披露的狭义上的会计人员，全国大约有1 900多万人，其中总会计师或"CFO"级别的，全国大约有3万多人。第二种是"查会计的"，包括注册会计师、政府和企事业单位审计部门的审计人员、资产清算评估人员，全国目前大约有25万名注册会计师以及30万名左右的单位内部审计人员。第三种是"管会计的"，全国估计不少于20万人。第四种是"研究会计的"，全国估计不超过3万人。

分析：

作为会计信息的使用者，应该了解企业会计信息的生成过程，能够对会计信息进行识别，分析和运用。通过会计基础知识和技能的学习，你会获益很多，其中最重要的是，你可以了解企业到底是如何运作的。对会计工作的一些基本会计职业常识形成初步印象，会计是一个非常讲究实际经验和专业技巧的职业。

 会计概述

一、会计的产生与发展

会计学作为一门社会科学，是在人类的生产实践和经济发展达到一定程度之后，根据经济环境的需要而产生并不断发展的。

会计的产生与发展

（一）古代会计阶段

会计的历史可以追溯到人类史前时期的原始计量与记录时代。在原始社会，由于物资极度匮乏，

经济活动也未曾衍生，并不需要对经济活动的成果进行核算，因此会计并不存在。而到了奴隶社会和封建社会时期，由于生产力的进步以及生产剩余产品的出现，人类为了控制私有财产，设立账目，记录进出仓库的生产剩余产品的种类和数量，从而产生了一种计量、记录思想的萌芽，形成了会计的雏形——单式簿记。在单式簿记中，会计记录以流水账为主，采用序时记录的方式记录经济活动，并以文字解释和说明，且每一笔业务中均包含时间、内容、数量和计量单位等基本要素。

考古发现证明，我国西周时期设立了名为"司会"的会计职位，专门进行政府财政收支的会计核算。继西周之后，"入-出=余"的基本结算公式在秦代得到明确的运用，东汉时代对"上期结存"这个结算要素有了初步认识，唐宋时期产生了比较完善的官厅会计，创立了"四柱结算法"，明末清初在会计活动中出现了以四柱为基础的"龙门账"，清代又产生了"天地合账"。"龙门账"和"天地合账"是我国出现得最早的复式记账形式。复式记账的出现，是会计史上的一次大变革。但是由于我国封建制度的统治，经济发展缓慢，会计的发展也非常缓慢，中式簿记终于被西式簿记所代替。

会计在古巴比伦、古埃及、古希腊，以及世界上其他古老的国度里同样具有悠久的发展历程。公元前3世纪，古埃及就有了相当详细的会计记录，用以反映奴隶主的收支状况。13世纪～15世纪，地中海沿岸出现了资本主义生产的最初萌芽，其中佛罗伦萨银行业的主要业务为银钱往来，其每笔经济业务的账务记录都涉及了借款方和贷款方。这种银行信贷业务的繁盛引领着单式簿记演变为复式簿记。

（二）近代会计阶段

近代会计以复式记账法的产生和"簿记论"的问世为标志。1494年，意大利数学家卢卡·帕乔利（Luca Pacioli）在《算术、几何、比与比例概要》中详细介绍了包括复式簿记的《簿记论》，这是借贷复式记账法理论形成的重要标志。人们习惯把复式记账看作现代会计的开始，帕乔利因此也被尊为"现代会计之父"。

1854年会计发展史上的第二座里程碑——爱丁堡会计师协会在苏格兰成立，说明会计人员开始执行一种为社会服务的公证业务，并引起了会计的一些重大变化。

19世纪末，随着生产规模的扩大以及市场竞争的加剧，簿记学开始了向近代会计学的转变。除了复式簿记外，会计方面开始注重簿记记录的公允性，提出了会计基本等式、持续经营、折旧、资产估值、成本管理等一些新的概念和原则。

（三）现代会计阶段

第二次世界大战以后，尤其是20世纪50年代，先进科学技术在多方面得到应用，与之相适应，会计系统由手写簿记系统逐步发展为电子数据处理系统。随着企业组织制度的发展变化，特别是随着股份有限公司这种经济组织的形成与发展，企业的所有者与经营者分离，由此每一个现代企业就形成了以投资人、债权人为代表的企业外部利益关系集团和以管理当局为代表的企业内部利益关系集团，这两种不同类型的企业中有经济利益关系的集团基于不同的权益和责任，需要作出不同的决策，而不同的决策又需要不同的会计信息。为了满足两类不同信息使用者的需要，现代会计逐渐形成了既相互配合又相对独立的两个分支——财务会计和管理会计。会计电算化和财务会计与管理会计两个会计新领域的形成，被认为是会计发展史上的第三座里程碑。随着经济活动的发展，现代会计学建立了较完善的成本会计、管理会计和审计理论的方法体系，确立了人力资源会计和社会责任会计等新研究方向。

 知识拓展

财务会计与管理会计的区别如表1-1所示。

表 1-1		财务会计与管理会计的区别
分类标准	名称	内容
按报告的对象不同分类	财务会计	（1）主要侧重于对外、过去的信息 （2）主要向企业外部关系人提供有关企业财务状况、经营成果和现金流量情况等信息
	管理会计	（1）主要侧重于对内、未来的信息 （2）向企业内部管理者提供进行经营规划、经济管理、预测、决策和分析所需要的相关信息

20 世纪 90 年代以来，由于世界范围的经济竞争进一步加剧，世界经济秩序发生了巨大的变化和调整，呈现出经济全球化、地区经济集团化、全球贸易自由化的发展态势。随着国际资本市场的形成与发展以及跨国公司的生产、销售、投资、融资作用的日趋扩大，会计信息突破了国界，会计已成为"国际商用语言"，它不仅要为本国的会计信息使用者服务，而且要为全球范围内的会计信息使用者服务。

从会计的发展过程来看，会计是伴随着人类的经济活动而产生的，会计的记录、核算、报告也将随着经济活动的需求变化而不断发展，为企业经济管理、控制决策和经济运行提供实时、全方位的信息。

二、会计的含义

（一）会计的定义

有关会计的定义，各国会计理论界和实务界曾长期争论和探索过。由于对会计认识的角度不同，研究者所给出的定义也不完全相同，存在着诸多观点，如"技术论""工具论""信息系统论"和"管理活动论"等。目前，关于会计的定义在我国也没有形成共识，主要有两种具有代表性的观点。

会计的含义与特点

1. 会计信息系统论

所谓会计信息系统论，就是把会计的本质理解为一个经济信息系统。具体地讲，会计系统是指在企业或其他组织内，旨在反映和控制企业或组织的各种经济活动，而由若干具有内在联系的程序、方法和技术所组成，由会计人员加以管理，用以处理经济数据、提供财务信息和其他有关经济信息的有机整体。

会计信息系统论的思想最早起源于美国会计学家 A.C.利特尔顿。他在 1953 年出版的《会计理论结构》一书中指出："会计是一种特殊门类的信息服务""会计的显著目的在于对一个企业的经济活动提供某种有意义的信息"。

20 世纪 60 年代后期，随着信息论、系统论和控制论的发展，美国的会计学界和会计职业界开始倾向于将会计的本质定义为会计信息系统。如 1966 年美国会计学会在其发表的《会计基本理论说明书》中明确指出："实质地说，会计是一个信息系统。"从此，这个概念开始广为流传。

20 世纪 70 年代以来，将会计定义为"一个经济信息系统"的观点，在许多会计著作中流行。如 S.戴维森在其主编的《现代会计手册》一书的序言中写道："会计是一个信息系统。它旨在向利害攸关的各个方面传输一家企业或其他个体的富有意义的经济信息。"此外，在斐莱和穆勒氏《会计原理——导论》、凯索和威基恩特合著的《中级会计学》等著作中也有类似的论述。

我国较早接受会计是一个信息系统的会计学家是余绪缨教授。他于 1980 年在《要从发展的观点看会计学的科学属性》一文中首先提出了这一观点。

我国会计学界对"信息系统论"具有代表性的提法是由葛家澍教授、唐予华教授于 1983 年提出的。他们认为："会计是为提高企业和各单位的经济效益，加强经济管理而建立的一个以提供财务信息为主的经济信息系统。"

2. 会计管理活动论

会计管理活动论认为会计的本质是一种经济管理活动。它继承了会计管理工具论的合理内核、吸收了最新的管理科学思想，从而成为在当前国际、国内会计学界具有重要影响的观点。

将会计作为一种管理活动并使用"会计管理"这一概念在西方管理理论学派中早已存在。"古典管理理论"学派的代表人物法约尔把会计活动列为经营的六种职能活动之一；美国人卢瑟·古利克则把会计管理列为管理功能之一；20 世纪 60 年代后出现的"管理经济会计学派"则认为进行经济分析和建立管理会计制度就是管理。

我国最早提出会计管理活动论的是杨纪琬教授、阎达五教授。1980 年，在中国会计学会成立大会上，他们做了题为《开展我国会计理论研究的几点意见——兼论会计学的科学属性》的报告。在报告中，他们指出：无论从理论上还是从实践上看，会计不仅仅是管理经济的工具，它本身就具有管理的职能，是人们从事管理的一种活动。

在此之后，杨纪琬教授、阎达五教授对会计的本质又进行了深入探讨，逐渐形成了较为系统的"会计管理活动论"。杨纪琬教授指出，"会计管理"的概念是建立在"会计是一种管理活动，是一项经济管理工作"这一认识基础上的，通常讲的"会计"就是"会计工作"。他还指出，"会计"和"会计管理"是同一概念，"会计管理"是"会计"这一概念的深化，反映了会计工作的本质属性。阎达五教授认为，会计作为经济管理的组成部分，它的核算和监督内容以及应达到的目的受不同社会制度的制约，"会计管理这个概念绝不是少数人杜撰提出来的，它有充分的理论和实践依据，是会计工作发展的必然产物"。

（二）"会计信息系统论"与"会计管理活动论"的融合

"会计信息系统论"侧重于会计信息的加工与输出，强调以"核算"为基本职能的方法本身；而"会计管理活动论"侧重于会计是一项以会计人员为主体的管理工作，强调以"监督"为基本职能的会计目标。"会计信息系统论"和"会计管理活动论"两种观点，其实并没有矛盾与冲突，只是两者强调的侧重点有所不同。事实上，提供信息是为了管理，管理中离不开信息，会计在提供会计信息的过程中，始终贯穿着管理的内容，即会计是以会计信息系统为基础的管理活动。

基于以上的认识，我们可以对会计的定义作以下归纳：会计是以货币为主要计量单位，采用专门方法和程序，对企业和行政、事业单位的经济活动进行进行完整的、连续的、系统的核算和监督，以提供经济信息和反映受托责任履行情况为主要目的的经济管理活动。

三、会计的特点

会计的特点，是指会计作为一种管理活动或财务会计信息系统所具有的个性，即与其他管理或信息相区别的特殊性。随着会计的发展，会计的内容也日益丰富。从现代会计的内容和特有的会计对象、目标来认识会计的特点，可以将会计的特点概括为以下三点。

（一）以货币为主要计量尺度

在商品经济社会，会计的对象是社会再生产过程中的价值运动。货币具有价值尺度的职能。为了反映和控制再生产过程中的价值运动，就必须运用货币作为计量单位。此外，为了满足会计管理的多种需要，还要运用实物量度（千克、吨、米、立方米等）和劳动量度（工时、工作日等）为计量单位。

会计管理在运用货币量度、实物量度和劳动量度时，又是以货币量度为主要计量尺度的。实物量度是为了分别核算不同物资的实物数量而采用的。它对于提供经营管理上所需的各种实物指标，保护各种物资的安全和完整，具有重要的意义。但是，实物量度只能用来综合计算同一种类的物资，而不能用来综合计算不同种类的物资，更不能综合反映各种不同的经济活动。劳动量度是为了核算经济活动中消耗的时间数量而采用的，有助于个体确定某一工作过程中的劳动耗费。

但是，在商品经济社会中，许多劳动耗费是间接地用价值表现的，并不能直接用劳动量度来反映。货币量度主要是为了便于财务按统一的、同样的表现形式来综合计算资料，从而全面说明各单位的各种错综复杂的经济活动过程和结果。所以，在会计上对所有经济业务都必须用货币量度进行反映。即使有的经济业务需要用实物量度来反映，也必须同时用货币量度进行综合反映。

（二）对经济活动要进行完整、连续、系统而综合的计算和记录

会计核算的基本特点之一是通过统一的货币量度对经济活动进行综合，借以求得反映经济活动和结果的各种总括的价值指标。此外，会计核算的记录必须是完整的、连续的、系统的。所谓完整，是指对属于会计对象的经济活动都必须加以记录，不允许有遗漏。所谓连续，是指对各种经济活动应按其发生的时间顺序不间断地进行记录。所谓系统，是指对各种经济活动既要进行相互联系的记录，又要进行必要的科学分类。只有这样，才便于全面反映和控制经济活动的过程和结果，考核经济活动的效益。

（三）会计以价值管理为基本内容

会计核算、会计控制、会计分析、会计检查以及会计预测与决策，都以价值管理为基本内容。这是会计与其他管理（如生产、质量、计划）相区别的地方。

历年初级会计职称考试（以下简称"初会"）考试真题（判断题）
会计以货币为计量单位，货币是唯一计量单位。（　　　　）
正确答案：错
解析： 会计以货币为主要计量单位，但货币并不是唯一的计量单位。

四、会计的对象

会计对象是指会计所核算和监督的内容。会计需要以货币为主要计量单位，对特定主体的经济活动进行核算和监督。也就是说，凡是特定主体能够以货币表现的经济活动，都是会计对象。以货币表现的经济活动，就是资金运动。因此，会计对象即会计核算和监督的内容就是资金运动。

资金是指一个单位所拥有的各项财产物资的货币表现。资金运动是资金的形态变化和位置移动，包括各特定主体的资金投入、资金运用（即资金的循环与周转）和资金退出等过程。

为了从事产品的生产与销售活动，企业必须拥有一定数量的资金，用于建造厂房、购买机器设备、购买原材料、支付职工工资、支付经营管理中必要的开支等，待将生产出的产品销售后，企业还要将收回的货款用于补偿生产中的垫付资金、偿还债务、上缴税金等。由此可见，工业企业的资金运动包括资金的投入、资金的循环与周转以及资金的退出三个过程，既有一定时期内的显著运动状态（表现为收入、费用、利润等），又有一定日期中的相对静止状态（表现为资产与负债及所有者权益的恒等关系）。

（一）资金的投入

资金的投入是指资金的取得，是资金运动的起点。投入企业的资金包括投资者投入的资金和债权人提供的资金，前者形成企业的所有者权益，后者属于债权人权益（形成企业的负债）。投入企业的资金在形成企业的所有者权益和负债的同时形成企业的资产，一部分形成流动资产，另一部分构成非流动资产。

（二）资金的循环与周转

资金的循环与周转是资金运动的主要组成部分，企业将资金运用于生产经营过程就形成了资金的循环与周转，生产经营过程分为供应阶段、生产阶段、销售阶段三个阶段。

（1）供应阶段是生产的准备阶段。在供应阶段，随着采购活动地进行，企业的资金从货币

资金形态转化为储备资金形态。

（2）生产阶段既是产品的制造阶段，又是资产的耗费阶段。在生产阶段，在产品完工之前，企业的资金从储备资金形态转化为生产资金形态，在产品完工后又由生产资金形态转化为成品资金形态。

（3）销售阶段是产品价值的实现阶段。在销售阶段，由于销售产品取得收入，企业的资金从成品资金形态转化为货币资金形态。

由此可见，随着生产经营活动地进行，企业的资金从货币资金形态开始，依次经过了供应阶段、生产阶段和销售阶段三个阶段，分别表现为储备资金、生产资金、成品资金等不同的存在形态，最后又回到货币资金形态，这种运动过程称为资金的循环。资金周而复始地不断循环，称为资金的周转。

（三）资金的退出

资金的退出是指资金离开本企业退出资金的循环与周转，主要包括偿还各项债务、上缴各项税金以及向所有者分配利润等，资金的退出是资金运动的终点。

企业、行政事业单位在社会再生产过程中所处地位不同，担负的任务不同，经济活动的方式和内容也不同，因而其会计对象的具体内容也不完全相同。

制造企业的资金运动如图 1-1 所示。

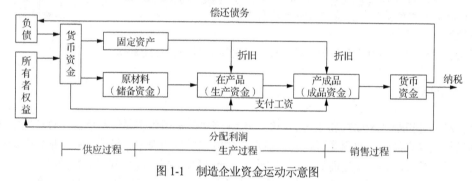

图 1-1　制造企业资金运动示意图

第二节
会计的职能与会计核算方法

一、会计的职能

会计职能，是指会计在经济管理中客观上所具有的功能。马克思的会计是对生产"过程的控制和观念的总结"，就是对会计基本职能所做的高度的、科学的概括。马克思所讲的"过程"，是指以生产为中心，包括交换、消费和分配的社会再生产过程。

（一）会计的基本职能

我国会计学界通常把"控制"理解为监督，把"观念总结"理解为核算（或反映），即对社会再生产过程的核算和监督是会计最主要的两项职能，也是会计的基本职能。

1. 会计核算职能

会计的核算职能是指会计以货币为主要计量单位，对特定主体的经济活动进行确认、计量、记录和报告。会计核算贯穿于经济活动的全过程，是会计最基本的职能。会计核算职能有以下特点。

（1）会计从数量上核算经济活动时，要用到实物、劳动和货币三种量度，但应以具有综合特点的货币量度为主。①实物量度是为了核算不同物资数量而采用的计量单位，具有直观性，它能够提供经济管理上所需的各种实物指标，但实物计量单位只能用来总计同一种类的财产物资，而不能用来总计不同种类的财产物资，更不能总计各种不同的经济活动。②劳动量度是为了核算经济活动中消耗工作时间的数量而采用的计量单位，它有助于合理地安排工作和具体确定某一工作过程中的劳动消耗数量，但在商品经济条件下，由于有简单劳动和复杂劳动的区别，对各种人员都不能以某种劳动计量单位进行综合，各种劳动时间相加并不表明企业单位的劳动总成果。③货币量度具有质的同一性和量的可加性，为了克服实物计量的差异性和劳动计量的复杂性，会计核算应以货币量度为主来综合核算经济活动的过程和结果，为经济管理提供所需的价值指标。所谓"观念总结"，是指用观念上的货币（货币的价值尺度职能）对各单位的经济活动情况进行综合的数量核算。

（2）会计核算经济活动不仅应记录已经发生或完成的经济业务，还应面向未来，为经济管理提供有关预测未来经济活动和效果的数据资料。随着客观经济环境的变化和经济活动的日趋复杂化，为了在经济管理中加强科学性、预见性和主动性，在如实反映已经发生或完成的经济活动的基础上，应充分考虑与企业经济活动有关的有利因素和不利因素，采用一定的方法对经济活动和经营成果的未来发展趋势作出科学推断和预测，为企业的发展和经济管理提供一些具有前瞻性的会计信息。

（3）会计在反映经济活动时具有完整性、连续性和系统性。所谓完整性，一方面是指对应由会计反映的会计事项不能遗漏和任意取舍，另一方面是指要将经济业务引起资金运动的来龙去脉反映出来，这样就能反映经济活动的全过程。所谓连续性，是指会计在核算经济活动时，应按其发生时间的先后顺序依次不间断地进行登记。所谓系统性，是指会计对经济活动的核算，既要全面且相互联系地记录，还必须进行科学的分类，使之成为系统的会计数据，便于进行经济管理。

会计核算的内容主要包括：①款项和有价证券的收付；②财物的收发、增减和使用；③债权、债务的发生和结算；④资本、基金的增减；⑤收入、支出、费用、成本的计算；⑥财务成果的计算和处理；⑦需要办理会计手续、进行会计核算的其他事项。

2. 会计监督职能

会计监督职能，是指会计具有按照一定目的和监督标准，利用会计核算所提供的会计信息，对企业单位的经济活动进行查看和督促，使之达到预期目标的功能。其特点如下。

（1）会计监督要依据会计的监督标准。会计的监督标准有：党和国家的路线、方针、政策和法律；会计法规、制度；企业单位内部控制制度、计划和定额等。

（2）会计监督是一个过程，是指会计监督贯穿于经济活动的全过程。它分为：①事前监督，是指依据会计的监督标准，主要采用预测的方法，预测和分析将要发生的经济活动可能达到的预期结果，看是否与决策和计划的目标一致。②日常监督，也称事中监督，是指按照会计的监督标准，主要采用控制和审核的方法，对进行中的经济活动进行审核和分析，对已发现的问题提出建议，督促有关部门采取措施，调整经济活动，使其按照预定的目标和要求进行。③事后监督，是指以会计的监督标准为准绳，通过检查和分析已取得的会计资料，对已完成的经济活动的合法性、合理性和有效性进行考核和评价。

（3）会计执行核算职能的同时，也应对经济活动的合法性、合理性和有效性进行监督，保证会计资料真实、完整。①合法性监督是指依据财务收支的监督标准，对企业单位因发生经济业务而引起的现金或银行存款的收入和支出、应收款项和应付款项等在进行会计确认、计量、记录和报告的同时，检查各项经济业务是否符合党和国家有关的法律法规的监督。会计人员对于违反《中华人民共和国会计法》（以下简称《会计法》）和国家统一的会计制度规定的会计事项，有权拒绝办理或者按照职权予以纠正。②合理性和有效性监督是指依据提高效率和经济效益的监督标准，对经济活动在进行会计确认、计量、记录和报告的同时，是否符合节约和效率原则的监督。合理性和有效性监督可以揭露经济管理中的矛盾，促进企业开展增产节约，挖掘内部潜力，堵塞漏洞，防止损失和浪费，更好地提高经济效益。③保证会计资料真实、完整是指通过《会计法》及相关会计法规制度来规范会计行为，使会计在对经济活动进行确认、计量、记录和报告时所生成的会计资料真实和完整。会计资料作为重要的社会资源和"商业语言"，越来越成为政府管理部门、投资者、债权人及社会公众进行宏观调控、改善经济管理、评价财务状况、防范经营风险，作出投资决策的重要依据。因此，《会计法》中突出"规范会计行为，保证会计资料真实、完整"的立法宗旨，是维护社会经济秩序正常运转的客观要求。

3. 会计核算与会计监督的关系

会计核算职能和会计监督职能是相辅相成、辩证统一的关系。会计核算是会计的基础，没有核算提供的各种信息，监督就没有依据；而会计监督又是会计核算质量的保证，有了严明的监督，才能确保会计信息真实可靠。

（二）会计职能的拓展

随着社会的发展、技术的进步以及经济关系的复杂化和管理理论的提高，会计基本职能得到了不断延伸和拓展。目前在国内会计学界比较流行的是"六职能"论，即会计职能除了两大基本职能外，还包括预测、决策、控制和分析等四项新职能。

会计预测是指根据已有的会计信息和其他信息资料，对客观经济过程及其发展趋势进行预先估计、判断和推测，找出预定目标，作为下一个会计期间经济活动的指南。会计决策是指在会计预测的基础上，按照一定的目标从若干方案中选择最优方案的过程。会计控制是通过会计工作对经济活动所进行的干预或施加的影响，可使经济活动符合经济运动规律的要求和符合国家经济方针、政策、制度的规定，保证资金和财产的完整并使其不断增值，达到宏观与微观经济效益的统一。会计分析是指以会计核算资料为基础，结合其他有关资料，运用专门的方法，对经济活动过程和财务成果进行分析、肯定成绩、发现问题、找出原因、总结经验、提出措施，以便改进经济管理工作。

上述六项职能是紧密联系、相辅相成的，其中，两项基本职能是四项新职能的基础，而四项新职能又是两项基本职能的延伸和拓展。

历年初会考试真题（多项选择题）

下列各项中，属于会计基本职能的有（　　　　）。

A. 参与经济决策　　　　B. 进行会计核算　　　　C. 行使会计监督　　　　D. 预测经济前景

正确答案：BC

解析： 会计核算和会计监督是会计的两项基本职能。

二、会计核算方法

会计核算方法是指对会计对象进行连续、系统、全面、综合的确认、计量和报告所采用的各种方法。

（一）会计核算方法体系

会计核算方法体系由填制和审核会计凭证、设置会计科目和账户、复式记账、登记会计账簿、成本计算、财产清查、编制财务会计报告等专门方法构成。

1. 填制和审核会计凭证

填制和审核会计凭证，是为了审查经济业务是否真实、合法，保证登记账簿的会计记录正确、完整而采用的一种专门方法。任何一项经济业务发生后都必须根据取得的原始凭证来填制记账凭证，并经过会计机构、会计人员审核。只有经过审核并确认正确无误的记账凭证，才能作为登记账簿的依据。填制和审核会计凭证是会计核算工作的起点，正确填制和审核会计凭证，是进行会计核算和实施监督的基础。

2. 设置会计科目和账户

会计科目是对会计要素的具体内容进行分类核算的项目。账户是根据会计科目设置的，具有专门的格式和结构，作为分类反映会计要素的增减变动情况及其结果的载体。

企业根据生产经营特点和管理要求在会计制度中需要首先确定会计科目，然后根据这些科目在账簿中设立账户，分门别类地连续记录各项经济业务的发生。设置会计科目和账户是保证会计核算具有系统性的专门方法。

3. 复式记账

复式记账法是指对于发生的每一笔经济业务，都必须用相等的金额在两个或两个以上互相联系的账户中进行登记，全面系统地反映会计要素的增减变化情况及其结果的一种专门记账方法。复式记账是会计核算方法体系的核心。

4. 登记会计账簿

登记会计账簿简称记账，是以审核无误的记账凭证为依据，将记账凭证记录的各项经济业务，分类、连续、完整地记入有关账簿中所设立的账户。账簿记录所提供的各项核算资料，为编制财务报表提供了直接依据。

5. 成本计算

成本计算是对生产经营活动过程中发生的各项生产费用，按照设定的成本核算方法，对成本计算对象进行归集和分配，进而计算出产品的总成本和单位成本的一种专门方法。

成本计算是企业进行经济核算的中心环节。通过成本计算比较收支，可以反映企业经营过程的经济效益，监督营运资金的运用效果，使企业寻找降低成本的途径，提出改进措施，发挥会计的职能作用。

6. 财产清查

财产清查是指通过对货币资金、实物资产和往来款项等的盘点或核对，确定其实存数，检查账存数与实存数是否相符的一种专门方法。

通过财产清查，企业可以查明各项财产物资的保管和使用情况，以及往来款项的结算情况，监督各项财产物资的安全与合理使用，确保企业的各项财产物资以正确的金额反映在会计记录中。

7. 编制财务会计报告

编制财务会计报告，是指按照《企业会计准则》的要求，定期向财务会计报告使用者提供各类财务报表和其他应当在财务会计报告中披露的相关信息和资料。编制财务会计报告是全面、系统地反映企业在某一特定日期的财务状况、某一会计期间的经营成果和现金流量的一种专门方法。

以上会计核算方法相互联系、紧密配合，形成了一个完整的方法体系。企业应当将这些方法运用到会计核算中，以提高经营管理水平。

（二）会计循环

会计循环是指按照一定的步骤反复运行的会计程序，从会计工作流程看，会计循环由确认、计量和报告等环节组成；从会计核算的具体内容看，会计循环由设置会计科目和账户、复式记账、填制和审核会计凭证、登记会计账簿、成本计算、财产清查、编制财务会计报告等组成。

企业在一个会计期间内，其会计工作通常经历填制和审核会计凭证、设置会计科目和账户、登记会计账簿、成本计算、财产清查、编制财务会计报告等一系列对经济业务进行确认、计量和报告的会计程序。这些会计程序往往从一个会计期间的期初开始，至会计期末结束，并在各个会计期间循环往复、周而复始，故被称为会计循环。

第三节 | 会计职业道德

会计工作涉及社会经济生活的各个方面，经济与社会事业越发展，财会工作就越重要。随着经济全球化的深入发展，各种经济形式不断涌现，给企业的发展带来了无限的商机和收益，也给企业会计人员的工作带来了机遇和挑战，会计人员在不断学习新知识、解决新问题的同时，还要面对各种各样的诱惑。因此，加强会计职业道德建设，提高会计人员素养，就显得尤为重要。

一、会计职业道德的概念

会计职业道德是一个比较广泛的概念，是一般社会公德在会计工作中的具体体现，是引导、制约会计行为，调整会计人员与社会、会计人员与不同利益集团以及会计人员之间关系的社会规范。具体来说，是指在会计职业活动中应当遵循的，体现会计职业特征的，调整会计职业关系的职业行为准则和规范。

二、会计职业道德的主要内容

会计人员的职业道德主要包括以下内容。

（一）坚持诚信，守法奉公

牢固树立诚信理念，以诚立身、以信立业，严于律己、心存敬畏。学法知法守法，公私分明、克己奉公，树立良好职业形象，维护会计行业声誉。

（二）坚持准则，守责敬业

严格执行准则制度，保证会计信息真实完整。勤勉尽责、爱岗敬业，忠于职守、敢于斗争，自觉抵制会计造假行为，维护国家财经纪律和经济秩序。

（三）坚持学习，守正创新

始终秉持专业精神，勤于学习、锐意进取，持续提升会计专业能力。不断适应新形势新要求，与时俱进、开拓创新，努力推动会计事业高质量发展。

三、会计职业道德与会计法律制度的关系

（一）会计职业道德与会计法律制度的联系

会计职业道德是会计法律制度正常运行的社会和思想基础，会计法律制度是促进会计职业道德规范形成和遵守的制度保障。两者有着共同的目标和相同的调整对象，承担着同样的职责，在作用上相互补充，在内容上相互渗透、相互重叠，在地位上相互转化、相互吸收，在实施上相互作用、相互促进。

（二）会计职业道德规范与会计法律制度的区别

（1）性质不同。会计法律制度通过国家机器强制执行，具有很强的他律性；会计职业道德主要依靠会计从业人员的自觉性，具有很强的自律性。

（2）作用范围不同。会计法律制度侧重于调整会计人员的外在行为和结果的合法化；会计

职业道德则不仅要求调整会计人员的外在行为，还要调整会计人员内在的精神世界。

（3）实现形式不同。会计法律制度是通过一定的程序由国家立法机关或行政管理机关制定的，其表现形式是具体的、明确的，有正式形成文字的成文规定；会计职业道德出自会计人员的职业生活和职业实践，其表现形式既有明确的成文规定，也有不成文的规范，存在于人们的意识和信念之中。

（4）实施的保障机制不同。会计法律制度由国家强制力保障实施；会计职业道德既有国家法律的相应要求保障实施，又需要会计人员自觉遵守。

拓展阅读

依法治国

会计作为一项经济管理活动，在维护社会主义市场经济秩序中具有重要的作用，全面依法治国要求国家的政治、经济，社会各方面的活动都依照法律进行，不受任何个人意志的干预、阻碍或破坏，因此会计工作必须做到有法可依，违法必究。

中华人民共和国成立初期，没有制定专门的会计法律，会计工作的规范主要是国务院制定的会计行政法规和财政部制定的会计核算制度。改革开放以后，我国会计的法治建设就提上了会计改革的日程，自1985年开始，陆续制定并颁布了相关的会计法律：《中华人民共和国会计法》《中华人民共和国注册会计师法》《中华人民共和国审计法》等，初步建立起比较完整的会计法律制度体系，实现了会计工作的法治化管理。

1985年1月21日，第六届全国人民代表大会常务委员会第九次会议通过了《中华人民共和国会计法》（以下简称《会计法》），它是中华人民共和国成立后第一部会计专门法律，其颁布施行，对维护国家财政和财务制度，加强经济管理具有重要的意义，标志着我国的会计工作从此走上了法治化的轨道。

《会计法》自颁布以来，经历了一次修订、两次修正，在规范会计行为、提高会计信息质量、维护市场经济秩序、推进法治社会建设中发挥了十分重要的作用。《会计法》从法律的角度对会计工作提出了严格的要求，明确了法律责任，使会计工作真正做到"有法可依，违法必究"。

点评：

全面依法治国，是国家治理领域一场广泛而深刻的变革。会计工作是市场经济活动的重要基础，也是经济管理的重要组成部分。会计工作的规范化、法治化是市场经济对会计工作的必然要求。加强会计法治建设，依法开展会计工作，实施会计监管，是市场经济正常运行的根本保障。

思考练习题

一、简答题

1. 什么是会计？如何理解会计的定义？
2. 会计的职能有哪些？
3. 如何理解会计的职业道德？

二、判断题（正确的填"√"，错误的填"×"）

1. 近代会计的主要特征是专职会计人员的出现。（   ）
2. 会计对交易和事项的管理主要是价值形式的管理。（   ）
3. 在会计的两项基本职能中，监督职能是其最基本职能。（   ）
4. 一般认为，会计对象是社会再生产中的资金运动。（   ）

5. 广义的会计信息一般是指由某一会计主体对外报告的财务状况、经营成果和现金流量等方面的信息。（　　　）

6. 会计可反映过去已经发生的经济活动，也可以反映未来可能发生的经济活动。（　　　）

7. 对企业的资金筹集阶段可划分为供应、生产和销售三个具体过程。（　　　）

8. 企业与他人订立的购货合同或与外单位签订的销货合同，是一种会计交易或事项。（　　　）

9. 在会计发展的不同阶段，会计的目标也不同。（　　　）

10. 资金从货币形态开始，经过一系列的形态变化，最终又回到货币资金状态的过程称为资金周转。（　　　）

三、单项选择题

1. 会计按其报告对象的不同，可以分为财务会计和管理会计，下列关于财务会计的表述中，正确的是（　　　）。
   A. 财务会计侧重于向企业内部提供会计信息
   B. 财务会计侧重于向企业内部提供经营规划、经营成果和现金流量等信息
   C. 财务会计侧重于向内部提供企业的财务状况、经营成果和现金流量等信息
   D. 财务会计侧重于向外部提供企业的财务状况、经营成果和现金流量等信息

2. 下列各项中，能对会计工作质量起保证作用的是（　　　）。
   A. 会计监督　　B. 会计预测　　　　C. 会计核算　　　　　　D. 会计记账

3. 会计最基本的职能是（　　　）。
   A. 预测　　　　B. 决策　　　　　　C. 核算　　　　　　　　D. 分析

4. （　　　）是会计需要记录的业务。
   A. 企业招聘 10 位员工
   B. 企业召开生产协调会
   C. 企业向银行借款 5 万元，约定 3 个月以后还
   D. 企业举办产品宣传会

5. 我国有关会计的记录，最早出现在（　　　）时期。
   A. 商朝　　　　B. 西周　　　　　　C. 春秋战国　　　　　　D. 秦汉

6. 下列各项中属于近代会计产生的标志的是（　　　）。
   A. 司会的设立　　　　　　　　　　B. 《证券法》和《证券交易法》的颁布
   C. 英国工业革命的兴起　　　　　　D. 复式记账法的产生和"簿记论"的产生

7. 下列选项中，符合会计基本含义的是（　　　）。
   A. 会计是一种经济信息活动
   B. 会计是一个经济信息系统
   C. 会计是一项管理经济系统的工具
   D. 会计是以提供经济信息并协助其作出合理经济决策的一种管理活动

8. 财务会计处理过程的最终"产品"是（　　　）。
   A. 会计报告　　B. 会计账簿　　　　C. 财务报告　　　　　　D. 会计要素

9. 会计的反映职能不具有（　　　）。
   A. 连续性　　　B. 主观性　　　　　C. 系统性　　　　　　　D. 全面性

10. 下列选项中，不属于会计核算专门方法的是（　　　）。
    A. 成本计算与复式记账　　　　　　B. 错账更正与评估预测
    C. 编制报表与登记账簿　　　　　　D. 设置账户与填制、审核会计凭证

第二章

会计核算基础

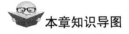

本章知识导图

会计核算基础
- 会计假设
  - 会计主体（理解）★★
  - 持续经营（理解）★★
  - 会计分期（理解）★★
  - 货币计量（理解）★★
- 会计基础
  - 收付实现制（掌握）★★★
  - 权责发生制（掌握）★★★
  - 会计的计量属性（理解）★★
- 会计目标及会计信息质量要求
  - 会计目标（了解）★
  - 会计信息质量要求（理解）★★

引导案例

　　王先生和朋友于20×2年6月1日正式注册成立了荣光科技公司，主营某科技产品的研发和销售。20×2年6月30日，荣光科技公司用200万元购买一幢办公楼的使用权，可以使用50年。20×2年，荣光科技公司销售产品50万元，但是均未收到货款。20×2年12月31日，王先生认为经营期限还不满一年，所以不用编制年度财务报表。同时，王先生感叹今年花钱买办公楼的使用权发生了200万元的支出，却没收到货款，一分钱的收入都没有，所以他认为自己总共亏损了200万元。

　　思考：请问王先生的观点是否正确？（假设不考虑荣光科技公司在20×2年发生的其他经济活动。）

　　分析：

　　（1）根据会计假设之一"会计分期"，企业应当划分会计期间，定期编制财务报表。为了统一，世界上多数国家都把每年的1月1日至12月31日作为一个会计期间，以每年的12月31日为截止日期编制年度财务报表。所以，荣光科技公司尽管经营不满一年，也应该在20×2年12月31日编制20×2年度的财务报表。

　　（2）根据会计假设之一"持续经营"，荣光科技公司将会长期经营下去，所以花费200万元购买的办公楼使用权可以长期使用，因此，200万元的支出应该在50年间分摊，而应分配到当年的成本费用只有2万元[200÷50×（6÷12）]。

　　（3）根据会计基础之"权责发生制"，虽然荣光科技公司销售产品50万元没有收到货款，但这50万元仍然是当年的收入，故而当年取得收入50万元。

　　综上，如果不考虑其他经济活动，荣光科技公司当年盈利，税前利润应为48万元。

第一节　会计假设

　　会计假设即会计核算的基本假设，它确定了会计确认、计量和报告的前提条件，界定了会计核算的时间和空间范畴。会计基本假设主要包括会计主体、持续经营、会计分期和货币计量。

会计假设和会计基础

一、会计主体

会计主体界定了会计核算的空间范围，是指会计工作为之服务的特定单位或组织。会计主体假设要求会计核算的是一个特定单位或组织的经济活动，而不是漫无边际的。会计主体假设要求会计核算应当区分某企业自身的经济活动与其他企业以及与该企业投资者的经济活动，企业的会计记录和会计报表涉及的只是该企业主体的经济活动，并不核算反映该企业投资者或者债权人的经济活动，也不核算反映其他企业的经济活动。例如，企业投资者的交易或者事项是属于企业投资者这一主体所发生的，不应纳入企业会计核算的范畴，但是企业投资者投入企业的资本或者企业向投资者分配的利润，则属于企业主体所发生的交易或者事项，应当纳入企业会计核算的范围。

会计主体与法律主体并不是同一个概念。例如，一个企业是一个法律主体，也应当作为一个会计主体进行独立的会计核算；企业内部的某些责任单位（分部、部门），可以是会计主体，但不是法律主体；在企业集团中，一个母公司拥有若干个子公司；企业集团在母公司的统一领导下开展经营活动，企业集团是会计主体，但不是法律主体。

任何企业，无论是独资、合资还是合伙等哪一种组织形式，从会计的角度来看都被假定为一个会计主体。后文如非特殊情况，会计主体均以企业代替。

二、持续经营

持续经营是指企业正常的生产经营活动将无限期地持续下去，在可以预见的未来，企业不会因破产、解散等原因而进行清算。持续经营假设给会计核算工作一个稳定、长期的时间范畴，在这个时间范畴内，企业将会持续正常的经营。

持续经营假设要求会计人员在企业持续正常经营的前提下选择会计程序及会计处理方法，进行会计核算。在持续经营的前提下，会计主体在会计信息的核算和处理上所使用的会计处理方法才能保持稳定，会计记录和会计报表才能真实可靠。例如，某项固定资产在正常状态下可以使用 10 年，则只有假定企业可以持续经营，固定资产的价值才能在 10 年内通过折旧的方式进行分摊，而不是一次性地在购入固定资产的时候计入成本费用。

纵观企业发展的历史，确实没有一个企业能够无限期地存在，但如果不存在明显的反证，一般都认为企业将无限期地经营下去。如果有迹象表明一个企业因经济状况恶化，无法持续经营，则以持续经营假设为前提的会计程序和会计处理方法将不再适用。此时，企业可以不采用持续经营假设，而另行作出合乎情理的会计处理。

三、会计分期

会计分期，是指将一个企业持续的生产经营活动人为地划分为一个个连续的、均等的会计期间。会计分期的目的是定期反映企业的生产经营情况，便于清算账目，编制会计报表，及时地提供有关财务状况、经营成果和现金流量的会计信息。

在持续经营假设下，企业的生产经营活动在时间上是持续不断的。显然，会计人员不可能等到企业结束它的全部业务时才为它编制会计报表。因此，在会计分期假设下，企业应当划分会计期间，分期结算账目和编制财务报告。会计期间的划分对会计核算有着重要的影响和作用，有了会计期间，才产生了本期与非本期的区别；而有了本期与非本期的区别，才产生了权责发生制和收付实现制，才使不同类型的会计主体有了记账的基准。

会计期间通常分为年度和中期，年度可以是日历年，也可以是营业年，世界上大部分地区通常以日历年也就是每年 1 月 1 日至 12 月 31 日为一个年度。中期，是指短于一个完整的会计年度的报告期间，如月、季度、半年。但需注意，会计期间的区间划分必须一致，以便进行比较。

四、货币计量

货币计量是指企业在会计核算过程中采用货币作为计量单位，记录、反映企业的生产经营活动。

在会计的确认、计量和报告过程中选择货币为基础进行计量，是由货币的本身属性决定的。货币是商品的一般等价物，是衡量一般商品价值的共同尺度，具有价值尺度、流通手段、贮藏手段和支付手段等特点。其他计量单位，如重量、长度等，只能从一个侧面反映企业的生产经营情况，无法在量上进行汇总和比较，不便于会计计量和经营管理，而只有选择货币尺度进行计量，才能充分反映企业的生产经营情况。货币计量假设表明，财务报表所列报的内容，只限于那些能够用货币来计量的企业生产经营活动，而不反映其他情况。

以货币为统一的计量单位，是以币值稳定为附带假设条件的。但在现实经济社会中，币值经常发生变动，甚至有的国家在某个时期货币价值会发生急剧变化，出现恶性通货膨胀，这对货币计量提出了挑战。有的国家针对恶性通货膨胀的情况，已采用通货膨胀会计。尽管如此，货币计量仍然是会计核算的基本前提。

历年初会考试真题（单项选择题）

下列各项中，属于对企业会计核算空间范围所做的合理假设的是（　　　）。

A. 会计主体　　　　B. 会计分期　　　　C. 货币计量　　　　D. 持续经营

正确答案：A

解析：会计主体，是指会计工作服务的特定对象，会计主体界定了会计核算的空间范围。

第二节 会计基础

在市场经济条件下，由于各种原因，企业经济业务发生的会计期间与相应的现金收支的会计期间往往不一致。如何选择适当的会计基础进行收入和费用的确认、计量、记录和报告，是进行会计核算工作首先要解决的问题。会计基础，又称会计处理基础、会计记账基础，是指在确认和处理一定会计期间收入和费用时，选择的处理原则和标准。会计基础主要有两种：收付实现制和权责发生制。

一、收付实现制

收付实现制是依据本会计期间收入是否已经收到款项、费用是否已经付出款项来确认本期收入和费用的一种会计处理基础。在这种会计处理基础下，凡在本期实际收到款项的收入，不论是否应该归入本期，都应确认为本期的收入；凡在本期实际支付款项的费用，不论其是否在本期收入中获得补偿，都应该确认为本期的费用。反之，凡是在本期未收到款项的收入或者未付出款项的费用，即使归属于本期，也不能确认为本期的收入和费用。这种方法比较适合一般人的生活习惯，核算手续也比较简单，但是不能合理计算确定本会计期间的经营成果。

例如，某企业在本年 1 月 1 日以银行存款一次性支付本季度租金 30 000 元，本年 1 月销售产品 90 000 元，但未收到款项。如果按收付实现制处理，就应把本季度 3 个月的租金 30 000 元都作为本月的费用从本月的收入中取得补偿，因此，该企业本年 1 月的费用就是 30 000 元；1

月销售产品但没有收到款项，所以收入为 0。则该企业 1 月的利润就是 -30 000 元，即亏损 30 000 元。很显然，这不符合企业经营的实情，尤其是在企业作为营利性的组织需要向税务机关缴纳税款的情况下。因此，收付实现制主要适用于非营利性的机关、事业和团体单位。

二、权责发生制

根据企业会计准则，企业的会计核算应当以权责发生制为基础，权责发生制是依据在本会计期间是否取得收入的权利，是否承担费用的责任来确认本期收入和费用的一种会计处理基础。在这种会计处理基础下，凡在本期发生而且应归属于本期的收入，不论其是否已经在本期实际收到款项，都应作为本期的收入处理；凡在本期发生而且应该从本期收入中获得补偿的费用，不论其是否已经在本期实际付出款项，都应该作为本期的费用处理。反之，凡是不属于本期的收入，即使款项已在本期收妥，也不应当作为本期的收入；凡是不属于本期的费用，即使款项已经在本期付出，也不应当作为本期的费用。权责发生制和收付实现制对比而言，核算手续虽然比较复杂，但能合理计算确定本期的损益。

仍按上例，如果采用权责发生制，支付租金受益期是 3 个月，而每个月的费用分别可以从当月的收入中得到补偿，因此，1 月支付租金时应先作为预付账款处理，然后分摊 10 000 元作为本月的费用，剩余 20 000 元分别分配给 2 月和 3 月。至于销售产品 90 000 元，由于此项交易在本月发生并完成，并取得向购货单位的货款求偿权（债权），所以本月虽没有实际收到此项货款，但仍应将其作为本月的收入处理。则该企业 1 月的利润是 80 000 元。显然，按权责发生制来处理有关收入与费用的经济业务，将使各会计期间损益的确定更为合理。所以，《企业会计准则——基本准则》第九条规定，"企业应当以权责发生制为基础进行会计确认、计量和报告"。

【例2-1】 康达公司12月发生下列有关收入和费用的经济业务。

（1）销售商品一批，进价为 5 500 元，售价为 8 500 元，已收到货款。

（2）收到上月销售产品的货款 6 000 元，其销货成本为 3 000 元。

（3）销售商品一批，进价为 8 700 元，售价为 12 500 元，未收到货款。

（4）用现金支付本月的电费 800 元。

（5）用现金预付下一年度的报刊费 1 200 元。

要求：试用收付实现制和权责发生制两种方法对上述业务进行比较。

运用权责发生制和收付实现制对以上业务进行的收入和费用的确认、计量如表2-1所示。

表2-1 两种会计确认基础运用比较 单位：元

业务序号	收付实现制		权责发生制	
	收入	费用	收入	费用
1	8 500	5 500	8 500	5 500
2	6 000	3 000	—	—
3	—	—	12 500	8 700
4		800		800
5		1 200		—
合计	14 500	10 500	21 000	15 000
损益	4 000		6 000	

三、会计的计量属性

会计计量属性，又称会计计量基础，是指用货币对会计要素进行计量时的标准，根据基本准则的规定，会计计量基础主要有历史成本、重置成本、可变现净值、现值和公允价值。

会计的计量属性

（一）历史成本

历史成本又称实际成本，是指企业对资产、负债的计量，应当基于经济业务的实际交易价格或成本，而不考虑以后市场价格变动的影响。在这种计量基础下，资产按照购置或制造该项资产支付的货币或其他等价物的金额计量。负债按照因承担现时义务而实际收到的款项金额，或按照在正常经营中为偿还负债预期将要支付的现金或现金等价物的金额计量。

（二）重置成本

重置成本是指按照当前的条件，重新取得同样一项资产所需支付的现金或现金等价物的金额。在重置成本计量基础下，资产按照现在购买相同或者相似资产所需支付的现金或者现金等价物的金额计量。负债按照现在偿付该项债务所需支付的现金或者现金等价物的金额计量。

（三）可变现净值

可变现净值是指在正常生产经营过程中，以预计售价减去至完工时进一步加工成本以及销售所需税费之后的净值。在可变现净值计量基础下，资产按照其正常对外销售所能收到现金或者现金等价物的金额扣减该资产至完工时估计将要发生的成本、估计的销售费用以及相关税费后的金额计量。

（四）现值

现值是指对未来现金流量以适当的折现率进行折现后的价值，是考虑了货币时间价值因素等的一种计量属性。在现值计量基础下，资产按照预计从其持续使用和最终处置中所产生的未来净现金流入量的折现金额计量。负债按照预计期限内需要偿还的未来净现金流出量的折现金额计量。

（五）公允价值

公允价值是指市场参与者在计量日发生的有序交易中，出售一项资产所能收到或者转移一项负债所需支付的价格。

历年初会考试真题（单项选择题）

下列各项中，企业确认盘盈固定资产初始入账价值所采用的会计计量属性是（　　　）。

A. 可变现净值　　　　B. 重置成本　　　　C. 现值　　　　D. 公允价值

正确答案：B

解析： 盘盈的固定资产，应按重置成本确定其入账价值，借记"固定资产"科目，贷记"以前年度损益调整"科目。

第三节 会计目标及会计信息质量要求

在会计基本假设前提下，无论会计主体选择何种会计核算基础，在进行会计核算的时候必然要有一定的目标，为了达到这个目标，会计核算所提供的会计信息需要达到一定的要求。

一、会计目标

会计目标，也称会计的目的，是指会计活动应达到的境地或标准，也就是会计工作的目的。会计目标分为直接目标和终极目标。

会计的直接目标，也称财务报告目标，是指为投资人及债权人提供主要财务会计信息。美国财务会计准则委员会1978年发布的《财务会计概念公报第一号：企业财务报告目的》中，对会计的直接目的做了阐述。国际会计准则委员会在1989年7月公布的《关于编制和提供财务报表的框架》中明确指出："财务报表的目的是提供在经济决策中有助于一系列使用者了解关于企业财务状况、经营业绩和财务状况变动的资料。"

会计的直接目标可概括为"为投资者、债权人等会计信息使用者提供在经营决策中有用的财务会计信息"。这类财务会计信息主要包括两方面内容：一是关于企业现金流量的信息；二是关于经济业绩及资源变动的信息。

会计的终极目标与直接目标具有不可分割的联系。认识会计的终极目标必须与会计的本质、定义、职能等问题联系起来。如前所述，会计是经济管理的重要组成部分，因而会计的终极目标与企业经营管理的目的具有一致性。在市场经济条件下，企业是以营利为目的的经济组织，一切管理最终都是为了提高企业的经济效益。经济效益通常是指投入与产出、得与失的比较结果，要求收回的价值量大于投入的价值量。因此，提高经济效益就是提高产出价值量与投入价值量的比值。经济效益是企业盈利的基础。提高经济效益直接关系到提高企业的盈利水平。

基于上述分析，会计的终极目标是提高经济效益。

首先，从会计的本质认识会计的终极目标。会计的本质是一种管理活动。

其次，从会计的职能认识会计的终极目标。会计具有反映经济活动、评价经营业绩、控制经济过程、预测经济前景、进行经济决策的职能。这些职能的存在，说明现代会计不只是提供信息，而对提高企业经济效益是大有作为的。

此外，将提高经济效益作为会计终极目标将有助于提高对会计人员的要求，有助于会计工作由记账型、报账型会计向管理型会计转变，也有助于会计学成为一门具有重要价值的管理科学。

二、会计信息质量要求

会计目标解决了信息使用者需要什么样的信息的问题，在总体上规范了信息的需求范围，即在信息提供的"多与少"上作出了界定。但是合乎需要的信息还涉及"好与坏"的问题，即信息的质量问题。所有对决策有用的信息必须达到一定的质量要求。

（一）真实性

真实性又称可靠性。真实性要求会计核算时：（1）应以实际发生的交易或者事项为依据，而不能虚构交易或事项；（2）要如实反映，而不能歪曲或错误地反映；（3）内容完整。企业应以实际发生的交易或者事项为依据进行会计确认、计量和报告，如实反映符合确认和计量要求的各项会计要素及其他相关信息，保证会计信息真实可靠，内容完整。在会计信息质量体系中，真实性是基础、核心。

（二）相关性

相关性又称决策有用性。判断会计信息是否有价值的重要一点就是看其是否与使用者的决策相关。相关性体现在预测价值和反馈价值两个方面：（1）预测价值，有助于会计信息使用者预测将来事项的可能结果。目前的财务报告所提供的会计信息，虽然主要是企业过去经济活动的信息，但是未来是现在的延续，如果不了解历史，预测就会缺乏基础。（2）反馈价值，有助于会计信息使用者证实或者纠正过去决策的结果。企业提供的会计信息应当与财务会计报告使用者的经济决策需要相关，有助于财务会计报告使用者对企业过去、现在或者未来的情况作出评价或者预测。

（三）明晰性

明晰性又称可理解性。提供会计信息的目的在于运用。为了避免信息使用者因为模糊不清或产生误解而导致错误的决策，明晰性要求财务报告提供的会计信息要简单明了，以利于信息使用者正确理解和作出决策。

（四）可比性

可比性的目的在于增强会计决策的有用性，包括两个方面：（1）纵向可比，即同一企业对于不同时期发生的相同或者相似的交易或者事项，应当采用一致的会计政策，而不得随意变更。（2）横向可比，即不同企业发生的相同或者相似的交易或者事项，应当采用规定的会计政策，确保会计信息口径一致，相互可比。

知识拓展

可比性要求企业适用的会计政策不得随意更改，而非一律不得更改。变更会计政策时，企业应按照相关规范进行，并且，变更会计政策后要及时、合理地披露。

（五）经济实质重于法律形式

经济实质重于法律形式是指企业应当按照交易事项的经济实质进行会计核算，而不应当仅仅按照事项的法律形式作为会计核算的依据。若企业仅仅以交易或者事项的法律形式为依据进行会计确认、计量和报告，那么就容易导致会计信息失真，无法反映经济现实和实际情况。

（六）重要性

企业提供的会计信息应当反映与企业财务状况、经营成果和现金流量等有关的所有重要交易或事项。重要性是成本效益原则在会计核算领域的体现。如果会计信息的省略或者错报会导致报表使用者作出不准确的经济决策，则该信息就具有重要性。一般情况下，可以从项目的性质和金额的大小来判断重要性。性质方面，若交易事项能够对经济决策产生一定影响，则该事项属于重要项目；数量方面，当某一事项的数量达到一定规模时（如某个项目的金额超过总体的5%），就认为其具有重要性。

（七）谨慎性

谨慎性又称稳健性。在市场经济条件下，企业发展面临着诸多风险，大起大落会阻碍企业发展。因此，在核算时，将一些可预见的费用或损失列入成本或支出，是为了尽可能地规避市场经济风险，增强企业抵御风险的能力。该要求体现在会计核算的全过程。从会计确认角度来说，要求确认标准和方法建立在稳妥合理的基础上；从会计计量角度来说，要求不得高估资产和利润的数额；从会计报告角度来说，要求财务会计报告向会计信息使用者提供尽可能全面的信息，特别是应报告可能发生的有关风险损失。

（八）及时性

及时性是保证相关性的重要因素。为了让会计信息使用者能够及时掌握和运用会计信息，要做到：（1）及时收集会计信息，在交易或事项发生后，及时收集和登记各种原始凭证；（2）及时对会计信息进行处理，即及时对交易或事项进行确认、计量、记录和报告；（3）及时传递会计信息，按照国家有关规定，及时将财务会计报告传递给信息使用者。

历年初会考试真题（单项选择题）

下列各项中，体现谨慎性会计信息质量要求的是（　　　）。

A. 不同时期发生的相同交易，应采用一致的会计政策，不得随意变更

B. 提供的会计信息应当清晰明了，便于理解和使用

C. 对已售商品的保修义务确认预计负债

D. 及时将编制的财务报告传递给使用者

正确答案：C

解析：选项A，体现的是可比性；选项B，体现的是可理解性；选项D，体现的是及时性。

拓展阅读

爱岗敬业、工匠精神

做好会计工作的出发点是什么？就是爱岗敬业。会计作为一种职业，其爱岗就体现在热爱财务工作，在任何时候和任何场合下要做到忠于职守、尽职尽责。敬业即是自爱自强，会计人员如果没有敬业精神，就做不到刻苦耐劳、兢兢业业。会计是一份专业性很强的工作，要求会计从业者努力钻研业务知识，不断提升自我。不刻苦钻研业务，其知识和技能就难以适应会计工作的要求，就无法具备与其职务相对称的业务素质和能力，更谈不上维护企业利益，为企业承担责任。

谈到爱岗敬业，就不得不说一说"工匠精神"，工匠精神的基本内涵除了包括敬业以外，还包括精益、专注和创新，它是一种职业精神，是职业道德、职业能力、职业品质的体现。工匠精神落在个人层面，就是一种认真精神、敬业精神。一个人只有对自己的职业精益求精，才能体现出人生价值。

"工匠精神"一词，最早出自著名企业家、教育家聂圣哲，他曾呼吁："中国制造"是世界给予中国的最好礼物，要珍惜这个练兵的机会，决不能轻易丢失。"中国制造"熟能生巧了，就可以过渡到"中国精造"。"中国精造"稳定了，就不怕没有"中国创造"。

点评：

随着国家产业战略和教育战略的调整，人们的求学观念、就业观念以及单位的用人观念都会随之转变，"工匠精神"将成为普遍追求，除了"匠士"，还会有更多的"士"脱颖而出，这当中必然包括会计人士。相信有着"工匠精神"的会计人士将照亮中国由"会计大国"向"会计强国"迈进的时代征程。

思考练习题

一、简答题

1. 会计核算的基本职能有哪些？

2. 简述权责发生制和收付实现制的使用范围。

3. 什么是会计主体？

4. 简述会计基本假设。

5. 简述会计信息质量要求。

二、判断题（正确的填"√"，错误的填"×"）

1. 会计主体是企业法人。（　　　）

2. 会计目标是要求会计工作完成的任务或达到的标准。（　　　）

3. 会计主体是指会计工作服务的特定对象，是企业会计确认、计量和报告的空间范围。（　　　）

4. 可比性原则是指会计处理方法在不同企业间以及同一企业不同会计期间应当保持一致，不得随意变更。（　　　）

5. 经济实质重于法律形式要求企业应当按照交易或者事项的经济实质进行会计确认、计量和报告，而不仅仅以交易或者事项的法律形式为依据。（　　　）

6. 企业会计准则规定，会计的确认、计量和报告应当以收付实现制为基础，收付实现制以收取或支付的现金作为确认收入和费用的依据。（　　　）

7. 重置成本是指按照当前市场条件重新获得同样一项资产所需支付的现金或现金等价物金额。（　　）

8. 公允价值，是指市场参与者在计量日发生的有序交易中，出售一项资产所能收到或者转移一项负债所需支付的价格。（　　）

9. 收付实现制和权责发生制的主要区别是确认收入和费用的标准不同。（　　）

10. 可理解性要求企业提供的会计信息应当相互可比，保证同一企业不同时期可比不同企业相同会计期间可比。（　　）

三、单项选择题

1. 会计主体是（　　）。
    A. 企业单位　　　　　　　　　　　B. 法律主体
    C. 企业法人　　　　　　　　　　　D. 会计为之服务的特定单位

2. 各企业单位处理会计业务的方法和程序在不同会计期间要保持前后一致，不得随意变更，这符合（　　）。
    A. 相关性原则　　B. 可比性原则　　C. 可理解性原则　　D. 重要性原则

3. 按照收付实现制的要求，确定各项收入和费用归属期的标准是（　　）。
    A. 实际发生的收支　　　　　　　　B. 实际收付的业务
    C. 实际款项的收付　　　　　　　　D. 实现的经营成果

4. 企业的会计期间是（　　）。
    A. 自然形成的　　B. 人为划分的　　C. 一个周转过程　　D. 营业年度

5. 会计计量通常以（　　）为基础。
    A. 公允价值　　B. 现值　　C. 历史成本　　D. 权责发生制

6. 明确了会计确认、计量和报告的空间范围的会计核算基本前提的是（　　）。
    A. 会计分期　　B. 持续经营　　C. 会计主体　　D. 货币计量

7. 要求企业应当以实际发生的经济业务为依据进行会计确认、计量和报告，其体现的会计信息质量要求是（　　）。
    A. 可靠性　　B. 相关性　　C. 可理解性　　D. 及时性

8. 企业对于已经发生的经济业务，应当及时进行确认、计量和报告，不得提前或者延后，体现了会计信息质量要求的是（　　）。
    A. 可理解性　　B. 谨慎性　　C. 及时性　　D. 可比性

9. 根据权责发生制，下列应确认为本期收入或费用的是（　　）。
    A. 预付货款　　　　　　　　　　　B. 收到宏达公司捐赠的固定资产一台
    C. 销售产品一批，款项未收到　　　D. 收到上月所欠货款

10. 企业盘盈电脑一台，应采用（　　）进行计量。
    A. 重置成本　　B. 公允价值　　C. 可变现净值　　D. 现值

11. （　　）要求企业应当按照交易或事项的经济实质进行会计处理，而不仅仅以交易或事项的法律形式为依据。
    A. 实质重于形式　　B. 形式重于实质　　C. 重要性　　D. 谨慎性

12. 企业于4月初用银行存款1 200元支付了第2季度房租，而4月末仅将其中的400元计入本月费用，这符合（　　）。
    A. 配比原则　　　　　　　　　　　B. 权责发生制原则
    C. 收付实现制原则　　　　　　　　D. 历史成本计价原则

13. 采用（　　）计量属性，要求资产按照其正常对外销售所能收到的现金或者现金等价物的金额扣减该资产至完工时估计将要发生的成本、估计的销售费用以及相关税费后的金额

计量。

    A. 现值　　　　　　B. 公允价值　　　　　C. 可变现净值　　　　　D. 重置成本

14.（　　）要求企业提供的会计信息应当反映与企业财务状况、经营成果和现金流量有关的所有重要交易或事项。

    A. 可理解性　　　B. 重要性　　　　　C. 可比性　　　　　　D. 及时性

15. 企业不应高估资产或者收益，也不应低估负债或者费用，体现了会计信息质量要求的（　　）

    A. 及时性　　　　　B. 谨慎性　　　　　C. 可靠性　　　　　　D. 重要性

16. 只有具备了（　　）前提条件，才能够以历史成本作为企业资产的计价基础，才能够认为资产在未来的经营活动中可以给企业带来经济效益，固定资产的价值才能按照使用年限的长短以折旧的方式转为费用。

    A. 会计主体　　　B. 持续经营　　　　C. 会计分期　　　　　D. 货币计量

四、多项选择题

1. 会计主体可以是（　　）。

    A. 一个营利性组织　　　　　　　　　B. 具备"法人"资格的实体

    C. 不具备"法人"资格的实体　　　　　D. 不进行独立核算的企业

2. 会计主体假设要求，企业应当对其本身的交易或者事项经会计确认、计量和报告。理解该假设时应当注意的问题有（　　）。

    A. 将企业发生的交易或事项与其他企业发生的交易或事项区别开来

    B. 将本企业与投资者之间发生的各种交易或事项区别开来

    C. 将企业发生的交易或事项与企业所有者个人的交易或事项区别开来

    D. 将本企业与债权人之间发生的各种交易或事项区别开来

3. 会计中明确界定持续经营假设的意义在于（　　）。

    A. 划定会计所要处理的各项交易或事项的空间范围

    B. 划定会计所要处理的各项交易或事项的时间范围

    C. 对本主体所发生的交易或事项的经济性质进行正确判断和处理

    D. 为会计分期假设提供必要基础

4. 企业信息质量的可比性要求包括（　　）。

    A. 同一企业不同期间会计信息的可比　　B. 同一企业相同期间会计信息的可比

    C. 不同企业相同会计期间会计信息的可比　D. 不同企业不同会计期间会计信息的可比

5. 在会计上，明确界定货币计量假设的意义在于（　　）。

    A. 能够统一会计计量的基本方法

    B. 建立有条不紊的会计工作基本程序

    C. 方便进行会计汇总和对比分析

    D. 划定会计所要处理的各项交易或事项的时间范围

6. 按权责发生制的要求，下列项目中关于收入确认的说法正确的是（　　）。

    A. 本月销售产品一批，价值 20 000 元，货款尚未收到，已确认为收入

    B. 本月月初收到上月利息收入 3 000 元，确认为本月财务费用，记入贷方 3 000 元

    C. 本月预收了下年度的闲置厂房租赁收入 30 000 元，未确认收入

    D. 本月签订一份销售合同，规定下月销售货物一批，价值 50 000 元，确认为本月收入

7. 可靠性要求（　　）。

    A. 企业应当以实际发生的交易或事项为依据进行会计确认、计量和报告

  B. 如实反映符合确认和计量要求的各项会计要素及其他相关信息

  C. 保证会计信息真实可靠、内容完整

  D. 企业提供的会计信息应当清晰明了，便于财务报告使用者理解和使用

8. 按照收付实现制的要求，下列收入或费用应计入本期的有（　　　）。

  A. 本期提供劳务已收款   B. 本期提供劳务未收款

  C. 本期未付的费用   D. 本期预付后期的费用

9. 根据谨慎性原则的要求，对企业可能发生的损失和费用，作出合理预计，通常的做法有（　　　）。

  A. 对应收账款计提坏账准备   B. 固定资产加速折旧

  C. 对财产物资按历史成本计价   D. 存货计价采用成本与可变现净值孰低法

10. 会计计量的属性主要有（　　　）。

  A. 历史成本   B. 公允价值   C. 可变现净值   D. 现值

11. 下列组织中，既是一个会计主体又是一个法律主体的有（　　　）。

  A. 合伙企业   B. 合营企业   C. 子公司   D. 有限责任公司

12. 可以用于负债计量的计量属性有（　　　）。

  A. 历史成本   B. 公允价值   C. 可变现净值   D. 现值

五、综合练习题

1. 20×2年5月31日，E公司资产600万元、负债200万元、所有者权益400万元。6月发生如下经济业务。

（1）购入材料20万元，以转账支票支付。

（2）销售商品60万元，款项未收到。

（3）结转销售成本45万元。

（4）结转本月职工工资15万元，该笔职工薪酬尚未支付。

 要求： 分别计算6月E公司的资产、负债和所有者权益总额。

2. 某公司1月发生以下经济业务。

（1）收到东方厂投入资金200 000元，存入银行。

（2）用银行存款支付上月购货款30 000元。

（3）从银行提取现金1 000元备用。

（4）借入短期借款50 000元偿还前欠红星公司货款。

资产负债表（简表）

单位：元

资产	金额	负债及所有者权益	金额
库存现金	1 000	应付账款	45 000
银行存款	30 000	短期借款	10 000
应收账款	22 000	负债小计	55 000
原材料	40 000	实收资本	500 000
固定资产	600 000	资本公积	120 000
		盈余公积	18 000
		所有者权益小计	638 000
资产合计	693 000	负债及所有者权益合计	693 000

 要求：

（1）计算该公司1月末的资产。

（2）计算该公司1月末的负债。

（3）计算该公司1月末的所有者权益。

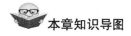

第三章

会计要素与会计等式

本章知识导图

$$
\text{会计要素与会计等式}
\begin{cases}
\text{会计要素}
\begin{cases}
\text{会计要素的概念（理解）★★} \\
\text{反映财务状况的会计要素（掌握）★★★} \\
\text{反映经营成果的会计要素（掌握）★★★}
\end{cases} \\
\text{会计等式}
\begin{cases}
\text{会计等式的表现形式（理解）★★} \\
\text{经济业务对会计等式的影响（掌握）★★★}
\end{cases}
\end{cases}
$$

引导案例

　　李先生和朋友每人拿出5万元在20×2年6月29日正式注册成立了天天销售有限责任公司，注册资本金10万元；20×2年6月30日，天天销售有限责任公司向银行借款5万元；20×2年7月，支付各种办公费用1万元，用银行存款购入8万元商品当月全部卖出，收到货款12万元，货款已经存入银行。

　　思考：

　　（1）李先生和朋友拿出的10万元和从银行借的5万元都是天天销售有限责任公司可以使用的资金，它们之间有什么共同点和不同点？

　　（2）解决了第一个问题之后，我们知道在20×2年6月30日天天销售有限责任公司的会计要素之间的关系为："资产15万元=负债5万元+所有者权益10万元"，请问，天天销售有限责任公司在经过7月的经济活动以后，公司的会计要素之间的关系是否会影响会计等式的平衡关系？

　　分析：

　　（1）李先生和朋友拿出的钱属于所有者出资，称为"所有者权益"；从银行借的钱属于公司欠银行的债务，称为"债权人权益"，或者直接称为"负债"。它们都属于公司可以使用的资金，都属于公司的资产，因此我们得到，在20×2年6月30日天天销售有限责任公司的会计要素之间的关系为："资产=负债+所有者权益"。

　　（2）每一项经济活动都会影响相关会计要素的增减变化，而无论怎样变化，都不会破坏会计等式的平衡关系，会计等式两端的金额永远保持相等。

第一节　会计要素

一、会计要素的概念

会计要素与会计等式

　　会计要素是指会计对象的构成要素，是把会计核算和监督的具体内容进一步划分所形成的最基本的分类项目。合理确定会计要素，有利于清晰地反映产权关系和其他经济关系，系统且有条理地进行会计核算和编制会计报表。

　　《国际会计准则》将企业会计要素划分为资产、负债、产权、收益和费用五大要素，而且明确"收益的定义包括了收入和利得"，"费用的定义包括了损失，也包括那些在企业日常活动中发生的费用"。美国财务会计准则委员会所定义的企业会计要素是资产、负债、所有者权益（净资产）、收入、费用、业主投资、业主派得、全面收益、利得和损失，共 10 个。我国 2014 年修订颁布的《企业会计准则》仍将企业会计要素划分为资产、负债、所有者权益、收入、费用和利润六大类。

企业资金运动具有显著运动状态和相对静止状态，在相对静止状态，企业的资金表现为资金占用和资金来源两个方面，其中资金占用的具体表现形式就是企业的资产，资金来源又可分为企业所有者投入资金和债权人投入资金两类。债权人对投入资产的求偿权称为债权人权益，表现为企业的负债；企业所有者对净资产（资产与负债的差额）的所有权称为所有者权益。因此，从相对静止状态来看，资产总额与负债和所有者权益的合计必然相等，由此分离出资产、负债及所有者权益三项表现资金运动静止状态的会计要素。另外，企业的各项资产经过一定时期的营运，将发生一定的耗费，生产出特定种类和数量的产品，销售产品后获得收入，收支相抵后确认出当期损益，由此分离出收入、费用及利润三项表现资金运动显著变动状态的会计要素。资产、负债及所有者权益构成资产负债表的基本框架，收入、费用及利润构成利润表的基本框架，因而这六项会计要素又称为财务报表要素。

二、反映财务状况的会计要素

财务状况是指企业在一定时点的资产及权益情况，是资金运动相对静止状态时的表现。反映财务状况的会计要素包括资产、负债、所有者权益三项。

（一）资产

1. 资产的定义

资产是指企业过去的交易或者事项形成的、由企业拥有或者控制的、预期会给企业带来经济利益的资源。

企业过去的交易或者事项包括购买、生产、建造行为或其他交易或者事项。预期在未来发生的交易或者事项不形成资产。由企业拥有或者控制，是指企业享有某项资源的所有权，或者虽然不享有某项资源的所有权，但该资源能被企业所控制。预期会给企业带来经济利益，是指直接或者间接导致现金和现金等价物流入企业的潜力。

2. 资产的特征

（1）资产预期会给企业带来经济利益。所谓经济利益，是指直接或间接地流入企业的现金或现金等价物。资产都应能够为企业带来经济利益，如企业通过收回应收账款、出售库存商品等直接获得经济利益，也可通过对外投资以获得股利或参与分配利润的方式间接获得经济利益。按照这一特征，那些已经没有经济价值、不能给企业带来经济利益的项目，就不能继续被确认为企业的资产了。

例如，甲企业的第一工序上有两台机床，其中 A 机床型号较老，自 B 机床投入使用后，一直未再使用 A 机床；B 机床是 A 机床的替代产品，目前承担该工序的全部生产任务。A、B 机床是否都是企业的固定资产？

A 机床不应确认为该企业的固定资产。该企业原有的 A 机床已长期闲置不用，不能给企业带来经济利益，因此不应作为资产反映在资产负债表中。

（2）资产是为企业拥有的，或者即使不为企业拥有，也是企业所控制的。若要将一项资源作为企业资产予以确认，企业应该拥有此项资源的所有权，可以按照自己的意愿使用或处置资产。

例如，甲企业的加工车间有两台设备。A 设备系从乙企业融资租入获得，B 设备系从丙企业以经营租入方式获得，目前两台设备均已投入使用。A、B 设备是否为甲企业的资产？

这里要注意经营租入与融资租入的区别。企业对经营租入的 B 设备既没有所有权也没有控制权，就不应将 B 设备确认为企业的资产。而企业对融资租入的 A 设备虽然没有所有权，但享有与所有权相关的风险和报酬的权利，即拥有实际控制权，应将 A 设备确认为企业的资产。

（3）资产是由过去的交易或事项形成的。也就是说，资产是过去已经发生的交易或事项所产生的结果，资产必须是现实的资产，而不能是预期的资产。未来交易或事项可能产生的结果不能作为资产确认。

例如，企业计划在年底购买一批机器设备，10 月与销售方签订了购买合同，但实际购买行为发生在 12 月，则企业不能在 10 月将该批设备确认为资产。

3. 资产的种类

按照流动性的强弱，资产通常可分为流动资产和非流动资产。

（1）流动资产，是指可以在 1 年（含 1 年）或者超过 1 年的一个正常营业周期内变现、出售或耗用的资产。资产满足下列条件之一的，应当归类为流动资产：

第一，预计在一个正常营业周期中变现、出售或耗用；

第二，主要为交易目的而持有；

第三，预计在资产负债表日起 1 年内（含 1 年，下同）变现；

第四，自资产负债表日起 1 年内，交换其他资产或清偿负债的能力不受限制的现金或现金等价物。

一个正常营业周期通常是指企业从购买用于加工的资产起至实现销售，获得现金或现金等价物的期间。以制造业为例，一个正常营业周期是指企业"投入货币—购买原料—投入加工—制成成品—销售产品—再收回货币"的过程。正常营业周期通常短于 1 年，1 年内有几个营业周期。但是，也存在正常营业周期长于 1 年的情况，如房地产开发企业开发用于出售的房地产开发产品，造船企业制造用于出售的大型船只等。这些企业的产品往往超过 1 年才变现、出售或耗用，但仍应将其划分为流动资产。正常营业周期不能确定的，应当以 1 年（12 个月）作为正常营业周期。

流动资产主要包括货币资金、交易性金融资产、应收及预付款项、存货等。

① 货币资金包括库存现金、银行存款、其他货币资金。库存现金是一种流动性最强的流动资产，可以自由流通，随时用来购买企业所需的财产物资、偿还债务、支付各种费用等。银行存款是企业存放在银行或者其他金融机构，可以自由支配的存款。其他货币资金包括企业的银行汇票存款、银行本票存款、信用卡存款、信用证保证金存款、存出投资款和外埠存款等。

② 交易性金融资产是指利用闲置资金，赚取差价；以交易目的而持有，近期准备出售；以公允价值计量且其变动计入当期损益的债券、股票、基金等。

③ 应收及预付款项，是指企业在日常生产经营过程中发生的各项债权，包括应收票据、应收账款、预付账款、应收股利、应收利息、其他应收款等。应收票据是企业因销售商品、提供劳务等而收到的商业汇票，包括银行承兑汇票和商业承兑汇票。应收账款核算企业因销售商品、提供劳务等经营活动应收取的款项。企业按照合同规定预付的款项即预付账款。应收股利是指企业应收取的现金股利和应收取其他单位分配的利润。应收利息核算企业持有交易性金融资产、持有至到期投资或可供出售金融资产等应收取的利息。

④ 存货，是指企业在日常活动中持有以备出售的产成品或商品、处在生产过程中的在产品、在生产过程或提供劳务过程中耗用的材料和物料等，具体包括材料、在产品、产成品、消耗性生物资产等。

（2）非流动资产，是指流动资产以外的资产

非流动资产主要包括债权投资、其他债权投资、长期股权投资、长期应收款、固定资产、无形资产、投资性房地产、生物资产、在建工程、商誉、递延所得税资产、长期待摊费用等。

① 债权投资是指为取得债权所进行的投资。例如，购买公司债券、购买国库券等均属于债权投资。

② 其他债权投资核算以公允价值计量且其变动计入其他综合收益的金融资产。可按金融资产类别和品种，分别按"成本""利息调整""公允价值变动"等进行明细核算。

③ 长期股权投资，包括企业持有的能够对被投资单位实施控制的权益性投资，即对子公司投资；企业持有的能够与其他合营方一同对被投资单位实施共同控制的权益性投资，即对合营企业投资；企业持有的能够对被投资单位施加重大影响的权益性投资，即对联营企业的投资；企业对被投资单位不具有控制、共同控制或重大影响，且在活跃市场中没有报价、公允价值不能可靠计量的权益性投资。

④ 长期应收款是指企业的长期应收项，包括融资租赁产生的应收款项，采用递延方式确认、具有融资性质的销售商品和提供劳务等业务产生的应收款项等。

⑤ 固定资产是指同时具有下列特征的有形资产：为生产商品、提供劳务、出租或经营管理而持有的；使用寿命超过一个会计年度。

⑥ 无形资产是指企业拥有或者控制的没有实物形态的可辨认非货币性资产。无形资产主要包括专利权、非专利技术、商标权、著作权、土地使用权等。

⑦ 投资性房地产是指为赚取租金或资本增值，或两者兼有而持有的房地产，包括已出租的土地使用权、持有并准备增值后转让的土地使用权、已出租的建筑物等。

⑧ 生物资产，是指有生命的动物和植物，分为消耗性生物资产、生产性生物资产和公益性生物资产。消耗性生物资产，是指为出售而持有的或在将来收获为农产品的生物资产，包括生长中的大田作物、蔬菜、用材林以及存栏待售的牲畜等。生产性生物资产，是指为产出农产品、提供劳务或出租等目的而持有的生物资产，包括经济林、薪炭林、产畜和役畜等。公益性生物资产，是指以防护、环境保护为主要目的的生物资产，包括防风固沙林、水土保持林和水源涵养林等。

⑨ 其他。在建工程是指企业基建、更新改造等在建工程发生的支出；商誉是指在企业合并中形成的商誉价值；递延所得税资产是指企业确认的可抵扣暂时性差异产生的所得税资产；长期待摊费用是指企业已经发生但应由本期和以后各期负担的分摊期限在 1 年以上的各项费用，如以经营租赁方式租入的固定资产发生的改良支出等。

历年初会考试真题（单项选择题）

下列各项中，企业应确定为资产的是（　　　　）。

A. 月末发票账单未到按暂估价值入账的已入库材料

B. 自行研发专利技术发生的无法区分研究阶段和开发阶段的支出

C. 已签订采购合同尚未购入的生产设备

D. 行政管理部门发生的办公设备日常修理费用

正确答案： A

解析： 选项BD，应记入"管理费用"科目；选项C，不用进行账务处理。

（二）负债

1. 负债的定义

负债是指企业过去的交易或者事项形成的、预期会导致经济利益流出企业的现时义务。

现时义务是指企业在现行条件下已承担的义务。未来发生的交易或者事项形成的义务不属于现时义务，不应当确认为负债。

现时义务在同时满足以下条件时，确认为负债：

第一，与该义务有关的经济利益很可能流出企业；

第二，未来流出的经济利益的金额能够可靠地计量。

2. 负债的特征

（1）负债的清偿预期会导致经济利益流出企业。负债通常在未来某一时日通过交付资产（包括现金和其他资产）或提供劳务来清偿。

【示例解析】 企业赊购一批材料，材料已验收入库，但尚未付款，该笔业务所形成的应付账款应确认为企业的负债，需要在未来某一时日通过交付现金或银行存款来清偿。有时，企业可以通过承诺新的负债或转化为所有者权益来了结一项现有的负债，但最终一般都会导致企业经济利益的流出。

（2）负债是由过去的交易或事项形成的现时义务。只有源于已经发生的交易或事项，会计上才有可能确认为负债，而现时义务是指企业在现行条件下已承担的义务。

【示例解析】 已经赊购货物会产生应付账款，该应付账款虽然在未来支付，但是现在就已经确定承担了还款的义务。而对于企业正在计划赊购货物的行为，不需要确认为企业的负债。

3. 负债的种类

按照偿付期限的长短，负债通常分为流动负债和非流动负债。

（1）流动负债，是指将在1年（含1年）或者超过1年的一个正常营业周期内偿还的债务。负债满足下列条件之一的，应当归类为流动负债：

第一，预计在一个正常营业周期内清偿；

第二，主要为交易目的而持有；

第三，自资产负债表日起1年内到期应予以清偿；

第四，企业无权自主地将清偿推迟至资产负债表日后1年以上。

流动负债主要包括短期借款、交易性金融负债、应付票据、应付账款、预收账款、应付职工薪酬、应交税费、应付利息、应付股利、其他应付款等。

① 短期借款是指企业向银行或其他金融机构等借入的期限在1年以下（含1年）的各种借款。

② 交易性金融负债是指企业承担的交易性金融负债的公允价值。

③ 应付票据是指企业购买材料、商品和接受劳务供应等开出、承兑的商业汇票，包括银行承兑汇票和商业承兑汇票。

④ 应付账款是指企业因购买材料、商品和接受劳务等经营活动应支付的款项。

⑤ 预收账款是指企业按照合同规定预收的款项。

⑥ 应付职工薪酬是指企业根据有关规定应付给职工的各种薪酬，包括工资、职工福利、社会保险费、住房公积金、工会经费、职工教育经费、非货币性福利、辞退福利、股份支付等。

⑦ 应交税费是指企业按照税法等规定计算的应缴纳的各种税费，包括增值税、企业所得税、资源税、土地增值税、城市维护建设税、房产税、土地使用税、车船税、教育费附加、矿产资源补偿费等，另外也包括企业代扣代缴的个人所得税等。

⑧ 应付利息是指企业按照合同约定应支付的利息，包括吸收存款、分期付息到期还本的长期借款、企业债券等应支付的利息。

⑨ 应付股利是指企业按照利润分配方案应分配的现金股利或利润。

⑩ 其他应付款是指企业除应付票据、应付账款、预收账款、应付职工薪酬、应付利息、应付股利、应交税费、长期应付款等以外的其他各项应付、暂收的款项。

（2）非流动负债，是指流动负债以外的负债。

非流动负债主要包括长期借款、应付债券、长期应付款、专项应付款、预计负债、递延所得税负债等。

① 长期借款是指企业向银行或其他金融机构借入的期限在1年以上（不含1年）的各项借款。

② 应付债券是指企业为筹集（长期）资金而发行债券的本金和利息。

③ 长期应付款是指企业除长期借款和应付债券以外的其他各种长期应付款项，包括应付融资租入固定资产的租赁费、以分期付款方式购入固定资产等发生的应付款项等。

④ 专项应付款是指企业取得政府作为企业所有者投入的具有专项或特定用途的款项。

⑤ 预计负债是指企业确认的对外提供担保、未决诉讼、产品质量保证、重组义务、亏损性合同等预计负债。

⑥ 递延所得税负债是指企业确认的应纳税暂时性差异产生的所得税负债。

（三）所有者权益

1. 所有者权益的定义

所有者权益是指企业资产扣除负债后由所有者享有的剩余权益。公司的所有者权益又称为股东权益。所有者权益的来源包括所有者投入的资本、直接计入所有者权益的利得和损失、留存收益等。

2. 所有者权益的特征

（1）所有者投资所形成的资产可供企业长期使用，出资额被依法登记后，不得随意被抽回。

（2）所有者投资所形成的资产是企业清偿债务的物质保证。

（3）所有者以其出资额享有获取企业利润的权益，同时也承担企业的经营风险。

直接计入所有者权益的利得和损失，是指不应计入当期损益、会导致所有者权益发生增减变动的、与所有者投入资本或者向所有者分配利润无关的利得或者损失。

利得是指由企业非日常活动形成的、会导致所有者权益增加的、与所有者投入资本无关的经济利益的流入。损失是指由企业非日常活动形成的、会导致所有者权益减少的、与向所有者分配利润无关的经济利益的流出。

由定义可知，利得与损失具有以下三个特点：

（1）由非日常活动形成；

（2）会导致所有者权益变动；

（3）与所有者投入资本或者向所有者分配利润无关。

企业之所以存在，是因为投资者期望通过企业这一组织的设立、运作谋取经济利益，然而在现实生活中，企业经济利益的形成除了日常的经营活动所带来的经济利益的流入和流出（详见收入和费用的定义）以外，非日常活动或者企业非主观能够控制的、非主观臆想到的活动结果也能够为企业带来经济利益的流入和流出。这部分经济利益的增减，被称为"利得和损失"。

我国《企业会计准则》规定，"利得和损失"的确认分两种情况：一种情况是直接计入当期损益（利润），另一种情况是直接计入所有者权益。直接计入所有者权益的利得和损失就构成所有者权益的一部分。

3. 所有者权益的种类

所有者权益主要由实收资本、资本公积、库存股、盈余公积、未分配利润组成。

（1）实收资本是指投资者按照企业章程或合同、协议的约定，实际投入企业的资本。

（2）资本公积是指企业收到投资者出资额超出其在注册资本或股本中所占份额的部分，以及直接计入所有者权益的利得和损失。

（3）库存股是指企业收购、转让或注销的本公司股份金额。

（4）盈余公积，是指企业按照一定的比例从净利润中提取的可以用于弥补亏损、转增资本或用于职工集体福利设施的资金。

（5）未分配利润是指企业留待以后年度分配的利润。

三、反映经营成果的会计要素

经营成果是企业在一定期间的经营业绩，是企业某一时期资金运动的动态表现。反映经营成果的会计要素包括收入、费用、利润三项。

（一）收入

1. 收入的定义

收入是指企业在日常活动中形成的、会导致所有者权益增加的、与所有者投入资本无关的经济利益的总流入。收入包括销售商品收入、提供劳务收入和让渡资产使用权收入。其中，让渡资产使用权收入包括利息收入和使用费收入等。

2. 收入的特征

收入只有在经济利益很可能流入从而导致企业资产增加或者负债减少，且经济利益的流入额能够可靠计量时才予以确认。收入具有以下基本特征。

（1）收入是企业在日常活动中形成的。日常活动是指企业为完成其经营目标所从事的经常性活动以及与之相关的活动。例如，工业企业制造销售产品、商业企业销售商品、咨询公司提供咨询服务等，均属于企业的日常活动。企业非日常活动所形成的经济利益的流入不能确认为收入，而应当计入利得。例如，出售固定资产取得的收益只能作为利得，不能确认为收入，因为出售固定资产属于偶然发生的交易或事项。

（2）收入是与所有者投入资本无关的经济利益的总流入。收入会导致经济利益的流入，从而导致资产的增加，但在会计实务中，经济利益的流入有时是所有者投入资本导致的，而所有者投入的资本不应当确认为收入，应当确认为所有者权益。

（3）收入会导致所有者权益的增加。由于收入能使资产增加或负债减少，或两者兼有，企业取得收入一定会导致所有者权益的增加。不会导致所有者权益增加的经济利益的流入不符合收入的定义，不能确认为收入。例如，企业向银行借入款项，也会导致经济利益流入企业，但借入款项是企业承担的一项现时义务，是企业的负债，不会导致所有者权益的增加。

（4）收入只包括本企业经济利益的流入，不包括为第三方或客户代收的款项，如增值税、代收利息等。

3. 收入的种类

按照企业经营业务的主次，收入通常分为主营业务收入和其他业务收入。

【示例解析】 一家生产化学制剂的企业，将化学制剂出售所获得的收入作为主营业务收入，而将闲置的厂房出租所获取的租金收入作为其他业务收入。

知识拓展

会计上所说的收入指的是营业收入，包括主营业务收入和其他业务收入，不包括营业外收入。

主营业务收入是指企业从事某种主要的生产、经营活动所取得的营业收入，如制造业的销售产品收入等。其他业务收入是指企业除主营业务收入以外的其他销售或其他业务收入，如销售材料、固定资产出租取得的收入等。

营业外收入是指企业发生（非日常活动发生）的直接计入当期利润的利得，如固定资产、无形资产处理利得、罚款利得等。

（二）费用

1. 费用的定义

费用是指企业在日常活动中发生的、会导致所有者权益减少的、与向所有者分配利润无关的经济利益的总流出。

2. 费用的特征

费用只有在经济利益很可能流出从而导致企业资产减少或者负债增加，且经济利益的流出额能够可靠计量时才能予以确认。符合费用定义和费用确认条件的项目应当列入利润表，计入当期损益，主要包括以下情况。

（1）企业为生产产品、提供劳务等发生的可归属于产品成本、劳务成本等的费用，应当在确认产品销售收入、劳务收入等时，将已销售产品、已提供劳务的成本等计入当期损益。

（2）企业发生的支出不产生经济利益的，或者即使能够产生经济利益但不符合或者不再符合资产确认条件的，应当在发生时确认为费用，计入当期损益。

（3）企业发生的交易或者事项导致其承担了一项负债而又不确认为一项资产的，应当在发生时确认为费用，计入当期损益。

3. 费用的种类

费用应当按照功能分类，分为从事经营业务发生的成本、期间费用等。制造业的费用主要由期间费用和营业成本构成。

（1）期间费用，是指企业本期发生的、不能直接或间接归入营业成本，而是直接计入当期损益的各项费用，包括销售费用、管理费用和财务费用。

销售费用，是指企业在销售产品和材料、提供劳务的过程中发生的各种费用，包括保险费、包装费、展览费和广告费、产品维修费、预计产品质量保证损失、运输费、装卸费等，以及为销售本企业产品而专设的销售机构（含销售网点、售后服务网点等）的职工薪酬、业务费、折旧费等经营费用。

管理费用，是指企业为组织和管理企业生产经营所发生的费用，包括企业在筹建期间内发生的开办费、董事会和行政管理部门在企业的经营管理中发生的或者应由企业统一负担的公司经费（包括行政管理部门职工工资及福利费、物料消耗、低值易耗品摊销、办公费和差旅费等）、工会经费、董事会费（包括董事会成员津贴、会议费和差旅费等）、聘请中介机构费、咨询费（含顾问费）、诉讼费、业务招待费、技术转让费、矿产资源补偿费、研发费用、排污费等。

财务费用，是指企业为筹集生产经营所需资金等而发生的筹资费用，包括利息支出（减利息收入）、汇兑损益以及相关的手续费、企业发生的现金折扣或收到的现金折扣等。

（2）营业成本，是指销售产品或提供劳务的成本，其内容主要包括主营业务成本和其他业务成本。主营业务成本是指企业主要经营活动发生的支出。该支出通常与主营业务收入有直接的因果关系，是企业为获得主营业务收入而付出的代价。

其他业务成本是指企业除主营业务活动以外的其他业务活动所发生的支出。该支出通常与其他业务收入有直接的因果关系，是企业为获得其他业务收入而付出的代价。

（三）利润

1. 利润的定义

利润是指企业在一定会计期间的经营成果。利润包括日常活动的收入减去费用后的净额、非日常活动直接计入当期利润的利得扣除损失的净额等。

直接计入当期利润的利得和损失，是指应当计入当期损益、会导致所有者权益发生增减变动的、与所有者投入资本或者向所有者分配利润无关的利得或者损失，如营业外收入和营业外支出。

从利得与损失本身所具有的特点来看，无论是"直接计入所有者权益"还是"直接计入当期利润"，利得和损失最终均构成所有者权益的一部分。两者的区别仅在于前者直接计入所有者权益，后者直接计入当期损益。

之所以这样分类，其关键在于是否能够将利得和损失确认为利润的一部分进行分配或者减少利润分配。如果经确认，利得和损失可以作为利润的一部分进行分配或者减少利润分配，则"直接计入当期利润"；相反，如果经确认，利得和损失不能作为利润的一部分进行分配或者减少利润分配，则"直接计入所有者权益"。

2. 利润的构成

利润包括营业利润、利润总额和净利润。

（1）营业利润是特定会计期间日常活动中发生的收入与费用配比的结果，是利润总额最重要的组成部分。具体而言，营业利润是由营业收入、公允价值变动收益、投资收益三个项目的总额减去营业成本、税金及附加、期间费用及资产减值损失、信用减值损失之后的余额。

其中：营业收入是指主营业务收入和其他业务收入，营业成本是指主营业务成本和其他业务成本。税金及附加主要包括企业经营业务应承担的消费税、房产税、车船税等。公允价值变动收益是指企业应当计入当期损益的资产或负债公允价值变动净收益。投资收入是投资收入与投资损失的差额。

（2）利润总额由营业利润、营业外收支净额等组成，反映企业的综合经营成果。营业外收支净额是营业外收入与营业外支出的差额。

其中：属于营业外收入的有处置非流动资产利得、非货币性资产交换利得、债务重组利得、罚没利得、政府补助利得、确实无法支付而按规定程序经批准后转作营业外收入的应付款项、捐赠利得、盘盈利得等。属于营业外支出的有处置非流动资产损失、非货币性资产交换损失、债务重组损失、罚款支出、捐赠支出、非常损失等。

（3）利润总额扣除所得税费用后的余额为净利润，也称为税后利润。

第二节 会计等式

一、会计等式的表现形式

企业六大会计要素分别从企业资金运动的静态和动态两个方面，反映了企业的财务状况和经营成果，彼此具有紧密的联系，它们在数量上存在恒等的关系，这种恒等关系用数学等式表达出来即会计等式。会计等式又称会计方程式、会计平衡公式、会计恒等式，反映了会计要素之间的数量关系，是各种会计核算方法的理论基础。与会计要素的分类一致，会计等式可以分为反映财务状况的等式和反映经营成果的等式。

（一）反映财务状况的等式

企业经营首先要具备可供经营活动使用的资产，而资产必有其来源。资产来源于所有者的投入资本和来自债权人的借入资金及企业在生产经营中所产生效益的积累，分别归属于所有者和债权人。因此投资者和债权人对企业的资产拥有权益，资产与权益是同一事物的两个方面，所以两者的金额必然相等，用公式表示如下：

资产=权益

归属于所有者的部分形成所有者权益，归属于债权人的部分形成债权人权益（即企业的负债）。因此上述公式可改写为：

资产=负债+所有者权益

提示　"资产=负债+所有者权益"是静态会计等式，表达了资产、负债和所有者权益之间的数量关系，反映了企业在任何特定时点所拥有的资产及债权人、投资者对资产要求权的基本状况。该等式是复式记账的理论依据，也是编制资产负债表的基础。

（二）反映经营成果的等式

企业运用债权人和投资者所提供的资产，经过生产经营，以支付费用为代价获得收入，将一定期间实现的收入与支付的费用进行比较，就可以确定该期间企业的经营成果，用公式表示如下：

收入-费用=利润（或亏损）

这是动态会计等式，表达了收入、费用和利润之间的数量关系，反映了企业在某一特定时期获得收入、发生费用并由此确定利润的基本状况。该等式是编制利润表的基础。

依据我国《企业会计准则》，收入的概念仅涉及日常活动中形成的、会导致所有者权益增加的、与所有者投入资本无关的经济利益的总流入，费用的概念也仅涉及日常活动中发生的、会导致所有者权益减少的、与向所有者分配利润无关的经济利益的总流出。因此，该等式收入减去费用后的余额只是日常活动形成的那部分利润。但是，企业非日常活动形成的利润（直接计入当期利润的利得扣除损失的净额）也应属于利润的一部分。因此，上述公式可扩展如下：

（收入-费用）+（计入利润的利得-计入利润的损失）=利润（或亏损）

不过，一般情况下直接计入当期利润的利得扣除损失的数额较少，不是利润的主要构成部分，在会计等式中可以忽略。

（三）综合会计等式

归属于所有者的权益，除了所有者投入的资本外，还包括企业在经营中所赚取的利润，也就是说，利润最终将转化为所有者权益。因此，收入、费用和利润与资产、负债和所有者权益的关系又可以用公式表示如下：

资产=负债+所有者权益+利润

资产=负债+所有者权益+（收入-费用）

资产+费用=负债+所有者权益+收入

这是会计等式的几种转化形式，也可以称为静态与动态相结合的综合会计等式。在会计期末结账，利润转入所有者权益项目后，会计等式又恢复为静态，即：

资产=负债+所有者权益

二、经济业务对会计等式的影响

经济业务是指使企业资产、负债和所有者权益等会计要素发生增减变动的经济事项，又称交易事项或会计事项。企业发生经济业务必须进行恰当的会计处理。

企业日常发生的经济业务是多种多样的，如接受投资、向银行借款、采购原材料、销售产品、支付工资等。每一项经济业务都会影响相关会计要素的增减变化。下面举例说明。

【例3-1】 表3-1所示为荣光公司20×2年1月1日有关资产、负债、所有者权益的基本情况。

表3-1　　　　　　　　　　　　　荣光公司资产负债情况

20×2年1月1日

单位：元

资产		负债及所有者权益	
货币资金	50 000	短期借款	90 000
应收账款	90 000	应付账款	70 000
存货	120 000		
固定资产	200 000	所有者权益	300 000
资产总额	460 000	负债及所有者权益总额	460 000

从表3-1中看出，荣光公司期初资产等于权益，符合会计等式"资产=负债+所有者权益"。在20×2年1月，荣光公司发生如下业务。

（1）荣光公司用库存现金买入一批原材料，共计10 000元。

这项经济业务的发生，一方面使公司"存货"（资产项目，原材料属于存货）增加了10 000元，另一方面使"货币资金"（资产项目，库存现金属于货币资金）减少了10 000元。公司资产总额一增一减，金额不变，会计等式继续保持平衡。

（2）荣光公司赊购包装材料一批，共计15 000元。

这项经济业务的发生，一方面使公司"存货"（资产项目，包装材料属于存货）增加了15 000元，另一方面使公司的"应付账款"（负债项目）增加了15 000元。会计等式两边同时增加15 000元，两边总额仍然相等，会计等式继续保持平衡。

（3）荣光公司用银行存款30 000元偿还前欠应付账款。

这项经济业务的发生，一方面使公司"货币资金"（资产项目，银行存款属于货币资金）减少了30 000元，另一方面使公司的"应付账款"（负债项目）减少了30 000元。会计等式两边同时减少了30 000元，两边总额仍然相等，会计等式继续保持平衡。

（4）荣光公司向银行借入短期借款50 000元，用以归还前欠的应付账款。

这项经济业务的发生，一方面使公司"短期借款"（负债项目）增加了50 000元，另一方面使公司的"应付账款"（负债项目）减少了50 000元。负债项目一增一减，负债及所有者权益总额没变，会计等式继续保持平衡。

假设荣光公司1月仅发生了以上四项会计事项，则该公司1月31日的资产负债情况如表3-2所示。

表3-2 　　　　　　　　　　　　　荣光公司资产负债情况

20×2年1月31日　　　　　　　　　　　　　　　　　　　　　单位：元

资产		负债及所有者权益	
货币资金	10 000	短期借款	140 000
应收账款	90 000	应付账款	5 000
存货	145 000		
固定资产	200 000	所有者权益	300 000
资产总额	445 000	负债及所有者权益总额	445 000

如上所述，企业会计事项的发生会引起会计要素发生以下四种变化。

（1）一种资产增加，同时，另一种资产减少。

（2）一种资产增加，同时，一种负债或所有者权益增加。

（3）一种资产减少，同时，一种负债或所有者权益减少。

（4）一种负债或所有者权益增加，同时，另一种负债或所有者权益减少。

以上四种情况变化的结果都不会破坏会计等式的平衡。

我们可以得出以下结论：每项会计事项的发生必然会引起会计等式某一会计要素增加的同时另一会计要素等额减少，或者引起会计等式左右两方会计要素同时发生等额的增减变化，而无论怎样变化，都不会破坏会计等式的平衡关系，会计等式两端的金额永远保持相等。

历年初会考试真题（多项选择题）

下列各项中，关于会计等式"资产=负债+所有者权益"的表述正确的是（　　　　）。

A. 编制企业利润表的依据

B. 反映企业某一时期收入、费用和利润之间的关系

C. 反映企业某一特定时点的资产、负债、所有者权益三者之间的平衡关系

D. 编制企业资产负债表的理论依据

正确答案：CD

解析： 选项AB描述的是"收入-费用=利润"这一会计等式。

拓展阅读

感恩、行孝、社会责任——刘普林励志事例

刘普林，湖北武穴人，原武汉理工大学华夏学院经管系学生。他每两周回父母身边一次，每次只拿200元生活费，每周所有花销只有100元。而每次回来的主要工作是替母亲清扫大街。"90后"的刘普林在寒假里既没有睡懒觉，更没有玩游戏，凌晨5点多，当大多数市民还在酣睡之时，他就拿着扫帚、铲子和铁簸箕出现在武汉一个叫作涵三宫的街道上，代替母亲开始一天的清扫工作。两年来，刘普林在上学之余坚持替在环卫所打工的母亲清扫大街，其孝心感动了很多人，被人们称为"马路孝子"。

点评：

百善孝为先，刘普林以孝行闻名，沿袭中华传统美德。大学生要树立正确的人生观、价值观，有社会责任，有担当，推动社会进步。

思考练习题

一、简答题

1. 静态会计等式是什么？动态会计等式是什么？

2. 什么是资产？资产的特征是什么？

3. 什么是负债？负债的特征是什么？

4. 什么是收入？收入的特征是什么？

5. 什么是费用？费用的特征是什么？

二、判断题（正确的填"√"，错误的填"×"）

1. 企业对一项资源的拥有是指企业享有该资源的所有权，通常表明企业能够排他性地从资产的使用过程中获取经济利益。

2. 资产是企业拥有的资源，企业对借入的款项并不拥有所有权，因而不能将其确认为企业的资产。（　　　）

3. 会计要素是根据交易或事项的经济特征对财务会计对象的基本分类。（　　　）

4. 预付账款是指企业由于购买销售方的产品、接受服务方提供的劳务等按照合同规定而预先支付给对方的款项。由于款项已经付出，不应再确认为企业的资产。（　　　）

5. 企业向所有者分配股利或利润，有时会导致经济利益流出企业，这种经济利益的流出应确认为企业的费用。（　　　）

6. 主营业务收入是指企业在其从事的销售产品等日常活动中所获取的收入。（　　　）

7. 管理费用是指车间管理部门为组织和管理生产经营活动而发生的各项费用。（　　　）

8. 销售费用是指企业在销售产品过程中发生的各种费用。（　　　）

9. 营业外收入账户核算企业发生的与企业生产经营无直接关系的各项收入，包括固定资产盘盈、确实无法支付的应付账款等。（　　　）

10. 所有者权益的确认主要依赖于资产要素和负债要素的确认。（　　　）

三、单项选择题

1. 在下列各项中，划分会计要素的依据是（　　　）。

　　A. 会计假设　　　B. 会计职能　　　　　C. 会计对象　　　　D. 会计信息

2. 在下列各项中，属于资产要素本质特征的是（　　　）。

    A. 企业过去的交易或者事项形成　　　　　　B. 由企业所拥有

    C. 由企业所控制　　　　　　　　　　　　　D. 预期会给企业带来经济利益

3. 在下列各项中，不属于负债要素特征的是（　　　）。

    A. 企业过去的交易或者事项形成　　　　　　B. 企业应当承担的现时义务

    C. 预期会导致经济利益流出企业　　　　　　D. 预期会给企业带来经济利益

4. 在下列各项中，不属于费用要素特征的是（　　　）。

    A. 企业在日常活动中发生的经济利益总流出

    B. 会导致所有者权益减少的经济利益总流出

    C. 企业在非日常活动中发生的经济利益总流出

    D. 与向所有者分配利润无关的经济利益总流出

5. 在以下各项中，不属于企业固定资产特征的是（　　　）。

    A. 为生产商品而持有　　　　　　　　　　　B. 为提供劳务而持有

    C. 为进行销售而持有　　　　　　　　　　　D. 使用寿命超过一个会计年度

6. 将企业的负债分为流动负债和非流动负债两类的依据是（　　　）。

    A. 负债的有偿性　　　　　　　　　　　　　B. 负债的流动性

    C. 负债的非流动性　　　　　　　　　　　　D. 负债导致经济利益的流出性

7. 在以下各项中，不属于企业流动资产的是（　　　）。

    A. 库存现金　　B. 银行存款　　　　C. 预付账款　　　　　　D. 应付账款

8. 在以下各项中，不属于企业非流动资产的是（　　　）。

    A. 固定资产　　B. 无形资产　　　　C. 预付账款　　　　　　D. 长期待摊费用

9. 在以下各项中，不属于企业流动负债的是（　　　）。

    A. 短期借款　　B. 应付票据　　　　C. 预收账款　　　　　　D. 应收账款

10. 在以下各项中，不属于企业非流动负债的是（　　　）。

    A. 预收账款　　B. 长期借款　　　　C. 应付债券　　　　　　D. 长期应付款

11. 在以下各项中，不属于企业所有者权益的是（　　　）。

    A. 股本　　　　B. 资本公积　　　　C. 预收账款　　　　　　D. 盈余公积

12. 在以下各项中，被称为留存收益的是（　　　）。

    A. 实收资本与资本公积　　　　　　　　　　B. 实收资本与盈余公积

    C. 资本公积与盈余公积　　　　　　　　　　D. 盈余公积与未分配利润

13. 在下列各项中，不属于企业日常活动产生的费用的是（　　　）。

    A. 主营业务成本　　B. 税金及附加　　C. 财务费用　　　　　　D. 营业外支出

14. 在下列各项中，不属于企业销售费用的是（　　　）。

    A. 专设销售机构人员的工资　　　　　　　　B. 专设销售机构人员的福利费

    C. 为推销产品发生的展销费　　　　　　　　D. 应由企业统一负担的公司经费

15. 在下列各项中，不属于企业管理费用的是（　　　）。

    A. 应由企业统一负担的公司经费　　　　　　B. 业务招待费

    C. 诉讼费　　　　　　　　　　　　　　　　D. 汇兑损益

16. 在下列各项中，不属于企业财务费用的是（　　　）。

    A. 利息支出（减利息收入）　　　　　　　　B. 汇兑损益

    C. 研发费用　　　　　　　　　　　　　　　D. 借款相关的手续费

17. 在下列各项中，应作为会计要素主要计量单位的是（　　）。

  A. 货币计量单位 B. 实物计量单位   C. 重量计量单位   D. 物理计量单位

18. 在下列各种会计方法中，对发生的每一项交易或事项都要通过两个或两个以上账户进行双重记录的专门方法是（　　）。

  A. 设置账户 B. 登记账簿   C. 复式记账   D. 成本计算

19. 在下列各种会计方法中，归集一定计算对象所发生的全部费用，进而确定其总成本和单位成本的专门方法是（　　）。

  A. 复式记账 B. 登记账簿   C. 财产清查   D. 成本计算

20. 企业接受投资100 000元存入银行，则该业务对会计要素的影响是（　　）。

  A. 资产和负债同时增加 100 000 元

  B. 资产和所有者权益同时增加 100 000 元

  C. 资产增加 100 000 元，负债减少 100 000 元

  D. 资产增加 100 000 元，所有者权益减少 100 000 元

四、多项选择题

1. 下列会计等式中正确的有（　　）。

  A. 资产＝权益   B. 资产＝负债+所有者权益

  C. 收入-费用＝利润   D. 资产＝负债+所有者权益+（收入-费用）

2. 下列关于会计等式的说法中，正确的是（　　）。

  A. "资产＝负债+所有者权益"是最基本的会计等式，表明了会计主体在某一特定时期所拥有的各种资产与债权人、所有者之间的动态关系

  B. "收入-费用＝利润"这一等式动态地反映了经营成果与相应期间的收入和费用之间的关系，是企业编制利润表的基础

  C. "资产＝负债+所有者权益"这一会计等式说明了企业经营成果对资产和所有者权益所产生的影响，体现了会计六要素之间的内在联系

  D. 企业各项经济业务的发生并不会破坏会计基本等式的平衡关系

3. 下列选项中能引起会计等式左右两边会计要素变动的经济业务有（　　）。

  A. 收到某单位前欠货款 20 000 元并存入银行

  B. 以银行存款偿还银行借款

  C. 收到某单位投入机器一台，价值 80 万元

  D. 以银行存款偿还前欠货款 10 万元

4. 下列选项中属于只引起会计等式左边会计要素变动的经济业务有（　　）。

  A. 购买材料 800 元，货款暂欠

  B. 去银行提取现金 500 元

  C. 购买机器一台，以银行存款支付 10 万元货款

  D. 接受国家投资 200 万元

5. 企业的资产按流动性可以分为（　　）。

  A. 流动资产 B. 非流动资产   C. 长期股权投资   D. 无形资产

6. 下列选项中关于负债的表述正确的有（　　）。

  A. 负债按其流动性不同，分为流动负债和非流动负债

  B. 负债通常是在未来某一时日通过交付资产或提供劳务来清偿

  C. 正在筹划的未来交易事项，也会产生负债

  D. 负债是企业由于过去的交易或事项而承担的将来义务

7. 从本质上讲，所有者权益与负债的不同包括（　　）。

    A. 两者性质不同　　　　　　　　　　B. 两者偿还期不同

    C. 两者享受的权利不同　　　　　　　D. 两者风险程度不同

8. 下列选项中，属于企业所有者权益组成部分的有（　　）。

    A. 股本　　　　　B. 资本公积　　　　C. 盈余公积　　　　D. 应付股利

9. 企业的收入具体表现为一定期间（　　）。

    A. 现金的流入　　　　　　　　　　　B. 银行存款的流入

    C. 企业其他资产的增加　　　　　　　D. 企业负债的增加

10. 企业的费用具体表现为一定期间（　　）。

    A. 现金的流出　　　　　　　　　　　B. 企业其他资产的减少

    C. 企业负债的增加　　　　　　　　　D. 银行存款的流出

11. 下列选项中，属于无形资产的有（　　）。

    A. 期权　　　　　B. 专利权　　　　C. 商标权　　　　D. 土地使用权

12. 下列经济业务中，只引起会计等式右边会计要素发生增减变动的业务有（　　）。

    A. 以银行存款偿还前欠货款　　　　　B. 某企业将本企业所欠货款转作投入资本

    C. 将资本公积转增资本　　　　　　　D. 向银行借款，存入银行

13. 下列选项中关于资产特征的说法正确的有（　　）。

    A. 由过去的交易或事项形成　　　　　B. 必须是有形的

    C. 企业拥有或者控制的　　　　　　　D. 预期能够给企业带来未来的经济利益

14. 下列选项中，应确认为企业资产的有（　　）。

    A. 购入的无形资产　　　　　　　　　B. 已霉烂变质无使用价值的存货

    C. 融资租入的固定资产　　　　　　　D. 计划下个月购入的材料

15. 下列选项中属于流动资产的有（　　）。

    A. 存放在银行的存款　　　　　　　　B. 存放在仓库的材料

    C. 厂房和机器　　　　　　　　　　　D. 企业的办公楼

五、综合练习题

1. 东方公司20×2年1月31日各项目余额如下。

（1）出纳员处存放现金1 700元。

（2）存入银行的存款2 939 300元。

（3）投资者投入的资本为13 130 000元。（只考虑投入资本）

（4）向银行借入三年期的借款500 000元。（只考虑借款）

（5）向银行借入半年期的借款300 000元。（只考虑借款）

（6）原材料库存417 000元。

（7）生产车间正在加工的产品584 000元。

（8）库存产成品520 000元。

（9）应收外单位产品货款43 000元。

（10）应付外单位材料货款45 000元。

（11）对外短期投资60 000元。（只考虑投资）

（12）公司办公楼价值5 700 000元。

（13）公司机器设备价值4 200 000元。

（14）公司运输设备价值530 000元。

（15）外欠某企业设备款200 000元。

（16）拥有某企业发行的三年期公司债券650 000元。

（17）上年尚未分配的利润为70 000元。

要求：

（1）划分各项目的类别（资产、负债或所有者权益），并将各项目金额填入表中。

项目类别表   单位：元

序号	金额		
	资产	负债	所有者权益
合计			

（2）计算资产、负债、所有者权益各要素金额合计。

2. 新华律师事务所20×2年现金收入6 000 000元，另有以下往来款项。

项目类别表   单位：元

项目	20×1年12月31日	20×2年12月31日
应收账款	97 000	140 000
预收账款	42 000	21 000

要求： 计算该律师事务所20×2年的服务收入。

3. 大华公司20×2年7月初的资产总额为1 000 000元，负债总额为300 000元，所有者权益总额为700 000元，7月中旬从银行借入借款期为3个月的短期借款400 000元，应当由7月承担的费用为60 000元，7月末的资产总额为1 420 000元。假设7月份没有其他的经济业务。

要求： 计算20×2年7月的收入额。

4. 业务处理题

华达公司20×2年5月31日的资产负债表显示资产总计375 000元，负债总计112 000元，该公司20×2年6月发生如下经济业务。

（1）用银行存款购入全新机器一台，价值30 000元；

（2）投资人投入原材料，价值10 000元；

（3）以银行存款偿还所欠供应单位账款5 000元；

（4）收到外单位所欠账款8 000元，收存银行；

（5）将一笔长期负债50 000元转为对企业的投资。

要求：

（1）根据6月发生的经济业务，说明经济业务对会计要素的影响。

（2）计算6月末华达公司的资产总额、负债总额和所有者权益总额。

第四章

会计科目与会计账户

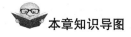**本章知识导图**

会计科目与会计账户
- 会计科目
  - 会计科目的概念与分类（了解）★
  - 会计科目的设置（掌握）★★★
- 会计账户
  - 会计账户的概念（理解）★★
  - 会计账户的结构与功能（掌握）★★★
  - 会计科目与会计账户的关系（掌握）★★★
  - 总分类账户与明细分类账户的关系（理解）★★

**引导案例**

盈科公司20×2年1月末各项目的余额如下。

1. 出纳员处存放现金2 000元；
2. 银行的存款20 000元；
3. 投资者投入资本金1 000 000元；
4. 向银行借入三年期的借款3 500 000元；
5. 库存产成品50 000元；
6. 应收外单位货款40 000元；
7. 应付外单位材料款50 000元；
8. 公司办公楼价值5 000 000元；
9. 公司的资本公积金为500 000元；
10. 公司的盈余公积金为62 000元。

思考：

通过本章的学习，你是否能指出盈科公司至少应设置哪些账户？这些账户中哪些是资产类账户？哪些是负债类账户？哪些是所有者权益类账户？

分析：

盈科公司至少应设置库存现金、银行存款、实收资本、长期借款、库存商品、应收账款、应付账款、固定资产、资本公积、盈余公积账户。

其中：库存现金、银行存款、库存商品、应收账款、固定资产账户是资产类账户；长期借款、应付账款账户是负债类账户；实收资本、资本公积、盈余公积账户是所有者权益类账户。

第一节　会计科目

一、会计科目的概念与分类

会计要素把会计核算和监督的具体内容进行了进一步的划分。然而，如果仅利用资产、负债、所有者权益、收入、费用和利润这六大类会计要

会计科目

素来记录和反映企业的每一笔经济业务，会计信息就太过简略了，远远不能满足会计信息使用者对会计信息的不同需求。为了使种类繁多的经济业务获得具体、适当的归纳，以便会计系统、连续地记录和反映经济业务，就必须把会计要素的具体内容进行进一步的分类，即设置会计科目。

（一）会计科目的概念

会计科目简称科目，是对会计要素的具体内容进行分类核算的项目，是进行企业会计核算和提供会计信息的基础。会计对象、会计要素与会计科目之间的关系如图4-1所示。

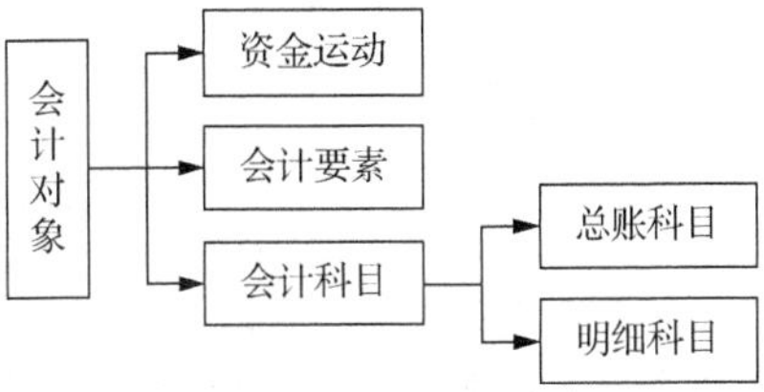

图4-1　会计对象的构成层次图

（二）会计科目的分类

会计科目可按其反映的经济内容（即所属会计要素）和所提供信息的详细程度进行分类。

1. 按反映的经济内容分类

会计科目按其反映的经济内容不同，通常划分为资产类科目、负债类科目、共同类科目、所有者权益类科目、成本类科目和损益类科目。除共同类科目外，各要素与科目之间的关系，如图4-2所示。

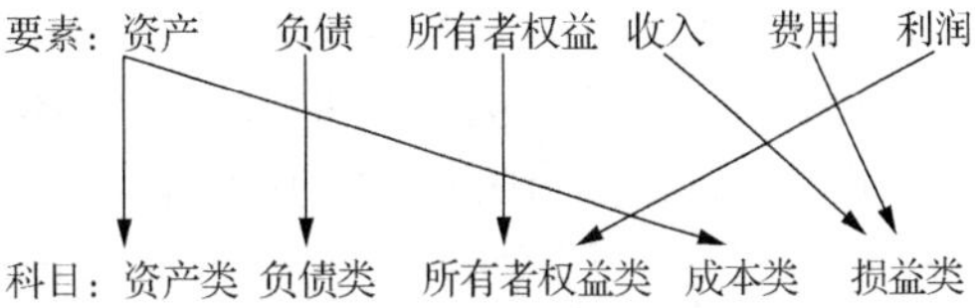

图4-2　各要素与科目关系图

会计要素有六大类，分别是资产、负债、所有者权益、收入、费用、利润；会计科目按其反映的经济内容（即所属会计要素）也分为六大类，分别是资产类科目、负债类科目、共同类科目、所有者权益类科目、成本类科目和损益类科目。两个"六大类"既有不同，也有交叉。对其中某类科目归属于哪一个科目要素，需要明确区分。

（1）资产类科目，是对资产要素的具体内容进行分类核算的项目，按资产的流动性分为反映流动资产的科目和反映非流动资产的科目。

反映流动资产的科目主要包括"库存现金""银行存款""原材料""应收账款""库存商品""预付账款"等；反映非流动资产的科目主要包括"长期应收款""固定资产""无形资产"等。

在资产类科目中，还有一些反映资产价值损耗或损失的科目，如"累计折旧""累计摊销""坏账准备"和"存货跌价准备"等，这些科目被称为备抵科目或抵减科目。资产类科目归属资产要素。

（2）负债类科目，是对负债要素的具体内容进行分类核算的项目，按负债的偿还期限分为反映流动负债的科目和反映非流动负债的科目。

反映流动负债的科目包括"短期借款""应付账款""应付职工薪酬""应交税费""预收账款"等；反映非流动负债的科目主要包括"长期借款""应付债券""长期应付款"等。负债类科目归属于负债要素。

（3）共同类科目，是既有资产性质又有负债性质的科目，主要包括"外汇买卖""清算资金往来""衍生工具""套期工具"等，此类科目多用于金融、保险、投资、基金等公司。

> **知识拓展**
>
> 共同类科目既有资产性质又有负债性质，其最终性质取决于科目核算的结果。如果核算结果出现借方余额，就作为资产类科目；如果核算结果出现贷方余额，就作为负债类科目。

（4）所有者权益类科目，是对所有者权益要素的具体内容进行分类核算的项目，按所有者权益的形成和性质可分为反映资本的科目和反映留存收益的科目。

反映资本的科目主要包括"实收资本"或"股本""资本公积"等；反映留存收益的科目主

要包括"盈余公积""利润分配——未分配利润"等。

（5）成本类科目，是对可归属于产品生产成本、劳务成本等的具体内容进行分类核算的项目，按成本的不同内容和性质可以分为反映制造成本的科目和反映劳务成本的科目。

反映制造成本的科目主要包括"生产成本""制造费用"等；反映劳务成本的科目主要是"劳务成本"。

知识拓展

为什么成本类科目归属于资产要素

成本是企业生产产品、提供劳务过程中所消耗的价值的体现，如果成本类科目有余额，其反映的实质是某项"资产"。例如，"生产成本"科目有余额，反映的是尚未加工完成的各项在产品的成本，则企业在期末应将"生产成本"科目余额填列到"存货"报表项目中。"存货"归属于资产要素。

（6）损益类科目，是对收入、费用等具体内容进行分类核算的项目，按损益的不同，可以分为反映收入的损益类科目和反映费用的损益类科目。

反映收入的损益类科目主要包括"主营业务收入""其他业务收入"等；反映费用的损益类科目主要包括"主营业务成本""其他业务成本""管理费用""财务费用""销售费用""所得税费用"等。损益类科目一般分别归属于收入和费用两类会计要素。

为了描述方便，可将"损益类"科目继续细分为"收入类"科目和"费用类"科目。

2. 按提供信息的详细程度分类

会计科目也可以按其提供信息的详细程度进行分类，即分为总分类科目和明细分类科目。总分类科目，也称一级科目，是对会计要素的具体内容进行总括分类的科目；明细分类科目，简称明细科目，是对总分类科目进一步分类的科目，它所反映的经济内容或提供的指标比较具体、详细。有些总分类科目反映的经济内容比较广泛，因此，可以在总分类科目下先设置二级科目，在二级科目下再设置三级科目。二级科目和三级科目都称为明细分类科目。例如，某些钢铁冶炼企业的原材料数量、品种繁多，为了满足会计核算的需要，先设"原材料"为一级科目，再设"主要材料""辅助材料"和"燃料"为二级科目，最后设"圆钢""扁钢"等为三级科目，如表4-1所示。

表4-1 　　　　原材料总分类科目与各明细科目之间的关系表

总分类科目	明细分类科目	
	二级明细科目	三级明细科目
原材料	主要材料	圆钢
		扁钢
	辅助材料	油漆
		润滑油
	燃料	汽油
		柴油

二、会计科目的设置

（一）设置会计科目的原则

（1）必须根据会计主体经济活动的特点进行科学分类，做到全面反映会计对象的内容，相互不交叉重叠。

（2）必须适应经济业务发展的需要，有利于会计核算的正常进行并保持相对稳定，做到统一性与灵活性相结合。

（3）在保证满足会计信息使用者要求的前提下，对会计科目的分类要做到简明、适用，不宜过于繁复。

（4）便于分类、排列和编号。

（二）会计科目的编号

为了便于编制会计凭证、登记账簿、查阅账目、实行会计电算化，还应在对会计科目进行分类的基础上，为每个会计科目编一个固定的号码。这些号码称为会计科目编号，简称科目编号。科目编号能清楚地表示会计科目所属的类别及其在类别中的位置。《企业会计准则》采用四位数对会计科目进行编号，资产类科目的编号均以 1 为第一位数字，负债类科目的编号均以 2 为第一位数字，共同类科目的编号均以 3 为第一位数字，所有者权益类科目的编号均以 4 为第一位数字，成本类科目的编号均以 5 为第一位数字，损益类科目的编号均以 6 为第一位数字。在上述主要类别之下，业务性质相同的会计科目的编号的第二位数字、第三位数字采用相同的号码；在相同业务性质的会计科目下，再以阿拉伯数字依次排列各个会计科目。为了便于会计工作进行，会计制度通常以会计科目表的形式对会计科目的编号、类别和名称加以规范。根据《企业会计准则——应用指南》，企业常用的会计科目名称和编号简要列表如表 4-2 所示。

表 4-2 　　　　　　　　　　　　　企业常用会计科目简表

编号	科目名称	编号	科目名称	编号	科目名称
	一、资产类	1606	固定资产清理	4001	实收资本
1001	库存现金	1701	无形资产	4002	资本公积
1002	银行存款	1702	累计摊销	4003	其他综合收益
1012	其他货币资金	1703	无形资产减值准备	4101	盈余公积
1101	交易性金融资产	1801	长期待摊费用	4103	本年利润
1121	应收票据	1901	待处理财产损溢	4104	利润分配
1122	应收账款		二、负债类		五、成本类
1123	预付账款	2001	短期借款	5001	生产成本
1131	应收股利	2201	应付票据	5101	制造费用
1132	应收利息	2202	应付账款	5301	研发支出
1221	其他应收款	2203	预收账款		六、损益类
1231	坏账准备	2211	应付职工薪酬	6001	主营业务收入
1401	材料采购	2221	应交税费	6051	其他业务收入
1402	在途物资	2231	应付利息	6111	投资收益
1403	原材料	2232	应付利润	6115	资产处置损益
1404	材料成本差异	2241	其他应付款	6301	营业外收入
1405	库存商品	2401	递延收益	6401	主营业务成本
1471	存货跌价准备	2501	长期借款	6402	其他业务成本
1501	长期债权投资	2701	长期应付款	6403	税金及附加
1511	长期股权投资		三、共同类	6601	销售费用
1512	长期股权投资减值准备	3001	清算资金往来	6602	管理费用
1601	固定资产	3002	货币兑换	6603	财务费用
1602	累计折旧	3101	衍生工具	6701	资产减值损失
1603	固定资产减值准备	3201	套期工具	6711	营业外支出
1604	在建工程	3202	被套期项目	6801	所得税费用
1605	工程物资		四、所有者权益类	6901	以前年度损益调整

企业在不违反《企业会计准则》确认、计量和报告规定的前提下，可以根据本单位的实际情况自行增设、分析、合并会计科目。企业对不存在的交易或者事项，可不设置相关会计科目。对于明细科目，企业可以比照《企业会计准则》规定自行设置。会计科目编号供企业填制会计凭证、登记会计账簿、查阅会计账目、采用会计软件系统时参考。企业可结合实际情况自行确定会计科目编号。

历年初会考试真题（单项选择题）

根据科目内容计入成本类账户的是（　　　　）。

A. 主营业务成本　　　B. 制造费用　　　C. 管理费用　　　D. 其他业务成本

正确答案：B

解析：选项ACD，计入损益类账户。

第二节　会计账户

一、会计账户的概念

设置会计账户是会计核算的专门方法之一。科学地设置和运用会计账户，对于分类、归集、整理、加工会计信息具有重要意义。

会计账户是以会计科目为名称，具有特定的结构和明确的核算内容，用以系统、连续地记录和反映企业经济业务所引起的相关会计要素增减变化及其结果的一种会计核算方法，简称账户。

会计账户

会计账户的设置应与会计科目的设置相适应。首先，根据总分类科目开设总分类账户，以提供总括分类的核算指标。总分类账户一般只用货币计量。然后，根据明细分类科目开设明细分类账户，以提供各种具体、详细的分类核算资料。明细分类账户除了用货币作为计量单位外，有的还需要用到实物量度（如件、千克、吨等）。

二、会计账户的结构与功能

每个会计账户都有专门的结构，严格反映一定的经济内容。随着经济业务的不断发生，这些内容随之发生变化。而这种变化可以在会计账户中得到体现。

会计账户的基本格式如表 4-3 所示。

表4-3　　　　　　　　　　　　账户的基本格式

账户名称（会计科目）

年		凭证编号	摘要	借方	贷方	借或贷	余额
月	日						

表 4-3 中的会计账户格式分为借、贷两方，一方记录增加，另一方记录减少。如果规定在借方记录增加额，就应该在贷方记录减少额；反之，如果在贷方记录增加额，就应该在借方记录

减少额。究竟哪一方记录增加额，哪一方记录减少额，取决于各账户所记录的经济内容和所采用的记账方法。

一般来说，会计账户的基本结构应包括以下几部分：

（1）账户名称及编号，即会计科目及其编号；

（2）经济业务发生日期和内容摘要；

（3）凭证号数，即账户记录的来源和依据；

（4）增加或减少的金额。

账户的主要功能是提供一系列有用的数据信息，这些信息主要是以价值形式体现出来的。每个会计账户都有四个金额要素：①期初余额，在某一会计期间开始时该账户的结余金额，由于会计期间的首尾相接，上期的期末余额转入本期，便是本期的期初余额。②本期增加发生额，一定时期（一个会计期间）的增加额合计，即本会计期间发生的若干会计交易事项所引起的该账户增加额的合计。③本期减少发生额，一定时期（一个会计期间）的减少额合计，即本会计期间发生的若干会计交易或事项所引起的该账户减少额的合计。④期末余额，在某一会计期间终了时（月末、年末），期初余额加本期增加发生额与本期减少发生额相抵后的差额。会计账户的余额一般与记录的增加额在同一方向。

四项金额之间的关系为：

期末余额=期初余额+本期增加发生额−本期减少发生额

在理论研究和教学工作中，为了便于说明，常常将上述会计账户结构化为"T"型账户。

| 左方 | （会计科目名称） | 右方 |

会计账户的具体格式取决于企业采用的记账方法。根据《企业会计准则》，企业会计记账应采用借贷记账法。

在借贷记账法下，会计账户的左方称为"借方"，会计账户的右方称为"贷方"。在此处，"借""贷"两字并无借入和贷出的具体含义，而只是表示左方与右方的符号而已。有关借贷记账法的详细内容将在后面章节讲述。

三、会计科目与会计账户的关系

在实践中，由于会计账户按照会计科目命名，人们常常把它们等同起来使用。但是，会计科目与会计账户其实是两个不同的概念。

（一）会计科目与会计账户的联系

会计科目与会计账户都是对会计对象具体内容的项目分类，两者口径一致，性质相同。会计科目是会计账户的名称，也是设置会计账户的依据，而会计账户则是会计科目的具体运用。

第一，两者都是对会计对象的具体内容——会计要素所做的进一步分类，针对某一个会计科目和账户而言，两者的分类口径完全一致。例如，"应收账款"科目与"应收账款"账户的核算内容、范围是相同的。

第二，从全部会计科目和全部会计账户的分类来看，两者的分类方法和结果是相同的。

（二）会计科目与会计账户的区别

第一，作为一个名词，会计科目仅仅说明其反映的经济内容是什么，而会计账户具有一定的格式和结构，不仅能够说明其反映的经济内容是什么，还能够系统地核算、监督其经济内容的增减变化及结余情况。

第二，设置会计科目的作用主要是开设账户、填制记账凭证，而设置会计账户的作用主要是系统地提供某一会计科目的会计资料，以编制会计报表，服务于企业的经营管理。

在实际工作中，对会计科目和会计账户不严格区分，可相互通用。

四、总分类账户与明细分类账户的关系

在会计工作中，为了适应经营管理的需要，企业发生的每一项经济业务都要在有关账户中登记。按提供资料的详细程度不同，会计账户可分为总分类账户和明细分类账户。

总分类账户也称一级账户。它以一级会计科目为名称，以货币为统一的计量单位，对经济业务进行登记。总分类账户只能提供各种有关的总括核算资料，而不能满足经营管理上的具体需要，因此，在设置总分类账户的同时，还应根据具体需要，分别设置若干明细分类账户。

明细分类账户简称明细账户，它是总分类账户的补充说明，是根据总分类账户的核算内容，按照实际需要和更加详细的分类设置的。例如，为了具体了解企业与各个客户之间销售货款的结算情况，可在"应收账款"总分类账户下，按各个客户的名称分别设置若干明细分类账户。又如，为了具体了解和掌握各种材料收入、发出和结存情况，可在"原材料"总分类账户下，按照原材料的品名和规格分别设置若干明细分类账户。在原材料明细分类账户中，应用实物计量单位和货币计量单位同时进行登记，以便加强财产物资的管理。

（一）总分类账户和明细分类账户的联系

（1）某一总分类账户与它所属的明细分类账户所反映的对象相同，账户的性质也相同。例如，"原材料"总分类账户与各个"原材料"明细分类账户反映的对象都是原材料的增减变化及结存情况；"原材料"总分类账户与各个"原材料"明细分类账户都属于资产类账户，性质相同，账户结构和记账方向都一致。

（2）某一总分类账户与它所属的明细分类账户据以登记账户的原始依据相同。例如，"原材料"总分类账户与各个"原材料"明细分类账户登记增加，其原始依据都是"材料入库单"等凭证；"原材料"总分类账户与各个"原材料"明细分类账户登记减少，其原始依据都是"材料出库单"或"领料单"等凭证。

（二）总分类账户和明细分类账户的区别

（1）某一总分类账户与它所属的明细分类账户所反映的经济内容详细程度不同，提供的核算指标也不尽相同。总分类账户以货币为计量单位，提供总括的核算指标；明细分类账户以货币计量单位为主，以实物计量单位为辅，提供详细的核算指标。例如，"原材料"总分类账户反映的是以金额表示的企业所有原材料的增减变化及其结存情况，而每个"原材料"明细分类账户反映的是以实物量和金额表示的企业某一类原材料的增减变化及其结存情况。

（2）某一总分类账户与它所属的明细分类账户所起的作用是不同的。总分类账户对明细分类账户起着统驭、综合的作用；明细分类账户则是总分类账户的具体化，对其起着补充作用。

历年初会考试真题（多项选择题）

会计账户反映的内容包括（　　　）。

A. 账户的名称

B. 日期和摘要

C. 凭证号数

D. 增加方和减少方的金额及余额

正确答案：ABCD

解析：会计账户应反映以下内容：（1）账户的名称；（2）日期；（3）凭证号数；（4）增加方和减少方的金额及余额；（5）摘要。

拓展阅读

山东一家公司设置八套账

2016年金税三期上线后，山东某企业由于存在大量"虚开虚抵"的增值税专用发票，被税务机关频频预警。当税务稽查人员现场核实企业经营情况的时候发现企业电脑上竟然同时并存着8套账目，分别用财务数字1号到8号依次排序。账套类型如下。

（1）内账（管理账）：反映企业实际经营情况的账

（2）外账（税务账）：为了应付税务机关的账

（3）银行账：为了贷款需要的账

（4）海关账：为了应付海关检查的账

（5）高新账：为了申请高新资格①的账

（6）社保账：为了应付社保检查的账

（7）财政补贴账：为了应付财政拨款检查的账

（8）残保账：为了应付残疾人保证金稽核的账

经企业所在城市国家税务局稽查局最终根据调取的该企业电脑账套中的资料核实，该企业2013年度至2016年9月实际营业收入累计4.48亿元，但是税务系统中纳税申报的收入累计仅2.58亿元，相差近2亿元的营业收入未做纳税申报。处罚结果如下。

（1）补缴3 349万元的增值税，加上0.5倍的罚款，合计应补缴税款4 500万元。

（2）案件移交公安部门，企业的法定代表人、相关责任人及财务负责人接受调查。

点评：

《会计法》第十六条规定："各单位发生的各项经济业务事项应当在依法设置的会计账簿上统一登记、核算，不得违反本法和国家统一的会计制度的规定私设会计账簿登记、核算。"在公司经营管理中应依法依规记录好每笔账，开好每一份发票，完整准确申报税收，确保财务资料的真实完整。

思考练习题

一、简答题

1. 会计科目和会计账户的关系是什么？

2. 总分类账户与明细分类账户的联系与区别是什么？

3. 资产类账户的期末余额如何计算？

4. 负债类账户的期末余额如何计算？

5. 会计账户的基本结构包括哪些？

---

① "高新资格"指高新技术企业认定资格

二、判断题（正确的填"√"，错误的填"×"）

1. 账户是根据会计科目设置的，具有一定的格式和结构。（　　　）

2. 会计科目是账户的名称，是账户的载体和具体运用。（　　　）

3. 目前企业的总分类账户一般由国家统一规定。（　　　）

4. 账户中上期的期末余额转入本期即为本期的期初余额。（　　　）

5. 会计科目与会计账户都是对会计对象具体内容的科学分类，两者口径一致，性质相同，具有相同的格式和结构。（　　　）

6. 总分类科目与其所属的明细分类科目的核算内容相同，所不同的是前者提供的信息比后者更加详细。（　　　）

7. 二级科目（子目）不属于明细分类科目。（　　　）

8. 账户的本期发生额是动态资料，而期末余额与期初余额是静态资料。（　　　）

9. 成本类科目包括制造费用、生产成本及主营业务成本等科目。（　　　）

10. 为了满足管理的需要，企业的会计账户设置得越细越好。（　　　）

三、单项选择题

1. 下列各项中，属于总分类账户与明细分类账户主要区别的是（　　　）。

    A. 记账的详细程度不同　　　　　　　　B. 记账方向不同

    C. 记账依据不同　　　　　　　　　　　D. 记账内容不同

2. 下列各项中，能计入财务费用的是（　　　）。

    A. 广告费　　　　B. 利息净支出　　　　C. 办公费　　　　D. 运输费

3. "研发支出"科目按所归属的会计要素分类，属于（　　　）类科目。

    A. 负债　　　　B. 资产　　　　　　　C. 所有者权益　　　　D. 成本

4. 账户的左方和右方，哪一方登记增加，哪一方登记减少，取决于（　　　）。

    A. 所记经济业务的重要程度　　　　　　B. 所记金额的大小

    C. 开设账户时间的长短　　　　　　　　D. 所记录的经济业务和账户的性质

5. 应收账款账户的期初余额为借方8 000元，本期借方发生额为2 000元，本期贷方发生额为6 000元，该账户的期末余额为（　　　）。

    A. 借方4 000元　B. 贷方12 000元　　C. 借方12 000元　　D. 贷方4 000元

6. "预付账款"科目按其所属的会计要素不同，属于（　　　）类科目。

    A. 资产　　　　B. 负债　　　　　　　C. 所有者权益　　　　D. 成本

7. "本年利润"科目按其性质不同，属于（　　　）类科目。

    A. 资产　　　　B. 负债　　　　　　　C. 所有者权益　　　　D. 损益

8. 账户是根据（　　　）设置的，具有一定格式和结构，用于分类反映会计要素增减变动情况及其结果的载体。

    A. 会计要素　　　B. 会计科目　　　　C. 会计主体　　　　D. 会计信息

9. 资产类账户的结构与权益类账户的结构（　　　）。

    A. 一致　　　　B. 相反　　　　　　　C. 基本相同　　　　D. 无关

10. 账户的余额一般与（　　　）在同一方向。

    A. 增加额　　　B. 减少额　　　　　　C. 借方发生额　　　　D. 贷方发生额

11. 一个账户的增加额与该账户的期末余额一般都应在该账户的（　　　）。

    A. 借方　　　　B. 贷方　　　　　　　C. 相同方向　　　　D. 相反方向

12. 会计科目和会计账户之间的联系是（　　　）。

    A. 互不相关　　　B. 内容相同　　　　C. 结构相同　　　　D. 格式相同

13. 损益类账户的期末余额一般（　　）。
    A. 在借方　　　　　B. 在贷方　　　　　C. 无法确定方向　　　　　D. 无余额

14. 某账户的期初余额为900元，期末余额为5 000元，本期减少额为600元，则本期增加额为（　　）元。
    A. 3 500　　　　　B. 300　　　　　C. 4 700　　　　　D. 5 300

15. 下列会计科目中，属于损益类科目的是（　　）。
    A. 主营业务成本　　B. 生产成本　　　　C. 制造费用　　　　D. 其他应收款

16. 会计科目和会计账户的本质区别在于（　　）。
    A. 反映的经济业务不同　　　　　　　　B. 记录资产和权益的内容不同
    C. 记录资产和权益的方法不同　　　　　D. 会计账户有结构，而会计科目无结构

17. 各账户之间最本质的差别在于（　　）。
    A. 反映的经济内容不同　　　　　　　　B. 结构不同
    C. 记账符号不同　　　　　　　　　　　D. 经济用途不同

18. 按账户反映的经济内容分类，下列账户中不属于负债类账户的是（　　）。
    A. 短期借款　　　B. 应交税费　　　　C. 应付账款　　　　D. 预付账款

19. 下列有关会计账户的表述中，不正确的是（　　）。
    A. 会计科目和会计账户所反映的会计对象的具体内容是完全相同的
    B. 会计科目是会计账户设置的依据
    C. 按照会计科目提供核算资料的详细程度，会计账户可以分为总分类账户和明细分类账户
    D. 会计账户是根据会计科目设置的，它没有格式和结构

20. "预收账款"科目按其所归属的会计要素不同，属于（　　）类科目。
    A. 资产　　　　　B. 负债　　　　　　C. 所有者权益　　　　　D. 成本

四、多项选择题

1. 按账户反映的经济内容分类，下列账户中属于资产类账户的有（　　）。
    A. 库存现金　　　B. 银行存款　　　　C. 应收账款　　　　D. 预收账款

2. 以下有关明细分类科目的表述中，正确的有（　　）。
    A. 明细分类科目也称一级会计科目
    B. 明细分类科目是对总分类科目做进一步分类的科目
    C. 明细分类科目是对会计要素具体内容进行总括分类的科目
    D. 明细分类科目是能提供更加详细、具体会计信息的科目

3. 下列经济业务中涉及两个资产账户且会引起其中一个增加，另一个减少的有（　　）。
    A. 以银行存款购入固定资产　　　　　　B. 向银行提取现金备用
    C. 收到其他单位前欠货款，存入银行　　D. 以银行存款归还前欠货款

4. 下列说法中正确的有（　　）。
    A. 会计科目不仅表明了本身的核算内容，也决定了其自身的结构
    B. 会计科目和会计账户所反映的经济内容是相同的
    C. 会计科目是会计账户的名称
    D. 会计账户是分类核算经济业务的工具

5. 账户哪一方登记增加，哪一方登记减少，取决于（　　）。
    A. 账户的基本结构　　　　　　　　　　B. 会计核算方法
    C. 所记录的经济业务　　　　　　　　　D. 账户的性质

6. 下列会计科目中，属于成本类科目的有（　　）。
    A. 生产成本　　　B. 主营业务成本　　C. 制造费用　　　　D. 销售费用

7. 下列项目中，属于账户基本结构内容的有（　　　）。

  A. 账户的名称   B. 日期和摘要

  C. 凭证号数   D. 增加方和减少方的金额及余额

8. 会计科目按其所归属的会计要素不同，分为资产类、负债类、共同类、（　　　）六大类。

  A. 所有者权益类   B. 损益类   C. 成本类   D. 费用类

9. 下列（　　　）账户属于反映营业利润的账户。

  A. 主营业务收入   B. 其他业务成本   C. 营业外支出   D. 税金及附加

10. 账户的金额要素包括（　　　）。

  A. 期初余额   B. 期末余额

  C. 本期增加发生额   D. 本期减少发生额

五、综合练习题

1. 吉庆公司期初材料成本278 000元，本期仓库共发出材料成本132 000元，期末结存材料成本206 000元，"应付账款"（材料款）账户期初贷方余额为218 000元，期末贷方余额为243 000元，本期没有发生偿还应付业务，本期购入材料均已入库。

要求： 画T型账户，分别计算本月购入材料总额、本月发生的应付购货款，并在此基础上计算本月已付的材料款。

2. 大方公司20×2年12月31日有关资料如表4-5所示。

表4-5   大方公司20×2年12月31日有关资料

单位：元

账户名称	期初余额	本期借方发生额	本期贷方发生额	期末余额
银行存款	4 000	A	1 250	4 750
应收账款	75 000	50 000	B	34 000
固定资产	67 000	5 400	15 900	C
短期借款	50 000	30 000	25 000	D
应付账款	E	9 000	5 000	10 000
实收资本	150 000	F	0	100 000

要求： 根据上述资料计算填列表格内字母所代表的数值。

A: B: C:

D: E: F:

3. 华夏公司20×2年3月1日有关资金内容及金额如下。

（1）存放在企业的现款为1 000元。

（2）存放在银行的款项为300 000元。

（3）库存的各种材料价值为19 000元。

（4）房屋价值为900 000元。

（5）机器设备价值为800 000元。

（6）投资者投入资本为1 755 000元。

（7）购货方拖欠货款为80 000元。

（8）从银行借入半年期借款为120 000元。

（9）库存的完工产品价值为50 000元。

（10）拖欠供货方货款为350 000元。

（11）企业留存的盈余公积为75 000元。

（12）尚未完工的产品价值为150 000元。

要求： 根据所给资料，利用表4-6说明每一项资金内容应属于资产、负债和所有者权益中的哪一类，具体应归属于哪一个会计科目，填入各相应栏次，并计算表中的合计数。

表4-6　　　　　　　　华夏公司资产、负债和所有者权益分析计算表　　　　　　　单位：元

资料序号	属于会计要素类别及金额			应归属会计科目
	资产	负债	所有者权益	
合计				—

4. 华夏公司3月31日有关账户的期初余额和本期发生额情况如表4-7所示。

表4-7　　　　　　　　华夏公司账户的期初余额和本期发生额情况表　　　　　　　单位：元

账户名称	期初余额	本期增加额	本期减少额	期末余额
银行存款	200 000	②30 000	①10 000　③1 000 ⑤20 000　⑥80 000	（　　　）
应付账款	40 000	④50 000　⑧60 000	⑥80 000	（　　　）
原材料	25 000	①10 000　④50 000		（　　　）
短期借款	10 000	②30 000	⑤20 000	（　　　）
销售费用	0	③1 000	⑦1 000	（　　　）
本年利润	50 000		⑦1 000	（　　　）
固定资产	300 000	⑧60 000		（　　　）

要求： 根据账户期初余额、本期发生额和期末余额的计算方法，计算并填列括号内的数值。

5. 丰发公司12月31日有关账户的部分资料如表4-8所示。

表4-8　　　　　　　　丰发公司12月31日有关账户的部分资料表　　　　　　　单位：元

账户名称	期初余额		本期发生额		期末余额	
	借方	贷方	借方	贷方	借方	贷方
固定资产	800 000		440 000	20 000	（　　　）	

续表

账户名称	期初余额		本期发生额		期末余额	
	借方	贷方	借方	贷方	借方	贷方
银行存款	120 000		（ ）	160 000	180 000	
应付账款		160 000	140 000	120 000		（ ）
短期借款		90 000	（ ）	20 000		60 000
应收账款	（ ）		60 000	100 000	40 000	
实收资本		700 000	0	（ ）		1 240 000
其他应收款		50 000	50 000	0		（ ）

要求：根据账户期初余额、本期发生额和期末余额的计算方法，计算并填列括号内的数值。

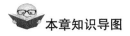

第五章

会计记账方法

本章知识导图

会计记账方法
- 会计记账方法的种类
  - 单式记账法（了解）★
  - 复式记账法（理解）★★
- 借贷记账法
  - 借贷记账法的概念（理解）★★
  - 借贷记账法的账户结构（掌握）★★★
  - 借贷记账法的记账规则（掌握）★★★
  - 借贷记账法的简单应用（掌握）★★★

引导案例

复式记账法对每一笔经济业务都在相互关联的两个或两个以上的账户中同时登记，并利用这种复式记账的账户对应关系进行试算平衡。但并不是所有的错误都能够通过试算平衡检查出来的。

张虹刚从某大学会计系毕业，上班第一天，财务经理让她编制一张"总账发生额及余额试算平衡表"。不到两个小时，试算平衡表就编制出来了，表格上那三组平衡的数字让张虹非常开心。

"这笔账我核对过了，应计入管理费用和银行存款的金额是8 000元，而不是6 000元。已经入账的金额要改一下。"会计员王青说道。

"呀！昨天销售的那笔单据还没记到账簿中呢？"会计员李莉说道。

思考：

通过本章的学习，请你想想：张虹编制的试算平衡表已经平衡了，怎么还有错误呢？

分析：

试算平衡表已经平衡了但不代表一定没错误。可能存在漏记、重记的情况，但不影响平衡关系。

第一节 | 会计记账方法的种类

记账方法是指在账簿中登记经济业务的方法。按照记录经济业务方式的不同，记账方法可以分为单式记账法和复式记账法。

一、单式记账法

单式记账法是指对发生的每一项经济业务，只在一个账户中加以登记的记账方法。单式记账法具有以下特点。

（1）记账手续比较简单，没有一套完整的会计账户体系。

（2）账户设置不完整，账户之间的记录没有直接联系和相互平衡关系，不能全面、系统地反映各项会计要素的增减变动情况和经济业务的来龙去脉。

（3）不便于检查账户记录内容的正确性和完整性。

单式记账法是一种不完整的会计记账方法，这种记账方法仅适用于经济业务简单或单一的经济个体和家庭。

【例5-1】 盈科公司以银行存款100 000元购入一批原材料，若采用单式记账法，则只登记"银行存款"账户减少100 000元，而不登记"原材料"账户的增加。

二、复式记账法

（一）复式记账法的概念

复式记账法是指对于每一笔经济业务，都必须用相等的金额在两个或两个以上相互联系的账户中进行登记，全面、系统地反映会计要素增减变化的一种记账方法。现代会计运用复式记账法。

【例5-2】 升达公司用银行存款320 000元购买一批原材料，若采用复式记账法，升达公司发生这笔经济业务后，一方面要在反映银行存款增减变动和结余情况的"银行存款"账户中，登记银行存款减少320 000元；另一方面要在反映原材料增减变动和结余情况的"原材料"账户中，登记原材料增加320 000元，如图5-1所示。这样登记的结果能够全面、清晰地反映该项经济业务引起资金变化的来龙去脉，即资金从何处来，又往何处去。

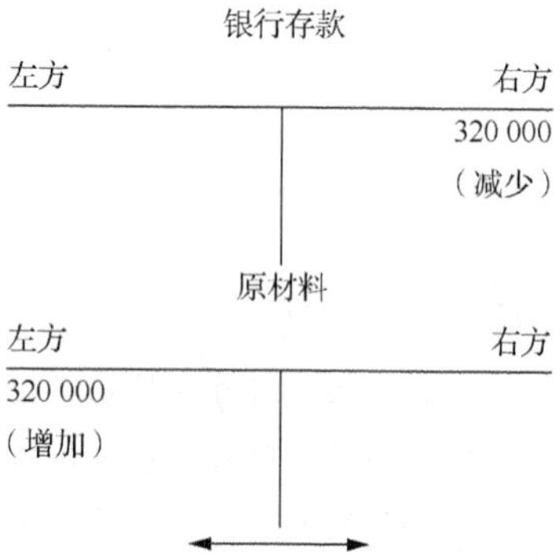

图5-1　复式记账原理

（二）复式记账法的优点

与单式记账法相比，复式记账法的优点主要有以下两个。

（1）能够全面反映经济业务内容和资金运动的来龙去脉。复式记账法对于企业发生的每一项经济业务，都要在两个或两个以上的账户中进行相互联系的登记，通过账户登记不仅可以完整、系统地反映经济活动的过程和结果，而且还能清楚地反映资金运动的来龙去脉。

（2）能够进行试算平衡，便于查账和对账。复式记账法对于发生的每一项经济业务，都以相等的金额在账户中进行对应的记录，便于核对和检查账户登记结果，防止和纠正在记录过程中出现的错误。

（三）复式记账法的种类

复式记账法可分为借贷记账法、增减记账法和收付记账法等三种。借贷记账法是目前国际上通用的记账方法，我国《企业会计准则》规定，企业应当采用借贷记账法记账。

历年初会考试真题（单项选择题）

下列选项不属于复式记账法的是（　　　）。

A. 借贷记账法　　　　B. 增减记账法　　　　C. 收付记账法　　　　D. 正负记账法

正确答案：D

解析： 复式记账法分为借贷记账法、收付记账法和增减记账法等三种，根据《企业会计准则》的规定，我国企业应当采用借贷记账法。

第二节　借贷记账法

一、借贷记账法的概念

借贷记账法是指以"借"和"贷"为记账符号的一种复式记账法。记账符号"借"和"贷"，是会计上用来表示经济业务的发生涉及的金额应该记入有关账户的左方金额栏还是右方金额栏的符号。借贷记账法是建立在"资产=负债+所有者权益"这一会计等式的基础上的，以"有借必有贷，借贷必相等"作为记账规则，反映经济交易或者事项所引起的会计要素的增减变动情况的一种复式记账法。

借贷记账法最早产生于12世纪的意大利，经过逐步发展与完善，后来传到欧洲、美洲等地，成为世界通用的记账方法。借贷记账法于20世纪初由日本传入我国，目前已成为我国法定的记账方法。

"借""贷"两字最初仅仅用来表示债权和债务的增减变动，但随着时间的推移，"借""贷"两字已逐渐失去最初的含义，而演变成为纯粹的记账符号。

二、借贷记账法的账户结构

（一）借贷记账法账户的基本结构

在借贷记账法下，账户的左方为借方，右方为贷方。所有账户的借方和贷方按相反方向记录增加数和减少数，即一方登记增加，另一方登记减少。至于"借"表示增加还是"贷"表示增加，则由账户性质与反映的经济内容的性质所决定。不同性质的账户，其账户结构是不同的；性质相同的账户，其账户结构是相同的。

通常而言，资产类、成本类和费用类账户，借方表示增加，贷方表示减少；而负债类、所有者权益类和收入类账户正好相反，贷方表示增加，借方表示减少。

备抵账户的结构与所调整账户的结构恰好相反。例如，资产类账户"固定资产"的备抵账户为"累计折旧"和"固定资产减值准备"，它们的账户结构就恰好相反，"固定资产"账户借方表示增加，而"累计折旧"账户和"固定资产减值准备"账户却是贷方表示增加；反之，"固定资产"账户贷方表示减少，而"累计折旧"账户和"固定资产减值准备"账户却是借方表示减少。即便如此，备抵账户归根结底还是反映某类账户账面价值（或期末余额）的减少，就固定资产而言，固定资产账面价值（或资产负债表列示的期末余额）=固定资产原值-累计折旧-固定资产减值准备。"累计折旧"和"固定资产减值准备"作为抵减账户，贷方表示增加，同时又反映了固定资产账面价值的减少，这样一来，并没有违背资产类账户贷方来表示减少这一原则。诸如此类的还有"坏账准备""存货减值准备""持有至到期投资减值准备""长期股权投资减值准备""累计摊销"和"无形资产减值准备"等账户。

（二）资产类和成本类账户的结构

1. 资产类账户的结构

在借贷记账法下，资产类账户的借方登记资产的增加额，贷方登记资产的减少额。在一定会计期间内，借方登记的增加金额合计称为本期借方发生额；贷方登记的减少金额合计称为本期贷方发生额。由于资产类账户期末一般都有余额，并且余额的方向与记录增加金额的方向一致，资产类账户的期末余额一般在借方。资产类账户的结构如图5-2所示。

资产类账户

借方		贷方	
期初余额	×××		
本期增加发生额	×××	本期减少发生额	×××
	×××		×××
本期借方发生额合计	×××	本期贷方发生额合计	×××
期末余额	×××		

图 5-2　资产类账户的结构

资产类账户的期末余额计算公式表示为：

期末余额=期初余额+本期借方发生额-本期贷方发生额

资产类备抵账户的结构与所调整账户的结构正好相反。

2. 成本类账户的结构

企业生产的产品是资产的一种存在形态，属于资产的范畴。但对于企业来说，生产成本的高低，会影响企业盈利能力的大小，因此，有必要单独考察生产成本。为满足企业管理要求，在进行账户设置时，需要单独设置成本类账户。由于产品属于企业的资产，成本类账户与资产类账户的结构基本相同，其内部关系也相同。即成本类账户的借方登记成本的增加额，贷方登记成本的减少额或转销额，期末若有余额，应在借方。成本类账户的结构如图5-3所示。

成本类账户

借方		贷方	
期初余额	×××		
本期增加额	×××	本期减少额或转销额	×××
	×××		×××
本期借方发生额合计	×××	本期贷方发生额合计	×××
期末余额	×××		

图5-3 成本类账户的结构

与资产类账户相同，成本类账户的期末余额计算公式为：

期末余额＝期初余额＋本期借方发生额－本期贷方发生额

知识拓展

为什么成本类账户的结构与资产类账户的结构一致？

答：企业生产的产品是企业资产的一种存在形态，也就是说，属于资产范畴（前面学过成本类账户归属于资产要素）。我们只是为了单独考核生产成本的需要而独立设置了成本类账户。因此，成本类账户的结构与资产类账户的结构是一致的。

（三）负债类和所有者权益类账户的结构

在借贷记账法下，负债类、所有者权益类账户的借方登记负债的减少额；贷方登记负债的增加额；期末若有余额，一般在贷方，有些账户可能无余额，其期末余额计算公式为：

期末余额＝期初余额＋本期贷方发生额－本期借方发生额

负债类和所有者权益类账户的结构如图5-4所示。

（四）损益类账户的结构

损益类账户包括收入和费用两类账户。损益类账户反映会计主体在一定会计期间内取得收入和发生费用支出的情况。发生的收入、费用在期末均需转入"本年利润"账户，故损益类账户期末一般没有余额。

负债类和所有者权益类账户

借方		贷方	
		期初余额	×××
本期减少额	×××	本期增加额	×××
	×××		×××
本期借方发生额合计	×××	本期贷方发生额合计	×××
		期末余额	×××

图5-4 负债类和所有者权益类账户的结构

下面分别介绍收入类和费用类账户的结构。

1. 收入类账户的结构

由于收入的增加将导致企业利润的增加，利润在未分配之前可以被看作所有者权益的增加，这样，收入的增加会间接导致所有者权益的增加。因此，收入类账户的结构与所有者权益类账户的结构基本相同。即收入类账户的贷方登记收入的增加额，借方登记收入的减少额或转销额。由于贷方登记的收入增加合计数在期末时一般都要从借方转出，因此，收入类账户期末一般无余额。

收入类账户的结构如图 5-5 所示。

收入是企业在一定会计期间取得的经营业绩，应在当期期末予以结转，而不应留存到下一会计期间。为了在下一会计期间能准确地反映本期的实际收入状况，每期期末就要将收入全部余额转入"本年利润"账户的贷方，以便结算本期利润。

收入类账户

借方		贷方	
本期减少额或转销额	×××	本期增加额	×××
本期借方发生额合计	×××	本期贷方发生额合计	×××
		（一般无期末余额）	

图 5-5　收入类账户的结构

2. 费用类账户的结构

由于费用发生最终会导致所有者权益减少，费用类账户的结构和所有者权益类账户的结构正好相反；既然和所有者权益类账户正好相反，就意味着和资产类账户的结构基本相同（因为资产类账户的结构和所有者权益类账户的结构正好相反）。即借方登记费用的增加额，贷方登记费用的减少额或转销额。由于借方登记的费用支出增加合计数在期末时一般都要从贷方转出，费用类账户期末一般无余额。

费用类账户的结构如图 5-6 所示。

费用类账户

借方		贷方	
本期增加额	×××	本期减少额或转销额	×××
本期借方发生额合计	×××	本期贷方发生额合计	×××
（一般无期末余额）			

图 5-6　费用类账户的结构

各类账户结构的比较如表 5-1 所示。

表 5-1　　　　　　　　　　　　　各类账户结构的比较

账户	借方	贷方	余额	举例
资产类账户	增加	减少	借方	银行存款、应收账款
负债类账户	减少	增加	贷方	应付账款、长期借款
所有者权益类账户	减少	增加	贷方	实收资本、本年利润
成本类账户	增加	减少	借方	生产成本、制造费用
收入类账户（损益类）	减少	增加	期末结转后无余额	主营业务收入、其他业务收入
费用类账户（损益类）	增加	减少	期末结转后无余额	财务费用、主营业务成本

注：不管是资产类备抵账户，还是负债类和所有者权益类备抵账户，其结构都与所调整账户的结构正好相反。

掌握各类账户结构的窍门如下。

第一，要记住资产类账户的结构（借方表示增加，贷方表示减少，期末余额一般在借方，资产类备抵账户正好相反），后面的逻辑"推导"都以资产类账户结构为基础。

第二，记住权益类账户（包括负债类和所有者权益类）和资产类账户结构相反。

第三，成本类账户和资产类账户是原为"一体"的，即账户结构是一样的（借方表示增加，贷方表示减少，期末余额一般在借方）。

第四，收入类账户和所有者权益类账户结构相同，费用类账户和所有者权益类账户结构相反。

三、借贷记账法的记账规则

记账规则是指采用某种记账方法登记具体经济业务时应当遵循的规律。借贷记账法的记账规则是"有借必有贷，借贷必相等"。即对于发生的每一笔经济业务，都要在两个或两个以上相互联系的会计科目中以借方和贷方的金额进行登记。

具体来说，就是在发生每一笔经济交易或者事项时，如果在一个会计科目中登记了借方金额，那么就必须同时在另一个或多个会计科目中登记贷方金额；反之，如果在一个会计科目中登记了贷方金额，那么就必须同时在另一个或多个会计科目中登记借方金额，并且登记在借方的合计数与贷方的合计数金额必须相等。

实际运用借贷记账法的记账规则登记经济业务时，一般要按以下四个步骤进行：

（1）分析发生的经济业务中所涉及的各个账户，并正确判断这些账户的性质；

（2）判断账户中所涉及的金额是增加还是减少；

（3）根据记账符号的含义，确定账户正确的登记方向；

（4）检查登记方向和借、贷两方的总合计数是否相等。

下面以九个经济交易或者事项为例，来说明借贷记账法的记账规则。

【例5-3】 华新公司20×2年5月发生以下几笔经济业务。

① 5月8日，华新公司获得方大公司追加投入资本360 000元，并存入开户银行。

该笔经济业务属于资产和所有者权益同时增加的类型，使得华新公司的资产类账户"银行存款"增加360 000元，同时使所有者权益类账户"实收资本"增加360 000元，恰好是会计恒等式两边的金额同增。"银行存款"属于资产类账户，金额增加应登记在借方；"实收资本"属于所有者权益类账户，金额增加应登记在贷方。登记结果如图5-7所示。

② 5月10日，华新公司向供应商购入原材料一批，价值40 000元，由于公司资金紧张，货款尚未支付，材料已验收入库。

该笔经济业务属于资产与负债同时增加的类型。使得华新公司的资产类账户"原材料"增加40 000元，同时负债类账户"应付账款"增加40 000元，恰好是会计恒等式两边的金额同增。其中"原材料"属于资产类账户，金额增加应登记在借方，"应付账款"属于负债类账户，金额增加应登记在贷方。登记结果如图5-8所示。

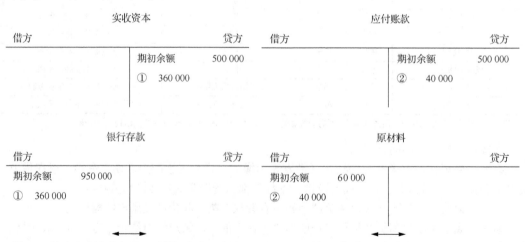

图 5-7 资产与所有者权益同时增加的登记结果　　　图 5-8 资产与负债同时增加的登记结果

③ 5月15日，华新公司用银行存款支付购买原材料的货款40 000元。

该笔经济业务属于资产和负债同时减少的类型，使得华新公司的资产类账户"银行存款"减少40 000元，应记入贷方；负债类账户"应付账款"减少40 000元，应记入借方。登记结果如图5-9所示。

④ 根据合营合同的规定，合营期满后投资方收回对华新企业的投资150 000元，华新公司通过

银行存款支付。

该笔经济业务属于资产和所有者权益同时减少的类型，使得华新公司的资产类账户"银行存款"减少150 000元，应记入贷方；所有者权益类账户"实收资本"减少150 000元，应记入借方。登记结果如图5-10所示。

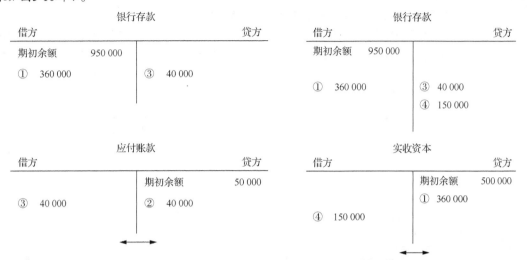

图 5-9　资产与负债同时减少的登记结果　　图 5-10　资产与所有者权益同时减少的登记结果

⑤ 5月20日，华新公司用银行存款70 000元购买一台生产用机器设备。

该笔经济业务属于资产内部此增彼减、总额保持不变的类型，使华新公司的"银行存款"账户减少70 000元，同时使资产类账户"固定资产"增加70 000元。由于这两个账户均属于资产类账户，金额增加登记在借方，金额减少登记在贷方。登记结果如图5-11所示。

⑥ 5月20日，以前购货所欠的应付账款30 000元已到期，但公司暂无现款支付，临时向银行借入短期借款30 000元用于偿还到期货款。

该笔经济业务属于负债内部此增彼减、总额保持不变的类型，使得华新公司的负债类账户"应付账款"减少30 000元，同时使得负债类账户"短期借款"增加30 000元。由于这两个账户均属于负债类账户，金额增加在贷方，金额减少在借方。登记结果如图5-12所示。

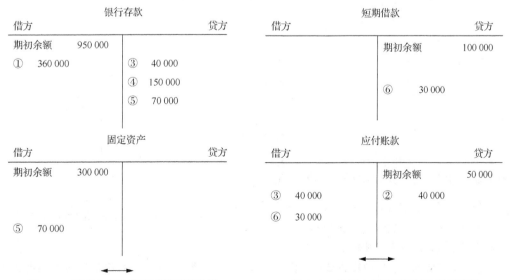

图 5-11　资产内部此增彼减的登记结果　　图 5-12　负债内部此增彼减的登记结果

⑦ 华新公司决定以盈余公积250 000元向所有者分配利润。

该笔经济业务属于一项负债增加，一项所有者权益减少的类型，使得所有者权益类账户“盈余公积”减少250 000元，应记入借方；同时使得负债类账户“应付利润”增加250 000元，应记入贷方。登记结果如图5-13所示。

⑧ 经批准将华新公司发行的50 000元应付债券转为实收资本。

该笔经济业务属于一项负债减少，一项所有者权益增加的类型，使得所有者权益类账户“实收资本”增加50 000元，应记入贷方；同时使得负债类账户“应付债券”减少50 000元，应记入借方。登记结果如图5-14所示。

应付利润

借方	贷方
	⑦ 250 000

盈余公积

借方	贷方
	期初余额 350 000
⑦ 250 000	

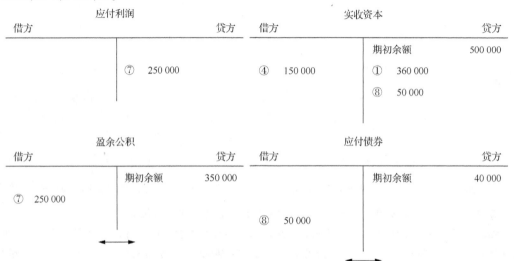

图 5-13 负债增加、所有者权益减少的登记结果

实收资本

借方	贷方
	期初余额 500 000
④ 150 000	① 360 000
	⑧ 50 000

应付债券

借方	贷方
	期初余额 40 000
⑧ 50 000	

图 5-14 负债减少、所有者权益增加的登记结果

⑨ 经批准华新公司用盈余公积65 000元转增资本金。

该笔经济业务属于所有者权益内部此增彼减、总额保持不变的类型，使得华新公司的所有者权益类账户“实收资本”增加65 000元，同时使得所有者权益类账户“盈余公积”减少65 000元。由于这两个账户均属于所有者权益类，金额增加登记在贷方，金额减少登记在借方。登记结果如图5-15所示。

实收资本

借方	贷方
	期初余额 500 000
④ 150 000	① 360 000
	⑧ 50 000
	⑨ 65 000

盈余公积

借方	贷方
	期初余额 350 000
⑦ 250 000	
⑨ 65 000	

图 5-15 所有者权益内部此增彼减的登记结果

通过上述例子可以看出，在借贷记账法下，无论是发生哪种类型的经济业务，都必须遵守“有借必有贷，借贷必相等”的记账规则。在以上列举的经济业务中，所涉及的账户都只有一个借方和一个贷方，但在实务中经济业务要复杂得多，有可能出现一个账户的借方对应多个账户的贷方、多个账户的借方对应一个账户的贷方，或多个账户的借方对应多个账户的贷方的情况。

【例5-4】 清扬公司购入1台设备，价格为250 000元，以银行存款支付160 000元，余款尚未付清，但机器已投入使用（假设不考虑增值税）。

对于这笔经济业务，所涉及的账户有资产类账户“固定资产”和“银行存款”；负债类账户“应付账款”，其中固定资产增加250 000元，银行存款减少160 000元，应付账款增加90 000元。

该项业务所涉及的三个账户中，资产类账户"固定资产"增加，应记入借方；资产类账户"银行存款"减少，应记入贷方；负债类账户"应付账款"增加，应记入贷方，因此属于一个账户的借方对应两个账户的贷方的类型。

此时，根据"有借必有贷，借贷必相等"的记账规则，借方账户的金额等于贷方两个账户的金额之和，具体一借多贷登记结果，如图5-16所示。

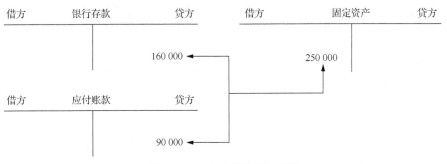

图5-16　一借多贷的登记结果

四、借贷记账法的简单应用

（一）账户的对应关系和对应账户

会计交易或事项的相互联系，在账户的记录中表现为账户的对应关系。运用借贷记账法的记账规则，在账户中登记每一笔会计交易或事项后，在有关账户之间形成的应借、应贷的相互关系，称为账户的对应关系。存在对应关系的账户，为对应账户。

不同的会计交易或事项具有不同的账户对应关系。不同的账户之间可以有对应关系，也可能没有对应关系，如收入类账户和费用类账户之间一般就不会有对应关系。因此，掌握账户的对应关系很重要。只有正确确定对应账户，才能如实反映交易或事项的内容。分析账户的对应关系，一方面有助于了解交易或事项的内容，另一方面还可以用于检查交易或事项的发生是否符合有关的会计法规。

（二）会计分录

1. 会计分录的含义

企业在日常经营管理过程中会发生大量的经济业务，如果将其直接记入有关账户，不但工作量大，而且容易发生差错，进而影响会计信息的正确性；而且原始凭证是企业在经济业务发生时所取得或填制的，它一般没有标明该项经济业务应记账户的名称、记账方向等，因而会计人员无法据此直接记账。为了便于记账，保证账户记录的正确性，在记账之前，应先对经济业务进行分析，确定经济业务所涉及的账户及其借贷方向和金额，此即编制会计分录。

会计分录简称分录，是对每一项经济业务列示出应借、应贷的账户名称及其金额的一种记录方式。在我国，会计分录被记载于记账凭证中。

编制会计分录是会计工作中的初始工作，是记账的直接依据。会计分录错误会影响整个会计记录的正确性。因此，要保证会计分录如实反映经济业务的内容，会计人员就须正确确定应借、应贷的账户和金额。会计分录应包括以下内容。

（1）一组对应的记账符号：借方和贷方。

（2）涉及两个或两个以上相互对应的账户名称。

（3）借贷双方的相等金额。

2. 会计分录的编制步骤

会计分录的编制步骤如下：

（1）分析经济业务所涉及的会计科目；

（2）确定各会计科目增加或减少的金额；

（3）根据会计科目所属类别及其用途，明确各会计科目应借应贷的方向及其金额；

（4）根据借贷记账法的记账规则，检查并确定应借应贷会计科目是否正确，其金额是否相等。如果有误，需要进一步更正。

3. 会计分录格式

在实际工作中，编制会计分录是通过填制记账凭证的方式进行的。在理论教学过程中，会计分录具有规定的简化格式，具体表示如下：

借：××××（科目名称）　　（金额）

　　　贷：××××（科目名称）　　（金额）

由此可知，会计分录包含三个要素——科目名称、借贷方向、记账金额。

会计分录书写格式的要求如下。

（1）先借后贷，分行列示，"借""贷"两字后均加冒号，其后紧跟会计科目，各会计科目的金额列在其后适当位置（各会计科目与其金额之间保留适当的空格）。"贷"字与借方科目的首个文字对齐，贷方金额与借方金额适当错开。

（2）在复合会计分录中，"借""贷"通常只分别列示在第一个借方科目和第一个贷方科目之前，其他科目之前不再列示"借"或"贷"。所有借方、贷方一级科目的首个文字各自保持对齐；所有借方、贷方金额的个位数字各自保持右对齐。

（3）当会计分录中需要列示明细科目时，应按科目级次高低从左向右列示，二级科目前加破折号，三级科目放在二级科目之后的一对小圆括号中，即"一级科目——二级科目（三级科目）"。

（4）借方或贷方会计科目中有两个或两个以上的二级科目同属于一个一级科目时，所属一级科目只在第一个二级科目前列出，其余省略，每个二级科目各占一行，其前均应保留破折号，且保持左对齐。需要注意的是，如果这些二级科目分别列示于借方和贷方，应在借方和贷方分别列出一个该一级科目；处于同一个方向（指同处于借方或同处于贷方）的每两个二级科目之间均不能列示其他一级科目。

4. 会计分录分类

按照所涉及科目的多少，会计分录分为简单会计分录和复合会计分录。

（1）简单会计分录是指只涉及一个科目借方和另一个科目贷方的会计分录，即一借一贷的会计分录，这种会计分录下的科目对应关系一目了然，比较容易理解和掌握。

【例5-5】　根据【例5-3】，华新公司在20×2年5月发生的经济业务对应的会计分录即为一借一贷，分别为：

① 借：银行存款　　　　　　　　　　　　360 000

　　　贷：实收资本　　　　　　　　　　　　　　360 000

② 借：原材料　　　　　　　　　　　　　40 000

　　　贷：应付账款　　　　　　　　　　　　　　40 000

③ 借：应付账款　　　　　　　　　　　　40 000

　　　贷：银行存款　　　　　　　　　　　　　　40 000

④ 借：实收资本　　　　　　　　　　　　150 000

　　　贷：银行存款　　　　　　　　　　　　　　150 000

⑤ 借：固定资产　　　　　　　　　　　　　70 000
　　贷：银行存款　　　　　　　　　　　　　　　　70 000
⑥ 借：应付账款　　　　　　　　　　　　　30 000
　　贷：短期借款　　　　　　　　　　　　　　　　30 000
⑦ 借：盈余公积　　　　　　　　　　　　　250 000
　　贷：应付利润　　　　　　　　　　　　　　　　250 000
⑧ 借：应付债券　　　　　　　　　　　　　50 000
　　贷：实收资本　　　　　　　　　　　　　　　　50 000
⑨ 借：盈余公积　　　　　　　　　　　　　65 000
　　贷：实收资本　　　　　　　　　　　　　　　　65 000

（2）复合会计分录是指由两个以上（不含两个）对应科目所组成的会计分录；编制复合会计分录，不仅可以全面反映经济业务的来龙去脉，而且还可以简化记账工作，提高工作效率。复合会计分录中有三种对应关系，即"一借多贷""多借一贷"和"多借多贷"，如图5-17所示。

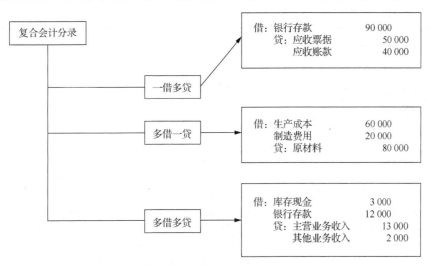

图 5-17　复合会计分录举例

（三）试算平衡

1. 试算平衡的含义

试算平衡是指根据借贷记账法的记账规则和资产与权益的恒等关系，通过对所有账户的发生额和余额的汇总计算和比较，来检查记录是否正确的一种方法。

 知识拓展

如何理解平衡关系？

根据会计等式可知，采用借贷记账法，账户期初借方余额和期初贷方余额必然相等，而一定会计期间内企业对于发生的每一项经济业务都用借贷相等的金额来记录，因此全部账户的本期借方发生额和贷方发生额也必然相等，从而全部账户的本期期末借方余额也必然与贷方余额相等，这就形成了会计账户之间的一系列的平衡关系。

2. 试算平衡的分类

（1）发生额试算平衡。发生额试算平衡是指全部账户本期借方发生额合计与全部账户本期贷方发生额合计保持平衡，即：

全部账户本期借方发生额合计=全部账户本期贷方发生额合计

发生额试算平衡的直接依据是借贷记账法的记账规则。

【例5-6】 根据【例5-3】华新公司的九笔经济业务，编制本期发生额试算平衡表。

根据前面华新公司20×2年5月份发生的九笔经济业务，可以编制本期发生额试算平衡表，如表5-2所示。

表5-2

本期发生额试算平衡表

20×2年5月31日

单位：元

账户名称	本期发生额	
	借方	贷方
银行存款	① 360 000	③ 40 000
		④ 150 000
		⑤ 70 000
原材料	② 40 000	
固定资产	⑤ 70 000	
应付账款	③ 40 000	② 40 000
	⑥ 30 000	
应付利润		⑦ 250 000
短期借款		⑥ 30 000
应付债券	⑧ 50 000	
实收资本	④ 150 000	① 360 000
		⑧ 50 000
		⑨ 65 000
盈余公积	⑦ 250 000	
	⑨ 65 000	
合计	1 055 000	1 055 000

（2）余额试算平衡。余额试算平衡是指全部账户借方期末（初）余额合计与全部账户贷方期末（初）余额合计保持平衡，即：

全部账户借方期末（初）余额合计=全部账户贷方期末（初）余额合计

知识拓展

发生额试算平衡和余额试算平衡的依据各是什么？

发生额试算平衡的直接依据是"有借必有贷，借贷必相等"的借贷记账法的记账规则；余额试算平衡的直接依据是"资产=权益"或者"资产=负债+所有者权益"的会计恒等关系。

试算平衡分为发生额试算平衡和余额试算平衡两大类平衡，主要有以下三个方面的内容：

① 借方期初余额合计数=贷方期初余额合计数；

② 本期借方发生额合计数=本期贷方发生额合计数；

③ 借方期末余额合计数=贷方期末余额合计数。

在试算平衡时，上述平衡指的都是"全部账户"合计数。

3. 试算平衡表的编制

试算平衡是通过编制试算平衡表进行的。试算平衡表通常是在期末结出各账户的本期发生额合计和期末余额后编制的，试算平衡表中一般应设置"期初余额""本期发生额"和"期末余额"三大栏目，其下分设"借方"和"贷方"两个小栏。各大栏中的借方合计与贷方合计应该平衡相等，否则，便存在记账错误。为了简化表格，试算平衡表也可只根据各个账户的本期发生额编制，不填列各账户的期初余额和期末余额，如表 5-3 所示。

表 5-3　　　　　　　　　　　　　　　试算平衡表

账户名称	期初余额		本期发生额		期末余额	
	借方	贷方	借方	贷方	借方	贷方
合计						

根据【例 5-3】中华新公司的九笔经济业务编制的试算平衡表如表 5-4 所示。

表 5-4　　　　　　　　　　　华新公司 5 月份总分类账户试算平衡表

20×2 年 5 月　　　　　　　　　　　　　　　　　　　　　　　　　单位：元

账户名称	期初余额		本期发生额		期末余额	
	借方	贷方	借方	贷方	借方	贷方
银行存款	950 000		360 000	260 000	1 050 000	
原材料	60 000		40 000		100 000	
固定资产	30 000		70 000		100 000	
应付账款		50 000	70 000	40 000		20 000
应付利润				250 000		250 000
短期借款		100 000		30 000		130 000
应付债券		40 000	50 000	10 000		
实收资本		500 000	150 000	475 000		825 000
盈余公积		350 000	315 000			35 000
合计	1 040 000	1 040 000	1 055 000	1 055 000	1 260 000	1 260 000

通过上述试算平衡表发现，试算平衡表是通过借贷双方金额是否平衡来检查账户记录是否正确的，但对于一些错记或漏记的情况，通过试算平衡表可能无法发现。也就是说，账户试算平衡并不能表明账户一定正确，但试算不平衡时，记账一定有误。

通常发生以下记账错误时，借、贷双方平衡关系不受影响：

（1）漏记某项经济业务，会使本期借、贷双方的发生额等额虚减，借、贷双方仍然平衡；

（2）重记某项经济业务，会使本期借、贷双方的发生额等额虚增，借、贷双方仍然平衡；

（3）某项经济业务记错相关账户，借、贷双方仍然平衡；

（4）某项经济业务在账户记录中，颠倒了借、贷记账方向，借、贷双方仍然平衡；

（5）借方或贷方发生额中，偶然发生多记少记并相互抵销的情况时，借、贷双方仍然平衡等。

由于账户记录可能存在上述不能由试算平衡表来发现的错误，会计人员需要对一切会计记录进行日常或定期复查，以保证其正确性。除此之外，在编制试算平衡表时，还应注意以下几点，以减少记账错误的发生：

（1）必须保证所有账户的余额均已记入试算平衡表；

（2）复核各账户的发生额和期末余额是否正确；

（3）核查由记账凭证登记分类账的全过程，在核查过程中，不仅要注意金额是否正确，还要核对账簿登记中的借方和贷方有无错误；

（4）试算平衡表中借、贷双方不平衡，肯定是会计科目记录有错误，应立即查找更正，直到平衡为止。

历年初会考试真题（单项选择题）

下列各项中，属于我国目前采用的记账方法的是（　　）。

A. 收付记账法　　　　B. 增减记账法　　　　C. 借贷记账法　　　　D. 单式记账法

正确答案：C

解析：我国《企业会计准则》规定，企业应当采用借贷记账法记账。

拓展阅读

坚持原则

A公司是一家国有大型企业。20×1年12月，公司总经理针对公司效益下滑将面临亏损的情况，电话请示正在外地出差的董事长。董事长指示把财务会计报告做得"漂亮"一些，于是，总经理便把这项工作交给公司总会计师，要求其按董事长意见办。总会计师授意会计科科长按照董事长的要求把财务会计报告作"漂亮"，会计科科长对当年度的财务会计报告进行了技术处理，虚拟了若干笔无交易的销售收入，从而使公司报表由亏变盈。经B会计师事务所审计后，公司财务会计报告对外报出。

20×2年4月，在《中华人民共和国会计法》执行情况检查中，当地财政部门发现A公司存在重大会计作假行为，依据《中华人民共和国会计法》及相关法律、法规、制度，拟对该公司董事长、总经理、总会计师、会计科科长等相关人员进行行政处罚，并分别下达了行政处罚告知书。A公司相关人员接到行政处罚告知书后，均要求举行听证会。

在听证会上，公司总会计师称："公司对外报出的财务会计报告是经过B会计师事务所审计的，他们出具了无保留意见的审计报告。B会计师事务所应对本公司财务报告的真实性、完整性负责，承担由此带来的一切责任。"会计科科长称："我是按照领导的要求做的，领导让我做什么，我就做什么，即使有责任，也是领导承担责任，与我无关。"

点评：

会计人员应该一切都听从领导吩咐吗？不，会计人员对违反《中华人民共和国会计法》和国家统一的会计制度规定的会计事项，有权拒绝办理或者按照职权予以纠正。

思考练习题

一、简答题

1. 记账方法有哪几种？各有什么特点？

2. 什么是借贷记账法？其要点是什么？

3. 什么是会计分录？有哪几类会计分录？

4. 会计分录应包括哪些内容？

5. 会计分录的编制步骤有哪些？

6. 什么是试算平衡？如何理解试算平衡？

二、判断题（正确的填"√"，错误的填"×"）

1. 复式记账法是指对交易或事项分别在总账与其所属明细账中记录的方法。（　　　）

2. 对交易或事项分别在三个或三个以上的账户中登记的做法不属于复式记账。（　　　）

3. 在简单的交易和事项中，相关账户记录的双方的金额是相等的，而在复杂交易和事项中，相关账户记录的双方的金额是不相等的。（　　　）

4. 账户的增减变动实质上在某个方面体现了该账户所反映的会计要素内容的增减变动。（　　　）

5. 借贷记账法的记账符号"借"只表示增加，"贷"只表示减少。（　　　）

6. 根据会计要素的划分，企业设置的所有账户可划分为六大类。（　　　）

7. 账户所反映的会计要素的经济性质，即账户的性质。（　　　）

8. 在借贷记账法下设置的账户中，每一账户的左边均为借方，右边均为贷方。（　　　）

9. 在借贷记账法下设置的负债类账户的结构与所有者权益类账户的结构一致。（　　　）

10. 所有账户在会计期末一定都有余额。（　　　）

11. 所有账户期末余额的方向都是固定不变的。（　　　）

12. 借贷记账法的记账规则可概括为：有借必有贷，借贷不相等。（　　　）

13. "有借必有贷"是指交易或事项在账户中的记录方向。（　　　）

14. "借贷必相等"是指交易或事项在账户中的记录金额。（　　　）

15. 会计分录是指将交易或事项记录在有关账户之后的一种记录形式。（　　　）

16. 会计分录的编制与会计要素确认没有关系。（　　　）

17. 简单会计分录是指由两个以上科目所组成的会计分录。（　　　）

18. 对应科目是指存在对应关系的科目。（　　　）

19. 试算平衡是指检验会计分录编制的正确性、完整性而采用的一种技术方法。（　　　）

20. 一个账户的借方发生额合计数与其贷方发生额合计数总是相等的。（　　　）

21. 发生额平衡法的理论依据是"资产＝负债+所有者权益"等式。（　　　）

22. 一笔业务在相关账户中将借贷方向记反可以通过试算平衡发现。（　　　）

23. 如果发生额试算表的结果是平衡的，可以肯定记账没有错误。（　　　）

24. 平行登记是指对交易或事项要在两个或两个以上的总账账户中登记。（　　　）

25. 所有的交易或事项在发生以后都要按要求进行平行登记。（　　　）

三、单项选择题

1. 借记资产类账户、贷记负债类账户的经济业务是（　　　）。
   A. 以银行存款购入原材料　　　　　　　B. 赊购原材料
   C. 以银行存款偿还债务　　　　　　　　D. 以银行存款提取现金备用

2. 下列表述中，正确的是（　　　）。
   A. 不能编制多借多贷的会计分录
   B. 从某个企业看，其全部账户的借方余额合计与全部账户的贷方余额合计不一定相等
   C. 试算平衡的目的是验证企业的全部账户的借方发生额合计与贷方余额合计是否相等
   D. 从某个会计分录看，其借方科目与贷方科目之间互为对应科目

3. 资产与所有者权益两大类账户的结构（　　　）。
   A. 基本相同　　　B. 不同　　　　　　　C. 不稳定　　　　　　D. 相同

4. 某企业会计期末的资产总额为400万元，所有者权益总额为350万元，会计期末向金融机构借款50万元，用于购买大型设备，月末企业的负债总额为（　　　）万元。
   A. 400　　　　　B. 250　　　　　　　　C. 300　　　　　　　　D. 100

5. 在编制余额试算平衡表时，不会涉及的账户类别是（　　　）。
   A. 负债类账户　　　　　　　　　　　　B. 资产类账户
   C. 损益类账户　　　　　　　　　　　　D. 所有者权益类账户

6. "应收账款"账户的期末余额等于（　　　）。
   A. 期初余额-本期借方发生额+本期贷方发生额
   B. 期初余额-本期借方发生额-本期贷方发生额

C. 期初余额+本期借方发生额+本期贷方发生额

D. 期初余额+本期借方发生额-本期贷方发生额

7. 进行复式记账时，对任意一项会计交易或事项登记的账户数量应该是（　　）。

A. 一个　　　　　　　　　　　　B. 两个

C. 三个　　　　　　　　　　　　D. 两个或两个以上

8. 下列选项中，属于发生额试算平衡的理论依据的是（　　）。

A. 会计恒等式　　　　　　　　　B. 借贷记账法的记账规则

C. 账户对应关系　　　　　　　　D. 会计交易或事项的类型

9. 根据资产与权益的恒等关系以及借贷记账法的记账规则，检查所有会计科目记录是否正确的方法为（　　）。

A. 借贷记账　　B. 平行登记　　　　C. 试算平衡　　　　D. 对账

10. 负债类账户的本期减少额和期末余额分别反映在（　　）。

A. 借方　　　　B. 贷方　　　　　　C. 借方和贷方　　　　D. 贷方和借方

11. 某公司"应收账款"账户的年初余额为5 000元，本年借方发生额为4 000元，本年贷方发生额为7 000元，该账户的期末余额为（　　）。

A. 借方2 000元　B. 贷方2 000元　　C. 借方5 000元　　　D. 贷方5 000元

四、多项选择题

1. 下列关于损益类账户的表述中，正确的有（　　）。

A. 费用类账户的增加额记入借方　　B. 收入类账户的减少额记入借方

C. 期末一般要结转到"本年利润"账户　D. 期末一般无余额

2. 总分类账户余额试算平衡中的平衡关系有（　　）。

A. 全部账户的期初借方余额合计=全部账户的期末贷方余额合计

B. 全部账户的本期借方发生额合计=全部账户的本期贷方发生额合计

C. 全部账户的期初借方余额合计=全部账户的期初贷方余额合计

D. 全部账户的期末借方余额合计=全部账户的期末贷方余额合计

3. 会计分录的内容包括（　　）。

A. 经济业务内容摘要　　　　　　B. 应借应贷方向

C. 经济业务发生额　　　　　　　D. 账户名称

4. 借贷记账法的试算平衡方法包括（　　）。

A. 发生额试算平衡法　　　　　　B. 减少额试算平衡法

C. 增加额试算平衡法　　　　　　D. 余额试算平衡法

5. 采用借贷记账法记账时，账户的借方一般用来登记（　　）。

A. 资产增加　　　　　　　　　　B. 负债减少

C. 所有者权益减少　　　　　　　D. 成本、费用增加

6. 借贷记账法的记账符号"贷"对于下列会计要素表示增加的有（　　）。

A. 资产要素　　B. 负债要素　　　　C. 所有者权益要素　　D. 收入要素

7. 编制会计分录的目的是（　　）。

A. 便于编制会计报表　　　　　　B. 编制记账凭证并作为入账的依据

C. 减少登记账簿的工作量　　　　D. 正确反映账户的对应关系

8. 下列关于借贷记账法的说法中，正确的有（　　）。

A. 应该根据账户的性质和经济内容的性质确定记入账户的方向

B. 借贷记账法的记账规则是发生额试算平衡和余额试算平衡直接依据

C. 以"有借必有贷，借贷必相等"作为记账规则

D. 以"借""贷"作为记账符号

9. 经济业务发生后，可以编制的会计分录形式有（　　　）。

A. 多借多贷　　　B. 一借多贷　　　C. 多借一贷　　　D. 一借一贷

10. 下列会计科目中，在期末结转后一般应无余额的有（　　　）。

A. 销售费用　　　B. 生产成本　　　C. 投资收益　　　D. 其他应付款

11. 对于大多数资产而言，（　　　）。

A. 增加记借方　　　B. 增加记贷方　　　C. 减少记贷方　　　D. 期末无余额

12. 下列有关复式记账法的表述中，正确的有（　　　）。

A. 复式记账法一般应在两个或两个以上会计科目中登记，但有时也在一个会计科目中登记

B. 复式记账法能如实反映资金运动的来龙去脉

C. 复式记账法便于检查会计科目的记录是否正确

D. 我国所有企事业单位都必须统一采用复式记账法中的借贷记账法进行会计核算

五、综合练习题

甲公司20×2年12月结账后，有关账户的部分资料如表5-5所示。

表5-5　　　　　　　甲公司20×2年12月结账后有关账户的部分资料　　　　　　　单位：元

账户	期初余额		本期发生额		期末余额	
	借	贷	借	贷	借	贷
应收账款	A		2 750	8 150	38 750	
生产成本	9 000		B	22 500	7 500	
库存商品	50 000		C	30 000	I	
应收账款		5 000		F		15 000
主营业务成本			D	G		
主营业务收入			E	35 000		
实收资本		250 000		H		285 000

要求：根据表中资料，计算字母处的金额并填空。

（1）字母A的金额为（　　　　　　）。

（2）字母B的金额为（　　　　　　）。

（3）字母C的金额为（　　　　　　）。

（4）字母D的金额为（　　　　　　）。

（5）字母E的金额为（　　　　　　）。

（6）字母F的金额为（　　　　　　）。

（7）字母G的金额为（　　　　　　）。

（8）字母H的金额为（　　　　　　）。

（9）字母I的金额为（　　　　　　）。

第六章

借贷记账法在企业中的应用

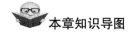

本章知识导图

借贷记账法在企业中的应用
- 资金筹集业务的账务处理
  - 投入资本业务的核算（掌握）★★★
  - 借入资金业务的核算（掌握）★★★
- 采购业务的账务处理
  - 采购成本的构成（理解）★★
  - 账户设置及其结构（掌握）★★★
  - 账务处理举例（掌握）★★★
- 生产业务的账务处理
  - 生产业务的主要内容（理解）★★
  - 账户设置及其结构（掌握）★★★
  - 账务处理举例（掌握）★★★
  - 产品生产成本的核算（掌握）★★★
- 销售业务的账务处理
  - 销售过程业务核算的主要内容（理解）★★
  - 账户设置及其结构（掌握）★★★
  - 账务处理举例（掌握）★★★
- 其他主要经济业务的账务处理
  - 期间费用的账务处理（掌握）★★★
  - 营业外收支的账务处理（掌握）★★★
- 利润形成和利润分配业务的账务处理
  - 利润形成业务的账务处理（掌握）★★★
  - 利润分配业务的账务处理（掌握）★★★
- 资金退出业务的账务处理
  - 税费上缴的账务处理（掌握）★★★
  - 股利（或利润）分配与支付的账务处理（掌握）★★★
  - 借款偿还的账务处理（掌握）★★★

引导案例

某企业购入生产用的材料一批，材料买价是80 000元，入库前的挑选整理费是200元，运输中的合理损耗是2 000元。材料已入库，货款尚未支付。关于材料成本有以下三种观点。

观点一，合理损耗应包括在材料成本中，200元的挑选整理费应计入生产成本，材料成本是80 000元。

观点二，材料成本是82 000元。

观点三，材料成本是80 200元。

思考：

（1）采购材料成本包括哪些内容？

（2）你认为该业务应如何处理？

分析：

（1）采购材料成本包括：①买价，即在完成采购材料过程并支付货款以后，由供应商开具的增值税发票上所开列的购买材料本身的价格，一般根据所购买材料的单价和数量计算确定，不包括增值税发票上的增值税进项税额。②采购费用，是指企业在将购入材料运达企业，以及将材料验收入库的过程中发生的有关费用，包括运输费、装卸费、包装费、保险费、运输途中的合理损耗，以及入库前的挑选和整理费用等。

（2）运输途中合理损耗计入成本：

借：原材料   80 200

    贷：应付账款   80 200

第一节 资金筹集业务的账务处理

筹集资金的融资活动，是企业一切活动的前提。企业为了开展生产经营活动，必须筹集到足够的资金，企业筹集资金的渠道主要有两种：一种是股权资本，即投资者投入的资本金，形成所有者权益；另一种是债权资本，即向债权人借入的资金，形成债权人权益，即负债。

一、投入资本业务的核算

实收资本代表着一个企业的实力，是创办企业的本钱，也是一个企业维持正常的经营活动，以本求利、以本负亏最基本的条件和保障，是企业独立承担民事责任的资金保证。

（一）投入资本交易或者事项的主要内容

1. 实收资本及其分类

实收资本，也称为投入资本，是投资者按照企业章程或者合同、协议的约定，实际投入企业的资本金。实收资本即企业的注册资本总额，是企业所有者权益的主体，也是企业进行正常生产经营活动之必需。对于投资者投入的资金，以投资者占被投资企业注册资本比例计算的部分，作为实收资本，超过注册资本比例计算的部分，作为资本溢价。

所有者向企业投入的资本，即形成企业的资本金。

（1）企业的资本金按投入资本的不同主体，可以分为国家资本金、法人资本金、个人资本金和外商资本金。

（2）企业的资本金按投入资本的不同形态，可以分为货币资金、实物投资、证券投资和无形资产投资。

2. 实收资本入账价值的确定

企业收到各方的投资者投入资本金的入账价值确定问题是实收资本核算中一个比较重要的问题。总体来说，投入资本按照实际收到的投资额入账。

（1）收到货币资金投资的，应以实际收到的货币资金额入账。

（2）收到实物等其他形式投资的，应以投资各方确认的价值入账。

（3）实际收到的货币资金额或者投资各方确认的资产价值超过其在注册资本中所占的份额部分，作为超面额缴入资本，计入资本公积。

资本公积，是投资者或者其他人投入企业，所有权归属投资者并且金额超过法定资本（或注册资本）部分的资本，是企业所有者权益的重要组成部分。由此可见，资本公积从本质上讲属于投入资本的范畴，主要是由于我国采用注册资本制度，限于法律的规定而无法将资本公积直接以实收资本（或股本）的名义入账，所以资本公积从其实质上看是一种准资本，是资本的一种储备形式。但是资本公积与实收资本（或股本）又有一定的区别，实收资本（或股本）是公司所有者（股东）为谋求价值增值而对公司的一种原始投入，从法律上讲属于公司的法定资本，而资本公积主要来源于投资者的额外投入。

资本公积金主要来源于以下三个方面。

（1）所有者投入资本中超过法定资本份额的部分（资本或股本溢价）。

（2）直接计入资本公积金的各种利得和损失等。

（3）其他业务产生的资本公积。根据《中华人民共和国公司法》等法律规定，资本公积金的主要用途是转增资本。资本公积转增资本，一方面可以改变企业资本结构，体现企业稳健持续发展的潜力；另一方面，对股份有限公司而言，它会增加投资者持有的股份，从而提高股票的交易量和增加资本的流动性。

（二）账户设置及结构

企业应设置实收资本账户。该账户用于核算企业接受投资者投入的资本金，贷方登记增加数，借方登记减少数，期末贷方余额，表示资本公积的实有数额。

（三）账务处理程序举例

【例6-1】 顺通公司收到S公司开出的转账支票一张，向本企业投入资本250 000元，支票已送银行进账。应编制的会计分录如下。

借：银行存款 250 000
　　贷：实收资本——S公司 250 000

【例6-2】 顺通公司收到某IT企业投资的一项专利权，经评估确认价值为160 000元。应编制的会计分录如下。

借：无形资产——专利权 160 000
　　贷：实收资本——某IT企业 160 000

【例6-3】 顺通公司收到某投资人投入的旧设备一台，账面原值为90 000元，已提折旧10 000元，双方协商确认的价值为83 000元。应编制的会计分录如下。

借：固定资产 83 000
　　贷：实收资本——某投资人 83 000

历年初会考试真题（单项选择题）

甲公司收到投资者作为资本投入的固定资产，合同约定该固定资产的价值为1 500万元，公允价值是1 528万元。假定不考虑增值税、资本溢价因素，甲公司收到该投资时，应计入实收资本的金额是（　　）万元。

A. 0　　　　　　　　B. 28　　　　　　　　C. 1 500　　　　　　　　D. 1 528

正确答案：D

解析：企业接受投资者以固定资产出资的，固定资产应按投资合同或协议约定的价值入账，投资合同或协议约定的价值不公允的除外，即该资产的投资合同或协议约定的价值与其公允价值不一致时，以其公允价值为准。应编制的分录如下。

借：固定资产 1 528
　　贷：实收资本 1 528

二、借入资金业务的核算

（一）借入资金交易或事项的主要内容

1. 借入资金及其分类

借入资金，是指企业在生产经营过程中由于资金周转或其他方面的原因，向银行等金融机构借入及向社会公众发行公司债券所筹集的资金。为了便于会计信息使用者分析企业的财务状况和偿债能力，企业的负债按其偿还期限的长短可分为流动负债和非流动负债。

2. 短期借款及其利息的确认与计量

短期借款，是指企业向银行或其他金融机构借入的偿还期限在一年以内（含一年）的各种借款。企业取得短期借款主要是为了满足日常生产经营活动的需要。每一笔借款在取得时可根据借款借据上的金额来确认和计量。短期借款的利息支出属于企业在理财活动过程中为筹集资金而发生的一项耗费，在会计核算中，企业应将其作为期间费用（财务费用）加以确认。由于短期借款利息的支付方式和支付时间不同，其会计处理方法也有一定的区别。

（1）按月计收利息，或者在借款到期时一并收回本息但利息数额不大时，应在收到银行的计息通知或在实际支付利息时，直接将发生的利息费用作为当期损益计入财务费用。

（2）按季度或半年等较长期间计收利息，或者在借款到期时一并收回本息时，应采取预提的方法按月计算借款利息，一方面作为负债增加计入应付利息，另一方面作为受益期间的费用增加计入财务费用，待季度或半年结期终了或到期支付利息时，再冲销应付利息。

3. 长期借款及其利息的确认和计量

长期借款，是企业向银行及其他金融机构借入的偿还期限在一年以上或超过一年的一个营业周期的各种借款。企业举借长期借款，主要是为了购置厂房、大型设备等，在会计核算中，应以实际收到的贷款数额进行确认和计量，按照规定的利率和使用期限计息并确认为长期借款入账。按照《企业会计准则》的规定，长期借款的利息费用可直接归属于符合资本化条件的资产购建或者生产的，应予以资本化，计入相关资产的成本，其他利息费用，应当在发生时根据其发生额确认为费用，计入当期损益。具体来讲就是，在长期借款所进行的长期工程项目，达到预定可使用或者可销售状态之前发生的利息，应将其资本化，计入该工程成本。在工程完工达到预定可使用或者可销售状态之后发生的利息支出，应予以费用化，在利息费用发生的当期直接计入当期损益。

（二）账户设置及结构

1. "短期借款"账户

该账户为核算短期借款的取得、归还及余额情况的负债类账户，贷方登记取得借款的增加数，借方登记归还借款的减少数，期末余额在贷方，表示企业尚未归还的短期借款。该账户按债权人和借款种类设置明细账，进行明细分类核算。

2. "财务费用"账户

该账户为核算企业为筹集经营生产用资金所发生的相关费用的情况的费用类账户，包括借款利息支出（减存款利息支出）和相关费用，借方登记增加数，贷方登记期末结转到本年利润账户的转销数，期末结转后应无余额。该账户按照费用项目设置明细分类账，进行明细分类核算。

3. "应付利息"账户

该账户为核算企业因借入资金而发生的利息的应付、偿还以及余额情况的负债类账户，贷方登记应付而未付利息的增加数，借方登记应付而未付利息的减少数，期末余额在贷方，表示企业尚未归还的应付而未付利息的累计数。

（三）账务处理举例

1. 短期借款的核算

【例6-4】 顺通公司于20×2年7月1日向银行借入短期借款30万元，期限半年，年利率为5%。应编制的会计分录如下。

借：银行存款　　　　　　　　　　　　　　　　　　300 000

　　贷：短期借款　　　　　　　　　　　　　　　　　300 000

假设该企业每月向银行支付利息，则：

借：财务费用   1 250

  贷：银行存款   1 250

12月底归还借款时：

借：短期借款   300 000

  贷：银行存款   300 000

2. 长期借款的核算

企业向银行或其他金融机构借入的期限在一年以上（不含一年）的各项借款，在"长期借款"账户中核算。本账户的贷方登记企业借入的本金和发生的利息金额；借方登记偿还借款的本息金额；期末余额在贷方，反映企业尚未偿还的长期借款本息。该账户可按借款人设置明细账，进行明细分类核算。

【例6-5】 顺通公司于20×2年8月1日向银行借入3年期、年利率为10%、到期一次还本付息的款项60万元，并存入银行。应编制的会计分录如下。

借：银行存款   600 000

  贷：长期借款   600 000

第二节　采购业务的账务处理

企业要进行正常的生产经营活动，就必须采购一定种类和数量的材料。在采购时，企业要支付购入材料的买价和各项采购费用，并与供应单位等发生货款的结算关系；材料运到企业后验收入库并结转材料的采购成本，就成为企业可供生产的库存材料。

一、采购成本的构成

材料采购交易或事项是生产准备过程的主要内容之一。①企业向供货单位采购材料时，应遵守经济合同和约定的结算办法，根据供货单位开列的发票，支付货款、税款或承担付款的责任；②在采购过程中，还会发生运输费、装卸费、包装费、仓储费等采购费用；③材料的买价加上采购费用构成材料采购成本，即外购材料的实际成本；④对运达企业的材料，要办理验收入库手续，并使材料入库。所以，材料的买价、增值税和各项采购费用的发生及结算，材料采购成本的计算，以及材料的验收入库等，就构成了供应过程材料采购交易或事项核算的主要内容。

材料采购实际成本，是指企业为采购一定种类和数量的材料而发生的各种耗费之和。主要由以下两个部分组成：

（1）买价，即在完成采购材料过程并支付货款以后，由供应商开具的增值税发票上所开列的购买材料本身的价格，一般根据所购买材料的单价和数量计算确定，不包括增值税发票上的增值税进项税额；

（2）采购费用，是指企业在将购入材料运达企业，以及将材料验收入库的过程中发生的有关费用，包括运输费、装卸费、包装费、保险费、运输途中的合理损耗，以及入库前的挑选和整理费用等。

在计算采购成本时，材料物资的买价和某种材料物资单独发生的采购费用，应直接计入该材料物资的采购成本；几种材料物资共同发生的采购费用，应当采用适当的分配标准分别计入各种材料物资的采购成本。分配标准一般可以采用材料物资的重量或买价等。相关计算公式如下：

采购费用分配率=实际发生的采购费用÷材料的买价或重量

某种材料应分担的采购费用=该材料的重量或买价×采购费用分配率

某种材料的采购成本=该种材料的买价+采购费用

【例6-6】 顺通公司向华润公司购入A材料200千克，单价180元，增值税进项税额为4 680元；B材料400千克，单价100元，增值税进项税额为5 200元；两种材料的运杂费共900元，要求按材料重量比例分配两种材料的运杂费。

采购费用分配率=900÷（200+400）=1.5

A材料应负担的运杂费=200×1.5=300（元）

B材料应负担的运杂费=400×1.5=600（元）

二、账户设置及其结构

当企业的规模较小、材料种类较少及收发较少时，企业材料收发交易或事项的日常核算，应采用实际成本法（此外还有计划成本法，将在后续课程"中级财务会计学"中阐述）。在实际成本法下，一般应设置以下主要账户。

（一）"在途物资"账户

该账户用于核算企业采用实际成本（或进价）进行材料、商品等物资的日常核算和货款已付、尚未验收入库的在途物资的采购成本。借方登记企业购入的在途物资的实际成本（包括买价和采购费用）；贷方登记验收入库在途物资的实际成本；期末余额在借方，反映企业在途材料、商品等物资的采购成本。该账户按供应单位和物资品种进行明细核算。

（二）"原材料"账户

该账户在材料日常核算采用实际成本计价的情况下，用于核算库存材料的增减变动及其结存情况的实际成本。借方登记已验收入库材料的实际成本；贷方登记发出材料的实际成本；期末余额在借方，表示结存材料的实际成本。该账户按材料的种类、名称和规格型号设置明细分类账，进行明细分类核算。

（三）"应付账款"账户

该账户用于核算企业因采用赊购方式购买材料和设备等而产生的应付给供应商的款项及其偿还情况。贷方登记应予偿还但暂未付款的应付账款；借方登记已经偿还的应付账款；期末余额一般在贷方，表示企业尚未偿还的应付款项；期末如为借方余额，表示企业预付的款项。该账户按供应单位设置明细账，进行明细分类核算。

（四）"应付票据"账户

该账户用于核算企业因购买材料、商品和接受劳务、服务供应等开出并承兑的商业汇票。企业开出并承兑商业汇票时，按票据票面金额，贷记本账户；票据到期并按约兑付（付款）时，按票据票面金额，借记本账户；期末贷方余额，表示尚未到期的应付票据款项。该账户按照债权人和票据种类设置明细账，进行明细分类核算。

（五）"预付账款"账户

该账户用于核算企业按照购销合同规定预先付给供应商的款项及其结算情况。借方登记预先支付给供应商的货款和补付的货款等；贷方登记收到购入材料后抵扣预付货款和供应商退回的多预付的货款；期末一般为借方余额，反映企业期末预付账款的结余额；期末如为贷方余额，反映企业期末尚应补付的款项（即供应商实际供货应付款项超过企业原预付款的差额）。该账户按供应单位设置明细账，进行明细分类核算。

三、账务处理举例

【例6-7】 顺通公司从华夏公司购入A材料250千克，单价200元，买价总计50 000元，增值税进项税额为6 500元。材料已经收到并已验收入库，价税款已通过银行支付，另以现金支付运杂费200元。应编制的会计分录如下。

借：原材料——A材料　　　　　　　　　　　　　50 200
　　应交税费——应交增值税（进项税额）　　　　6 500
　　　贷：银行存款　　　　　　　　　　　　　　　　56 500
　　　　　库存现金　　　　　　　　　　　　　　　　　200

【例6-8】 顺通公司向华润公司购入B材料100千克，单价150元，运杂费600元，增值税进项税额1 950元。材料尚未运达顺通公司，款项均未支付。应编制的会计分录如下。

借：在途物资——B材料　　　　　　　　　　　　15 600
　　应交税费——应交增值税（进项税额）　　　　1 950
　　　贷：应付账款——华润公司　　　　　　　　　17 550

【例6-9】 承【例6-8】，B材料到达顺通公司，并办理验收入库手续。应编制的会计分录如下。

借：原材料——B材料　　　　　　　　　　　　　15 600
　　　贷：在途物资——B材料　　　　　　　　　　15 600

【例6-10】 顺通公司以银行存款偿付前欠华润公司购货款41 550元。应编制的会计分录如下。

借：应付账款——华润公司　　　　　　　　　　41 550
　　　贷：银行存款　　　　　　　　　　　　　　41 550

【例6-11】 承【例6-6】，顺通公司向华润公司购入的材料尚未运达企业，款项用银行存款支付。应编制的会计分录如下：

借：在途物资——A材料　　　　　　　　　　　　36 300
　　　　　　　——B材料　　　　　　　　　　　　40 600
　　应交税费——应交增值税（进项税额）　　　　9 880
　　　贷：银行存款　　　　　　　　　　　　　　86 780

【例6-12】 承【例6-11】，上述两种材料验收入库。应编制的会计分录如下。

借：原材料——A材料　　　　　　　　　　　　　36 300
　　　　　——B材料　　　　　　　　　　　　　40 600
　　　贷：在途物资——A材料　　　　　　　　　　36 300
　　　　　　　　　——B材料　　　　　　　　　　40 600

历年初会考试真题（单项选择题）
下列各项中，在"在途物资"账户的贷方核算的是（　　　）。
A. 已验收入库物资应结转的实际采购成本　　B. 登记购入材料的买价
C. 登记购入材料的采购费用　　　　　　　　D. 在途材料的采购成本

正确答案： A

解析： 该账户借方登记购入材料、商品等物资的买价和采购费用（采购实际成本），贷方登记已验收入库材料、商品等物资应结转的实际采购成本。期末余额在借方，反映企业期末在途材料、商品等物资的采购成本。

第三节 | 生产业务的账务处理

制造企业生产过程的主要目的是完成产品生产，提供合格产品。生产过程是指将材料投入生产到产品完工验收入库的过程。在生产过程中，材料被消耗掉或改变原有的实物形态，其价值全部转移到产品价值之中，生产工人的人工费用及企业基本生产单位为管理和组织生产而发生的费用也构成了产品价值的一部分。

一、生产业务的主要内容

（一）费用及其分类

费用，是指企业在生产经营活动过程中所发生的经济利益流出，其实质是资产耗费或债务的形成。费用就其经济内容来讲，是指企业在生产经营活动中发生了哪些耗费，或耗费的是什么。具体包括：材料费、燃料费、外购动力费、工薪费、折旧费、利息支出、费用性税金、其他支出（如邮电费、旅差费、租赁费等），在会计上被称为要素费用。在制造业企业中，这些要素费用：①发生的地点不同，有些发生在车间，有些发生在管理部门，还有些发生在销售机构；②发生用途或者目的不同，有些为产品生产而发生，有些为产品销售而发生，还有些为管理和组织生产经营活动而发生；③基于会计信息质量要求的谨慎性，按照其是否与产品的制造过程及产量具有直接关系，可划分为生产费用和期间费用两大类。

生产费用是指制造企业在产品生产过程中发生的，用货币表现的生产耗费。其主要内容包括：耗用各种材料的费用、支付给职工的薪酬、固定资产折旧费用和其他费用。制造业企业在生产过程中发生的生产费用，最终都要被归集分配到各种产品成本中，所以，生产费用按照一定的成本计算对象进行归集和分配，以确定个别成本计算对象的总成本和单位成本的方法，即产品成本计算。

期间费用，是指与当期的产品管理和产品销售直接相关，而与产品的产量、产品的制造过程无直接关系，不能直接归属于某个特定产品成本的费用，包括销售费用、管理费用和财务费用。

（二）成本计算对象与成本项目

1. 成本计算对象

进行成本计算必须首先确定成本计算对象，这样才能按照确定的成本计算对象归集各种生产费用，计算各种产品成本。所谓成本计算对象，是指生产费用的归集和分配的对象。通俗地讲，成本计算对象需负担企业为生产产品发生的生产费用。本书所讲的成本计算对象主要是指某一产品。

2. 成本项目

生产费用按计入成本计算对象方法的不同，可分为：①直接计入费用，指可以分清哪种产品所耗用，可以直接计入某种产品成本的费用；②间接计入费用，指不能分清哪种产品所耗用，不能直接计入某种产品成本，而必须按照一定的标准分配计入有关的各种产品成本的费用。

为具体反映计入产品成本的生产费用的用途，提供产品成本的经济构成，查明成本升降的原因，还应将其划分为若干项目，即产品生产成本的项目（简称成本项目）。所谓成本项目，是指将计入成本计算对象的生产费用按其经济用途分类。制造企业一般应设置以下几个成本项目。

（1）直接材料，是指直接用于产品生产并构成产品实体的原料、主要材料以及有助于产品形成的辅助材料、设备配件和外购的半成品等。

（2）直接人工，是指支付给直接从事产品生产工人的工资，以及按生产工人的工资总额和规定的比例计提的职工福利费。需要强调的是，现行的会计制度规定：①可以不计提职工福利费，在实际发生时计入有关费用，但职工福利费的支付不得超过总工资的1/4；②也可以直接按工资总额的14%计提职工福利费，但年终未用完的部分应予以冲回。

（3）制造费用，是指企业各个生产单位（车间、分厂）为组织和管理生产所发生的所有生产费用，即除直接材料、直接人工之外的其他费用。它主要包括各个生产单位发生的如下费用：①管理人员的工薪费用；②房屋及机器设备等固定资产的折旧费用、经营性租赁费；③机物料消耗、低值易耗品摊销（一般工具、专用工具、管理工具、劳动保护用品等）；④其他支出，是指上述各项支出以外的支出，如水电费、运输费、办公费、设计制图等。

综上所述，生产费用的发生、归集和分配以及产品成本的形成与计算，构成生产过程交易或事项核算的主要内容。

二、账户设置及其结构

（一）"生产成本"账户

该账户用于归集产品生产过程中所发生的应计入产品成本的各项生产费用，并据以计算产品成本生产成本。借方登记应计入产品成本的各项费用，包括平时登记应直接计入产品成本的直接材料费和直接人工费，以及月末通过分配转入的制造费用；贷方登记已完工验收入库转入库存商品账户借方的产品成本转出额；期末借方余额，表示尚未完工产品（在产品）的成本。该账户按产品品种设置明细分类账，进行明细分类核算。

（二）"制造费用"账户

该账户用于归集和分配在车间范围内为组织和管理产品生产所发生的，不便于直接计入生产成本账户的各项间接费用。借方登记平时在车间范围内实际发生的各项制造费用，贷方登记月末经分配后转入生产成本账户借方的费用转出额，月末经分配结转后应无余额。该账户按生产车间分别设置明细分类账，并在账内按费用项目设置专栏，进行明细分类核算。

（三）"应付职工薪酬"账户

该账户用于核算企业应付给职工和为职工发生的各种薪酬及其结算。它包括：职工工资、奖金、津贴和补贴、职工福利、社会保险费、住房公积金、工会经费和职工教育经费、非货币性福利、辞退福利、股份支付等。贷方登记本月应付给职工和为职工发生的各项薪酬，借方登记本月实际支付的职工薪酬，月末贷方余额，表示本月应付的职工薪酬大于实付职工薪酬的差额。该账户按照职工薪酬项目（如工资、职工福利等）进行明细分类核算。

（四）"库存商品"账户

该账户用于核算企业库存商品的增减变动及其结存的实际成本。借方登记完工并验收入库产品的实际成本；贷方登记出库的库存商品金额；期末余额在借方，表示库存商品的实际成本。该账户按产品种类、品种和规格进行明细分类核算。

（五）"管理费用"账户

该账户用于核算企业行政管理部门为组织和管理生产经营活动所发生的各项费用，包括行政管理部门人员的工资及其他薪酬、办公费、折旧费、工会经费、职工教育费、业务招待费、固定资产日常维修费、劳动保险费等。借方登记期内发生的各项管理费用，贷方登记期末转入本年利润账户借方的管理费用转出数，该账户期末结转后应无余额。该账户按费用项目进行明细分类核算。

此外，生产过程中发生的交易或事项的核算，由于涉及原材料的消耗和固定资产折旧，还涉及前述的原材料账户和累计折旧账户。

三、账务处理举例

【例6-13】 顺通公司于20×2年12月在生产过程中发生下列经济业务。

（1）月末，根据本月领料单编制汇总表，如表6-1所示。

表6-1 材料耗用汇总表

项目	A材料		B材料		C材料		合计
	数量（千克）	金额（元）	数量（千克）	金额（元）	数量（千克）	金额（元）	
制造产品耗用	13 000	52 000	5 000	50 000	450	3 150	105 150
其中：甲产品	8 000	32 000	3 000	30 000	300	2 100	64 100
乙产品	5 000	20 000	2 000	20 000	150	1 050	41 050
车间一般耗用					300	2 100	2 100
管理部门耗用					100	700	700
合计	13 000	52 000	5 000	50 000	850	5 950	107 950

应编制的会计分录如下。

借：生产成本——甲产品 64 100
　　　　　　——乙产品 41 050
　制造费用 2 100
　管理费用 700
　贷：原材料——A材料 52 000
　　　　　——B材料 50 000
　　　　　——C材料 5 950

（2）月末，公司结算本月应付职工的工资72 000元，其中，甲产品生产工人工资35 000元，乙产品生产工人工资20 000元，车间管理人员工资4 000元，厂部行政管理人员工资13 000元。应编制的会计分录如下。

借：生产成本——甲产品 35 000
　　　　　　——乙产品 20 000
　制造费用 4 000
　管理费用 13 000
　贷：应付职工薪酬——工资 72 000

（3）以银行存款发放职工工资72 000元。应编制的会计分录如下。

借：应付职工薪酬——工资 72 000
　贷：银行存款 72 000

（4）月末，提取固定资产折旧15 000元，其中生产车间固定资产折旧12 000元，管理部门固定资产折旧3 000元。应编制的会计分录如下。

借：制造费用 12 000
　管理费用 3 000
　贷：累计折旧 15 000

（5）以银行存款支付车间办公费、水电费8 840元。应编制的会计分录如下。

借：制造费用   8 840

  贷：银行存款   8 840

四、产品生产成本的核算

产品生产成本核算就是将生产过程中发生的应计入产品成本的费用，按照产品品种或类别进行归集和分配，计算出各种产品的总成本和单位成本。

制造业产品成本一般分为以下几个项目。

（1）直接材料，指直接用于产品生产并构成产品实体的原料、主要材料、辅助材料、外购半成品等。

（2）直接人工，指从事产品制造的生产工人工资以及其他各种形式的职工薪酬。

（3）制造费用，指基本生产车间为组织和管理生产活动而发生的各项间接费用，如生产车间管理人员的工资、折旧费和修理费、办公费、水电费、机器物料消耗、劳动保护费、季节性和修理期间的停工损失等。

（一）制造费用的归集和分配

制造费用属于间接费用，需要按一定的标准在各种产品之间进行分配，分配的标准通常采用生产工人工资比例和生产工时比例。相关计算公式如下：

制造费用分配率=制造费用总额÷生产工人工资总额（或生产工时总额）

某种产品应负担的制造费用=该种产品生产工人工资（或生产工时）×制造费用分配率

【例6-14】 承【例6-13】，将本月发生的制造费用按生产工人的工资比例分配到甲、乙两种产品，应编制的会计分录如下。

制造费用分配率=26 940÷（35 000+20 000）≈0.489 818

甲产品应负担的制造费用=35 000×0.489 818≈17 144（元）

乙产品应负担的制造费用=20 000×0.489 818≈9 796（元）

借：生产成本——甲产品   17 144

     ——乙产品   9 796

  贷：制造费用   26 940

（二）完工产品成本的计算和结转

产品完工后，应进行完工产品成本的计算。产品生产费用通过上述的费用归集和分配后，都已被归集到了"生产成本"账户的借方，最后就可以将归集到某种产品的各项费用在本月完工产品和月末在产品之间进行分配，确定完工产品的成本。在本月没有在产品的情况下，生产成本明细账内归集的费用总额就是完工产品的总成本。如果月末既有完工产品，又有在产品，生产成本明细账内归集的费用总额就要采用适当的方法在完工产品和在产品之间进行分配，然后才能计算出完工产品的总成本和单位成本。

如果月初、月末均无在产品，则：

本月完工产品成本=本月发生的生产费用

如果月初、月末均有在产品，则：

本月完工产品成本=月初在产品成本+本月发生的生产费用-月末在产品成本

产品单位成本=完工产品总成本÷本月完工入库产品数量

【例6-15】 承【例6-13】～【例6-14】，月末上述甲产品500件全部完工，乙产品400件全部完工。应编制的会计分录如下。

借：库存商品——甲产品　　　　　　　　　　　116 244

　　　　　——乙产品　　　　　　　　　　　70 846

　贷：生产成本——甲产品　　　　　　　　　　　116 244

　　　　　——乙产品　　　　　　　　　　　70 846

两种产品生产成本明细分别如表6-2、表6-3所示，产品成本计算表如表6-4所示。

表6-2　　　　　　　　　　　　　　生产成本明细表

产品品种或类别：甲产品　　　　　　　　　　　　　　　　　　　　　　　　　　　　单位：元

年		凭证号码	摘要	借方（成本项目）				贷方	借或贷	余额
月	日			直接材料	直接人工	制造费用	合计			
略	略	略	生产领料	64 100			64 100		借	64 100
			生产工人工资		35 000		35 000		借	99 100
			分配转入制造费用			17 144	17 144		借	116 244
			结转完工产品成本					116 244	平	0
			本期发生额及余额	64 100	35 000	17 144	116 244	116 244	平	0

表6-3　　　　　　　　　　　　　　生产成本明细表

产品品种或类别：乙产品　　　　　　　　　　　　　　　　　　　　　　　　　　　　单位：元

年		凭证号码	摘要	借方（成本项目）				贷方	借或贷	余额
月	日			直接材料	直接人工	制造费用	合计			
略	略	略	生产领料	41 050			41 050		借	41 050
			生产工人工资		20 000		20 000		借	61 050
			分配转入制造费用			9 796	9 796		借	70 846
			结转完工产品成本					70 846	平	0
			本期发生额及余额	41 050	20 000	9 796	70 846	70 846	平	0

表6-4　　　　　　　　　　　　　　产品成本计算表

20×2年12月　　　　　　　　　　　　　　　　　　　　单位：元

成本项目	产品名称：甲产品 产量：500件		产品名称：乙产品 产量：400件	
	总成本	单位成本	总成本	单位成本
直接材料	64 100	128.2	41 050	102.63
直接人工	35 000	70	20 000	50
制造费用	17 144	34.3	9 796	24.49
合计	116 244	232.5	70 846	177.12

第四节　销售业务的账务处理

销售业务是企业生产经营过程的最后一个阶段。企业生产的商品只有在销售以后，其价值才能真正实现，资金周转才能顺利地进行。销售过程核算的主要内容是主营业务收入的确认与计量、主营业务成本的计量与结转、销售费用的发生与归集、销售有关的税金的计算与缴纳以及货款的收回等。

一、销售过程业务核算的主要内容

销售过程是企业生产经营的最后阶段，是企业产品进入流通领域、实现产品价值的过程。制造业企业在销售过程中，通过销售产品，按照销售价格收取价款，形成产品销售收入，同时，应按国家税法的规定计算并缴纳各种流转税；相关的产品销售成本要在收入中得到补偿；此外，企业还会取得材料销售、包装物出租等其他业务收入，同时也应结转与其相关的成本。为了销售产品，还会发生一定的销售费用，如产品运输费、包装费、广告费、保险费等。

在销售过程中，企业按照合同约定向购买方发货、提供劳务或服务后：第一，按照销售价格及时办理货款结算手续，以便确认销售收入和计算应缴纳的相关税额；第二，要计算并结转销售成本，销售收入的取得是以付出产品和提供劳务或服务为代价的，这一代价就是销售成本；第三，应按照国家的有关税法规定，计算并缴纳销售税费；第四，在销售过程中，还会发生为销售而支付的包装费、运输费、装卸费、广告费、展览费、专设销售机构的经营费等费用，这些费用被称为销售费用。

二、账户设置及其结构

为了正确反映营业收入、营业成本、税金及附加、销售费用和往来结算情况，应设置以下主要账户。

（一）"主营业务收入"账户

该账户属于损益类账户，用于核算企业从事销售商品、提供劳务等主营业务所取得的收入。贷方登记企业本期实现的销售收入；借方登记发生的销售退回或销售折让等冲减的销售收入及月末转入"本年利润"账户的数额；结转后，该账户应无余额。该账户可以按主营业务的种类设置明细账，进行明细分类核算。

（二）"其他业务收入"账户

该账户属于损益类账户，用于核算企业从事除主营业务以外的其他业务活动所取得的收入，如材料销售、出租固定资产、出租包装物等收入。贷方登记企业确认的其他业务收入；借方登记期末转入"本年利润"账户的数额；结转后，该账户应无余额。该账户可按其他业务的种类设置明细账，进行明细分类核算。

（三）"主营业务成本"账户

该账户属于损益类账户，用于核算企业确认销售商品、提供劳务等主营业务收入时应结转的成本。借方登记应结转的本期销售各种商品和提供劳务等主营业务的成本；贷方登记发生的销售退回应冲减的成本及月末转入"本年利润"账户的数额；结转后，该账户应无余额。该账户可按主营业务的种类设置明细账，进行明细分类核算。

（四）"其他业务成本"账户

该账户属于损益类账户，用于核算企业从事除主营业务活动以外的其他经营活动所发生的成本，包括销售材料的成本、出租固定资产的折旧额、出租包装物成本或摊销额。借方登记企业确认的其他业务成本；贷方登记期末转入"本年利润"账户的数额；结转后，该账户应无余额。该账户可按其他业务的种类设置明细账，进行明细分类核算。

（五）"税金及附加"账户

该账户属于损益类账户，用于核算企业经营活动发生的消费税、城市维护建设税、资源税、房产税、土地使用税、车船税、印花税及教育费附加等相关税费。借方登记企业按照规定计算确定的与经营活动相关的税费；贷方登记月末转入"本年利润"账户的数额；结转后，该账户应无余额。

（六）"销售费用"账户

该账户属于损益类账户，用于核算企业在销售商品和材料、提供劳务的过程中发生的各种费用，包括保险费、包装费、展览费和广告费、运输费、装卸费，以及为销售本企业商品而专设的销售机构（含销售网点、售后服务网点等）的职工薪酬、业务费、折旧费等经营费用。借方登记企业销售商品过程中发生的各种费用；贷方登记转入"本年利润"账户的数额；结转后，该账户应无余额。该账户可按费用项目设置明细账，进行明细分类核算。

（七）"应收账款"账户

该账户属于资产类账户，用于核算企业因销售商品、提供劳务等，应向购货单位或接受劳务单位收取的款项。借方登记发生的应收账款；贷方登记收回的应收账款；期末余额一般在借方，表示尚未收回的应收账款。该账户可按债务人设置明细账，进行明细分类核算。

三、账务处理举例

顺通公司20×2年12月在销售过程中发生下列经济业务。

【例6-16】 顺通公司向兴海公司销售甲产品150件，每件售价250元，增值税税额为4 875元。货款已收到，存入银行。应编制的会计分录如下。

借：银行存款		42 375
贷：主营业务收入		37 500
应交税费——应交增值税（销项税额）		4 875

【例6-17】 顺通公司向红星工厂销售乙产品200件，每件售价200元，增值税税额为5 200元。另以银行存款代垫运杂费200元，款项尚未收到。应编制的会计分录如下。

借：应收账款——红星工厂	45 400
贷：主营业务收入	40 000
应交税费——应交增值税（销项税额）	5 200
银行存款	200

【例6-18】 顺通公司以银行存款支付广告费5 000元。应编制的会计分录如下。

借：销售费用	5 000
贷：银行存款	5 000

【例6-19】 顺通公司向华夏公司销售A材料100千克，单价30元，增值税税额为390元。款项已收存银行。应编制的会计分录如下。

借：银行存款	3 390
贷：其他业务收入	3 000
应交税费——应交增值税（销项税额）	390

【例6-20】 按规定计算本月应交城市维护建设税2 100元，教育费附加900元。应编制的会计分录如下。

　　借：税金及附加　　　　　　　　　　　　　　　　　　　3 000
　　　　贷：应交税费——应交城市维护建设税　　　　　　　　　2 100
　　　　　　　——应交教育费附加　　　　　　　　　　　　　　900

　　【例6-21】　计算并结转本月已销售甲产品的生产成本27 000元，乙产品36 000元。应编制的会计分录如下。

　　借：主营业务成本——甲产品　　　　　　　　　　　　　27 000
　　　　　　　　　　——乙产品　　　　　　　　　　　　　36 000
　　　　贷：库存商品——甲产品　　　　　　　　　　　　　27 000
　　　　　　　　　　——乙产品　　　　　　　　　　　　　36 000

　　【例6-22】　结转销售A材料的成本1 300元。应编制的会计分录如下。

　　借：其他业务成本　　　　　　　　　　　　　　　　　　1 300
　　　　贷：原材料——A材料　　　　　　　　　　　　　　　　1 300

历年初会考试真题（单项选择题）

企业结转已销售产品的成本时，应（　　　　）。

A．借记"主营业务收入"账户　　　　　　B．借记"本年利润"账户

C．贷记"其他业务成本"账户　　　　　　D．贷记"库存商品"账户

正确答案：D

　　解析：企业结转已销售产品的成本时应做如下分录，借方记"主营业务成本"科目，贷方记"库存商品"科目，表示库存商品（已完工入库的产品）成本减少，主营业务成本（销售成本）增加。

第五节　其他主要经济业务的账务处理

　　企业处理在日常经营过程中经常发生的董事会费、聘请中介机构费、咨询费、诉讼费、业务招待费、筹资费等，属于期间费用的账务处理。企业处置非流动资产处置利得、捐赠利得、盘盈利得，属于营业外收支的账务处理。

一、期间费用的账务处理

　　期间费用是指在某一会计期间内发生、不能直接或间接归入营业成本而直接计入当期损益的各项费用，包括销售费用、管理费用和财务费用。

（一）"销售费用"账户

在销售过程的核算中已介绍，此处不再赘述。

（二）"管理费用"账户

　　该账户属于损益类账户，用于核算企业为组织和管理企业生产经营活动而发生的管理费用，包括企业在筹建期间发生的开办费以及董事会和行政管理部门在企业经营管理中发生的或者应由企业统一负担的公司经费、工会经费、董事会费、聘请中介机构费、咨询费、诉讼费、业务招待费等。借方登记本期发生的各项管理费用；贷方登记期末转入"本年利润"账户借方的数额；结转后，该账户应无余额。该账户可按费用项目设置明细账，进行明细分类核算。

（三）"财务费用"账户

该账户属于损益类账户，用于核算企业为筹集生产经营活动所需资金等而发生的筹资费用。借方登记本期发生的各项账务费用；贷方登记期末转入"本年利润"账户的数额；结转后，该账户应无余额。该账户可按费用项目设置明细账，进行明细分类核算。

 【例6-23】 以银行存款1 000元购买办公用品。应编制的会计分录如下。

借：管理费用　　　　　　　　　　　　　　　　　1 000
　　贷：银行存款　　　　　　　　　　　　　　　　1 000

 【例6-24】 预提本月负担的银行借款利息800元。应编制的会计分录如下。

借：财务费用　　　　　　　　　　　　　　　　　　800
　　贷：应付利息　　　　　　　　　　　　　　　　　800

 【例6-25】 职工江华预借差旅费5 000元，以银行存款支付。应编制的会计分录如下。

借：其他应收款——江华　　　　　　　　　　　　5 000
　　贷：银行存款　　　　　　　　　　　　　　　　5 000

【例6-26】 江华出差回来报销差旅费4 500元，交回现金500元。应编制的会计分录如下。

借：管理费用　　　　　　　　　　　　　　　　　4 500
　　库存现金　　　　　　　　　　　　　　　　　　500
　　贷：其他应收款——江华　　　　　　　　　　　5 000

历年初会考试真题（单项选择题）

下列人员工资中，通过"管理费用"科目核算的是（　　　）。

A. 生产车间工人工资　　　　　　　　B. 车间管理人员工资

C. 企业管理人员工资　　　　　　　　D. 销售部门职工工资

正确答案：C

解析：选项A，计入生产成本；选项B，计入制造费用；选项D，计入销售费用。

二、营业外收支的账务处理

营业外收支是指企业在经营业务以外所发生的各项收入与支出，包括营业外收入和营业外支出两个部分。

（一）"营业外收入"账户

该账户属于损益类账户，用于核算企业发生的与日常活动无直接关系的各项利得。贷记本期取得的各项营业外收入，包括非流动资产处置利得、捐赠利得、盘盈利得等；借方登记期末转入"本年利润"账户的数额；结转后，该账户应无余额。该账户可按营业外收入项目设置明细账，进行明细分类核算。

（二）"营业外支出"账户

该账户属于损益类账户，用于核算企业发生的与日常活动无直接关系的各项损失，借方登记本期发生的各项营业外支出，包括公益性捐赠损失、非常损失、盘亏损失等；贷方登记期末转入"本年利润"账户的数额；结转后，该账户应无余额。该账户可按营业外支出项目设置明细账，进行明细分类核算。

【例6-27】 企业用银行存款向"希望工程"捐款60 000元。应编制的会计分录如下。

借：营业外支出　　　　　　　　　　　　　　60 000

　　贷：银行存款　　　　　　　　　　　　　　　60 000

【例6-28】 企业在销售过程中，因未履行合同而向购货单位支付赔偿金5 000元，以银行存款支付。应编制的会计分录如下。

借：营业外支出　　　　　　　　　　　　　　5 000

　　贷：银行存款　　　　　　　　　　　　　　　5 000

【例6-29】 企业收到罚款收入20 000元，存入银行。应编制的会计分录如下。

借：银行存款　　　　　　　　　　　　　　20 000

　　贷：营业外收入　　　　　　　　　　　　　　20 000

第六节　利润形成和利润分配业务的账务处理

一、利润形成业务的账务处理

（一）利润的主要内容

利润是企业在一定会计期间生产经营活动的最终成果，是收入扣除费用后的净额。如果收入大于费用，净剩余为正，形成利润；反之，则为亏损。利润按其构成层次可分为营业利润、利润总额和净利润。相关计算公式如下：

营业利润=营业收入-营业成本-税金及附加-销售费用-管理费用-研发费用-财务费用+

其他收入+（或-）信用减值损失-资产减值损失+（或-）公允价值变动净损益+

（或-）投资净损益+（或-）资产处置损益

利润总额=营业利润+营业外收入-营业外支出

净利润=利润总额-所得税费用

（二）账户设置及其结构

1．"本年利润"账户

该账户属于所有者权益类账户，用于核算企业当期实现的净利润（或发生的净亏损）。贷方登记期末由各收入账户转入的本期实现的各种收入和利得；借方登记由各费用账户转入的本期发生的各种费用和损失。如果余额在贷方，表示本期实现的净利润；反之，表示本期发生的净亏损。在年度中间，该账户的余额不予结转；年度终了，应将本账户的余额转入"利润分配"账户；结转后，该账户应无余额。

2．"所得税费用"账户

该账户属于损益类账户，用于核算企业确认的应从当期利润总额中扣除的所得税费用。借方登记按规定计算的本期应交所得税；贷方登记期末转入"本年利润"账户借方的数额；结转后，该账户应无余额。

（三）账务处理举例

【例6-30】 顺通公司有关损益类账户的发生额如表6-5所示。

表6-5 损益类账户的发生额 单位：元

账户名称	本期借方发生额	本期贷方发生额
主营业务收入		6 000 000
其他业务收入		700 000
投资收益		600 000
营业外收入		50 000
主营业务成本	4 000 000	
税金及附加	80 000	
其他业务成本	400 000	
销售费用	500 000	
管理费用	770 000	
财务费用	200 000	
营业外支出	250 000	
合　计	6 200 000	7 350 000

（1）结转各项收入、利得类账户。应编制的会计分录如下。

借：主营业务收入　　　　　　　　　　　　　6 000 000
　　其他业务收入　　　　　　　　　　　　　　700 000
　　投资收益　　　　　　　　　　　　　　　　600 000
　　营业外收入　　　　　　　　　　　　　　　 50 000
　　贷：本年利润　　　　　　　　　　　　　7 350 000

（2）结转各项费用、损失类账户。应编制的会计分录如下。

借：本年利润　　　　　　　　　　　　　　　6 200 000
　　贷：主营业务成本　　　　　　　　　　　4 000 000
　　　　其他业务成本　　　　　　　　　　　　400 000
　　　　税金及附加　　　　　　　　　　　　　 80 000
　　　　销售费用　　　　　　　　　　　　　　500 000
　　　　管理费用　　　　　　　　　　　　　　770 000
　　　　财务费用　　　　　　　　　　　　　　200 000
　　　　营业外支出　　　　　　　　　　　　　250 000

通过上述损益的结转，可知本期企业利润总额=7 350 000-6 200 000=1 150 000（元），即税前会计利润为1 150 000元。

【例6-31】 承【例6-30】，计算并结转当期所得税费用。应编制的会计分录如下。

当期所得税费用=1 150 000×25%=287 500（元）

借：所得税费用　　　　　　　　　　　　　　287 500
　　贷：应交税费——应交所得税　　　　　　287 500
借：本年利润　　　　　　　　　　　　　　　287 500
　　贷：所得税费用　　　　　　　　　　　　287 500

通过上述结转，本年实现的净利润=1 150 000-287 500=862 500（元）。

二、利润分配业务的账务处理

（一）利润分配的程序

企业实现的净利润应按规定的程序进行分配。企业如果发生亏损，可以用以后年度实现的利润弥补，也可以用以前年度提取的盈余公积弥补。利润分配的程序如下。

（1）如有以前年度尚未弥补的亏损，则应先弥补亏损。

（2）按净利润的一定比例提取盈余公积。

（3）向投资者分配利润。

（二）账户设置及其结构

1. "利润分配"账户

该账户属于所有者权益类账户，用于核算企业利润的分配（或亏损的弥补）和历年分配（或弥补）。年度终了，企业应将全年实现的净利润或发生的净亏损，自"本年利润"账户转入"利润分配——未分配利润"账户，并将"利润分配"账户所属其他明细账户的余额，转入"未分配利润"明细账户。结转后，"利润分配——未分配利润"账户如有贷方余额，表示累积未分配的利润数额；如为借方余额，则表示累积未弥补亏损。该账户应设置"提取法定盈余公积""应付股利""未分配利润"等明细账户，进行明细分类核算。

> **知识拓展**
>
> 按照《中华人民共和国企业所得税法》的规定，纳税人发生的年度亏损可以用下一纳税年度的所得弥补；下一纳税年度所得不足弥补的，可以逐年延续弥补，但延续弥补期最长不得超过5年。即发生的亏损在5年内，可以用税前利润弥补。

2. "盈余公积"账户

该账户属于所有者权益类账户，用于核算企业从净利润中提取的盈余公积。贷方登记企业按规定从净利润中提取的盈余公积；借方登记盈余公积的使用数；期末贷方余额，表示盈余公积的结余数。

（三）账务处理举例

 【例6-32】 顺通公司本年实现的净利润是2 500 000元，年末将其转入"利润分配"账户。应编制的会计分录如下。

借：本年利润　　　　　　　　　　　　　　　2 500 000

　　贷：利润分配——未分配利润　　　　　　　　　　2 500 000

 【例6-33】 承【例6-32】，按净利润的10%提取法定盈余公积。应编制的会计分录如下。

借：利润分配——提取法定盈余公积　　　　　250 000

　　贷：盈余公积——法定盈余公积　　　　　　　　　250 000

 【例6-34】 顺通公司根据利润分配方案，决定向投资者分配利润500 000元。应编制的会计分录如下。

借：利润分配——应付股利　　　　　　　　　500 000

　　贷：应付股利　　　　　　　　　　　　　　　　500 000

【例6-35】 承【例6-32】～【例6-34】，年末，顺通公司结转"利润分配"各明细账户。应编制的会计分录如下。

借：利润分配——未分配利润   750 000

  贷：利润分配——提取法定盈余公积   250 000

      ——应付股利   500 000

第七节　资金退出业务的账务处理

制造企业的资金在经过采购、生产和销售等三个环节之后，部分资金将退出企业，不再参加企业的生产周转，如税费的缴纳、股利或利润的分配与支付，以及按期归还借款等。

一、税费上缴的账务处理

制造企业从事商品生产经营活动，必须依法向国家缴纳有关税费，主要包括增值税、消费税、所得税、房产税、土地使用税、车船税、城市维护建设税、教育费附加等。以货币资金（银行存款）缴纳了有关税费后，这一部分资金便退出企业生产经营的资金周转。

【例6-36】 顺通公司以银行存款向税务部门缴纳税费1 620 000元。其中，增值税665 300元，消费税334 700元，所得税520 000元，城市维护建设税70 000元，教育费附加30 000元。

借：应交税费——应交增值税（已交税额）   665 300

      ——应交消费税   334 700

      ——应交所得税   520 000

      ——应交城市维护建设税   70 000

      ——应交教育费附加   30 000

  贷：银行存款   1 620 000

二、股利（或利润）分配与支付的账务处理

为了增强企业股东的投资信心，满足股东分享企业收益的愿望，企业在实现净利润等条件下，拿出一定的资金向股东分派红利是必要的。当然，企业在什么时候、分派多少现金股利，应由企业权力机构决定。在从企业权力机构作出现金股利分配决定到实际向企业股东支付现金股利前，资金并没有离开企业，而在实际支付后，资金便退出企业。

【例6-37】 顺通公司以银行存款向公司股东支付现金股利3 000 000元。应编制的会计分录如下。

借：应付股利   3 000 000

  贷：银行存款   3 000 000

三、借款偿还的账务处理

企业对为满足生产经营需要而向银行等金融机构借入的短（长）期借款，应按期支付利息，到期偿还借款本金或到期一次还本付息。当企业向银行等金融机构还本付息时，这一部分资金

也退出企业生产经营的资金周转。

【例6-38】 顺通公司6个月前向工商银行借入的一笔短期借款到期，按约定用银行存款一次还本付息，该笔借款本金150 000元，年利率10%。因利息数额不大，借款到期前没有按月预提利息，利息在实际支付时，直接计入当期损益。应编制的会计分录如下。

应支付的利息=150 000×10%÷12×6=7 500（元）

借：短期借款　　　　　　　　　　　　　　　　　　150 000

　　财务费用　　　　　　　　　　　　　　　　　　　　7 500

　　贷：银行存款　　　　　　　　　　　　　　　　　　　157 500

拓展阅读

廉洁自律

　　肖某，23岁，大学专科毕业后被分配到某市一国债服务部，担任柜台出纳，兼任金库保管员。2018年5月11日，肖某偷偷从金库中取出2017年国库券30万元，4个月后，肖某见无人知晓，胆子开始大了起来，又取出50万元，通过证券公司融资回购方法，拆借人民币89.91万元，用来炒股，没想到赔了钱。肖某在无力返还单位债券的情况下，索性分别于2018年12月14日和15日，将金库里剩余的14.03万元国库券和股票账户上的73.7万元人民币全部取出后潜逃，用化名在该市租住一处民房隐匿。至此，肖某共贪污2017年国库券94.03万元，折合人民币118.51万元。案发后，当地人民检察院立案侦查，肖某迫于各种压力，于2019年1月8日投案自首，检察院依法提起公诉。

　　点评：

　　该会计人员没有丝毫会计职业道德观念和法治观念，内心深处没有构筑道德防线，或者说道德防线十分脆弱，不堪一击。从会计职业道德规范的角度分析，该会计人员违背了"坚持诚信""守责敬业"等会计职业道德规范。此外，此案也说明了建立单位内部控制制度的重要性。

思考练习题

一、简答题

1. 生产企业的交易或事项主要包括哪几种？它们之间有何关系？

2. 在现代企业中，经营资金的筹集渠道主要有哪些？

3. 材料采购货物的结算方式有哪些？

4. 在材料采购交易或事项的处理过程中，对进项税额应该怎样进行处理？

5. 什么是生产费用？什么是生产成本？二者之间的关系如何？

6. 对固定资产应怎样进行确认和计量？

二、判断题（正确的填"√"，错误的填"×"）

1. 应收账款账户的余额必须在借方，表示尚未收回的应收账款数。（　　　）

2. 其他应收款不需要计提坏账准备。（　　　）

3. 企业取得的带息商业汇票，在期末计提利息收入时，借记"应收利息"账户，贷记"财务费用"账户。（　　　）

4. 企业在采购材料时，收料在先，付款在后；若材料发票凭证都已收到，可通过"应收账款"账户核算。（　　　）

5. 对于材料已收到，但月末结算凭证仍然未到的业务，不能记入"原材料"账户核算。（　　）

6. 在存货的发出计价方法中，企业只可以选择其中的一种方法来计价，而不能同时选择其他的方法。（　　）

7. 为工程项目储备的各种材料，作为原材料核算。（　　）

8. 企业应支付的各种赔款不通过"应付账款"账户核算。（　　）

9. 企业应付租入包装物的租金，应在"应付账款"账户中核算。（　　）

10. 为银行承兑汇票支付的手续费，应在"财务费用"账户中核算。（　　）

三、单项选择题

1. 下列税费中，通过"税金及附加"账户核算的是（　　）。
   A. 增值税　　　　　B. 消费税　　　　　　C. 企业所得税　　　　D. 个人所得税

2. 企业确认的所得税，应记入的借方账户是（　　）。
   A. "应交税费"　　　B. "销售费用"　　　　C. "财务费用"　　　　D. "所得税费用"

3. 企业将款项委托开户银行汇往采购地银行，开立采购专户时应借记（　　）账户。
   A. "银行存款"　　　B. "材料采购"　　　　C. "其他应收款"　　　D. "其他货币资金"

4. 某企业为增值税一般纳税人，外购一批原材料，实际支付的价款为6 000元，支付的增值税税额为780元，取得增值税专用发票可以抵扣，同时发生运杂费100元，合理损耗40元，入库前的挑选管理费60元，则原材料的入账价值为（　　）元。
   A. 6 160　　　　　B. 6 200　　　　　　C. 7 220　　　　　　D. 6 000

5. 下列各项中，能在"固定资产"账户中核算的是（　　）。
   A. 购入正在安装的设备　　　　　　　B. 经营性租入的设备
   C. 融资租入的正在安装的设备　　　　D. 购入的不需安装的设备

6. 按历史成本计价适用于（　　）。
   A. 新建的固定资产　　　　　　　　　B. 盘盈的固定资产
   C. 盘亏的固定资产　　　　　　　　　D. 毁损的固定资产

7. 无偿向职工提供住房等资产使用的，计提折旧时涉及的会计科目是（　　）。
   A. "银行存款"　　　　　　　　　　　B. "应付职工薪酬"
   C. "其他应收款"　　　　　　　　　　D. "其他应付款"

8. 企业偿还应付账款而享受的现金折扣应当记入（　　）账户。
   A. "营业收入"　　　B. "销售费用"　　　　C. "财务费用"　　　　D. "管理费用"

9. 工业企业不能计入产品成本和经营管理费用的工资费用是（　　）。
   A. 基本生产车间生产工人工资　　　　B. 企业管理部门人员工资
   C. 专设销售机构人员工资　　　　　　D. 生活福利部门人员工资

10. 企业应收的各种罚款，会计上应当记入（　　）账户。
    A. "应收账款"　　　B. "其他应收款"　　　C. "预付账款"　　　　D. "应收票据"

11. 下列项目中，应当记入"其他业务收入"账户的是（　　）。
    A. 经批准的现金长款　　　　　　　　B. 以经营租赁方式出租设备收取的款项
    C. 因职工失职而收取的罚款　　　　　D. 存货盘盈

12. 在下列账户中，发生额于期末时不应结转入"本年利润"账户的是（　　）。
    A. "主营业务收入"账户　　　　　　　B. "主营业务成本"账户
    C. "投资收益"账户　　　　　　　　　D. "制造费用"账户

13. 下列项目中，不属于外购存货成本的是（　　）。
    A. 运杂费　　　　　　　　　　　　　B. 入库前的挑选整理费
    C. 运输途中的合理损耗　　　　　　　D. 入库后的保管费用

14. 下列项目中，不属于销售费用的是（   ）。

     A. 产品包装费   B. 购进材料运杂费   C. 销售产品运杂费   D. 广告费

15. 某企业月初资产总额300万元，本月发生下列经济业务：（1）赊购材料10万元；（2）用银行存款偿还短期借款20万元；（3）收到购货单位偿还的欠款15万元，存入银行。本月资产总额为（   ）。

     A. 310万元   B. 290万元   C. 295万元   D. 305万元

16. 企业5月末负债总额为100万元，6月收回应收账款5万元，收到购货单位预付的货款8万元，6月末计算出应缴产品销售税金0.5万元。月末负债总额为（   ）。

     A. 108.5万元   B. 103.5万元   C. 113.5万元   D. 106.5万元

四、多项选择题

1. 某企业收到投资者投入的固定资产40万元，下列关于此项经济业务账务处理的表述中，正确的有（   ）。

     A. 借记"固定资产"账户40万元   B. 贷记"实收资本"账户40万元

     C. 贷记"固定资产"账户40万元   D. 借记"实收资本"账户40万元

2. 企业应当在月末计算本月应支付的职工薪酬总额，并形成一项负债，下列可能借记的账户有（   ）。

     A. "财务费用"   B. "销售费用"   C. "制造费用"   D. "生产成本"

3. 下列各项中，属于制造费用的有（   ）。

     A. 企业总部行政管理人员薪酬   B. 车间生产设备折旧费

     C. 产品销售人员薪酬   D. 车间管理人员薪酬

4. 下列关于"主营业务收入"账户的说法中，正确的有（   ）。

     A. 属于损益类账户，期末结转后无余额

     B. 该账户核算企业确认的销售商品、提供劳务等主营业务的收入

     C. 该账户贷方登记企业实现的主营业务收入，即主营业务收入的增加额

     D. 该账户借方登记期末转入"本年利润"账户的主营业务收入，以及发生销售退回和销售折让时应冲减本期的主营业务收入

5. 下列各项中，不计入商品流通企业（一般纳税人）购入商品成本的有（   ）。

     A. 买价   B. 增值税

     C. 进口关税   D. 入库后的挑选整理费

6. 外购固定资产的入账价值包括（   ）。

     A. 买价   B. 增值税   C. 安装费   D. 装卸费

7. 下列属于"营业外支出"账户核算内容的有（   ）。

     A. 固定资产盘亏   B. 固定资产非常损失

     C. 固定资产盘盈   D. 各种罚款支出

8. 制造企业采购业务核算应设置的主要账户有（   ）。

     A. 在途物资   B. 原材料   C. 应付账款   D. 应付票据

9. 某车间领用材料一批，价值36 000元，直接用于产品生产，做会计分录时，应使用的会计科目有（   ）。

     A. 制造费用   B. 在途物资   C. 原材料   D. 生产成本

10. 财务费用是指企业为筹集生产经营所需资金而发生的费用，包括（   ）。

     A. 利息支出   B. 利息收入   C. 金融机构手续费   D. 广告费

11. 与"原材料"账户发生对应关系的账户有（   ）。

     A. 银行存款   B. 在途物资   C. 应付账款   D. 应付票据

五、综合练习题

1. 甲公司20×2年12月发生以下业务。

（1）提取现金30 000元备用。

（2）采购商品一批，增值税专用发票列示的价款为5 000元，增值税税额650元，货已入库，款未付。

（3）销售商品1 000件，每件售价40元，每件成本25元，增值税税额为5 200元，款项已收并存入银行。

（4）从银行存款户中归还短期借款8 500元以及本月借款利息90元。

（5）收到其他单位所欠货款15 000元，款项已存入银行。

要求：逐笔编制甲公司上述业务的会计分录。

2. 某企业20×2年12月发生的业务如下。

（1）从中山公司购进甲材料300千克，每千克200元；乙材料600千克，每千克150元，增值税19 500元，货款已用银行存款支付。

（2）支付上述材料的运杂费等2 700元（按材料重量比例分摊）。

（3）结转验收入库材料的采购成本。

（4）向W公司购入丙材料一批，价款60 000元，增值税7 800元，运杂费1 500元，材料未到达，货款已通过银行存款支付。

要求：逐笔编制该企业上述业务的会计分录。

3. 乙公司20×2年9月发生以下业务。

（1）向C公司赊销A产品300件，每件售价1 000元，B产品80件，每件售价1 800元。

（2）结转本月已销售产品成本90 000元，其中，A产品12 000元，B产品78 000元。

（3）用银行存款50 000元支付公益捐款。

（4）按规定计算本月已销售产品应交消费税、城市维护建设税共计20 000元。

（5）职工刘某出差预借差旅费2 000元，开出现金支票一张。

（6）职工刘某出差回来报销差旅费1 800元，交回现金200元。

要求：逐笔编制乙公司上述业务的会计分录。

4. 根据下列生产业务编制会计分录。

（1）从银行提取现金3 000元。

（2）各部门领用原材料，甲产品耗用A材料32 000元，B材料28 000元，乙产品耗用A材料42 000元，B材料36 000元，生产车间一般耗用B材料5 000元，行政管理部门领用B材料3 000元。

（3）用银行存款支付办公费1 000元，其中车间办公费400元，行政管理部门办公费600元。

（4）月末，分配工资：生产工人工资30 000元（按工时分配，甲产品6 000工时，乙产品4 000工时），车间管理人员工资8 000元，行政管理人员工资12 000元。

（5）月末，计提固定资产折旧，车间折旧16 000元，行政管理部门折旧10 000元。

（6）月末，按工时分配本月制造费用。

（7）月末，结转完工产品成本。

5. 根据下列销售业务编制会计分录。

（1）销售甲产品230台，每台售价1 000元，成本500元，增值税税率为13%，另用现金垫付运费1 500元，款项尚未收到。

（2）销售甲产品350台，每台售价1 000元，成本500元，乙产品250台，每台售价600元，成本200元，增值税税率为13%，收到对方开来的商业汇票一张。

（3）收到上月销货欠款60 000元，款项已存入银行。

（4）用银行存款支付本月广告费10 000元。

（5）销售甲产品300台，每台售价1 000元，成本500元，增值税税率为13%，收到现金50 000元，其余款项尚未收到。

（6）用现金支付甲产品运费2 900元。

（7）结转本期销售的甲产品和乙产品成本。

（8）计提本月城市维护建设税1 800元，教育费附加1 000元。

6. 利和股份公司下属M工厂生产A、B两种产品，2×18年8月有关A、B两种产品的资料如下。

（1）月初在产品成本如表6-6所示。

表6-6　　　　　　　　　　　　　月初在产品成本　　　　　　　　　　　　　单位：元

在产品名称	数量（件）	直接材料	直接人工	制造费用	合计
A产品	200	48 000	12 000	6 500	66 700
B产品	60	32 000	8 000	3 300	43 360
合　计	—	80 000	20 000	9 800	110 060

（2）本月发生的生产费用如下。

A产品的直接材料费165 000元，直接人工费58 400元；B产品的直接材料费126 000元，直接人工费35 600元；本月共发生制造费用70 500元。

（3）月末A产品完工500件，B产品完工300件。

（4）月末A产品未完工40件，其总成本的具体构成为：直接材料6 500元，直接人工4 200元，制造费用3 000元，合计为13 700元；B产品没有月末在产品。

要求：以直接人工费为标准分配制造费用，并分别计算A、B两种产品的完工总成本和单位成本。

7. 利和股份公司8月发生下列材料物资采购业务。

（1）公司购入甲材料3 500千克，单价8元/千克，增值税进项税额为3 640元，款项未付。

（2）用银行存款1 750元支付上述甲材料的运杂费。

（3）购入乙材料120吨，单价420元/吨，进项税额6 552元，款项均通过银行付清。

（4）公司购进甲材料1 800千克，含税单价9.04元/千克，丙材料1 500千克，含税单价5.65元/千克，增值税税率为13%，款项均已通过银行付清，另外供应单位代垫运费3 300元（按重量分配）。

（5）用银行存款10 000元预付订购材料款。

（6）以前已预付款的丁材料本月到货，价款72 000元，增值税进项税额为9 360元。

（7）本月购入的甲、乙、丙、丁材料均已验收入库，结转其成本。

要求：编制本月发生业务的会计分录。

第七章

会计凭证

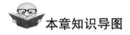 **本章知识导图**

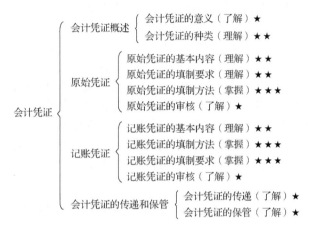

会计凭证 ┬ 会计凭证概述 ┬ 会计凭证的意义（了解）★
│   └ 会计凭证的种类（理解）★★
├ 原始凭证 ┬ 原始凭证的基本内容（理解）★★
│   ├ 原始凭证的填制要求（理解）★★
│   ├ 原始凭证的填制方法（掌握）★★★
│   └ 原始凭证的审核（了解）★
├ 记账凭证 ┬ 记账凭证的基本内容（理解）★★
│   ├ 记账凭证的填制方法（掌握）★★★
│   ├ 记账凭证的填制要求（掌握）★★★
│   └ 记账凭证的审核（了解）★
└ 会计凭证的传递和保管 ┬ 会计凭证的传递（了解）★
                       └ 会计凭证的保管（了解）★

 引导案例

2020年4月6日，河南省某市人民法院对某电器有限公司及该公司总经理李某作出一审判决，被告单位某电器有限公司犯隐匿、故意销毁会计凭证罪，判处罚金人民币2万元，该公司总经理李某判处有期徒刑一年零六个月，缓刑两年执行，并处罚金人民币2万元。

法院经审理查明，2019年2月至11月期间，被告单位某电器有限公司未将企业发生的全部销售业务依法设置会计账簿予以记录，对原始销售凭证不如实登记入账，隐匿销毁原始凭证、记账凭证。经司法部门鉴定，被告单位通过重复使用票据、拼接票据等方式向财政部门申报家电下乡补贴，共计有15 263 864元在公司现有的会计资料中未发现入账的相关记录。

法院审理后认为，被告单位某电器有限公司隐匿、故意销毁依法应当保存的会计凭证，情节严重，被告人李某身为被告单位负责人，为本单位隐匿、故意销毁依法应当保存的会计凭证，其行为已构成隐匿、故意销毁会计凭证罪。检察院指控罪名成立。

分析：

上述案例中，该电器有限公司总经理李某因隐匿、故意销毁依法应当保存的会计凭证而获罪，由此可见，会计凭证在单位经济活动中具有重要的作用。任何单位，每发生一项经济业务，如现金的收付、物资的进出、往来款项的结算等，经办人员必须按照规定的程序和要求，认真填制会计凭证，记录经济业务发生或完成的日期、经济业务的内容，并在会计凭证上签名或盖章，有的凭证还需要加盖公章，以对会计凭证的真实性和正确性负责。

第一节 会计凭证概述

一、会计凭证的意义

会计凭证是记录经济业务的发生和完成情况，明确经济责任的，具有法律效力的书面证明文件。

一切会计记录都必须以真凭实据为基础，使会计核算资料符合客观实际，这是会计核算应遵循的基本原则，也是会计核算区别于其他经济管理活动的重要特征。

任何单位在发生经济活动时都必须取得和填制会计凭证，并及时送交会计机构。会计机构必须对原始凭证进行审核，并根据经过审核的原始凭证编制记账凭证，这是会计法对会计凭证的要求。各单位在发生经济业务时，必须由经办人员按照规定的要求和程序，认真办理凭证手续，记录经济业务发生的日期、内容、数量和金额，并在凭证上签名、盖章，对会计凭证的正确性负完全责任。会计部门应对会计凭证进行审核，只有审核无误的会计凭证，才能作为登记账簿的依据。因此，审核和编制会计凭证是会计核算的起点，是关系到会计核算质量的基础工作，对于会计任务的完成、会计职能作用的发挥，都具有十分重要的意义，主要表现在以下几个方面。

（一）填制、审核会计凭证，可提供经济活动的原始资料，传递经济信息

通过填制、审核会计凭证，可以及时反映各项经济业务的完成情况，及时传递有用的会计信息，反映各种会计信息，传递经济信息，以利于及时开展经济活动分析，进行会计控制，保证生产经营活动顺利进行，确保既定目标的实现。

（二）填制、审核会计凭证，是进行会计核算的基本要求

《中华人民共和国会计法》第十四条规定："必须填制或者取得原始凭证并及时送交会计机构。会计机构、会计人员必须按照国家统一的会计制度的规定对原始凭证进行审核……"《企业会计准则》规定，"企业应当以实际发生的交易或者事项为依据进行会计确认、计量和报告，如实反映符合确认和计量要求的各项会计要素及其他相关信息，保证会计信息真实可靠、内容完整。"以上明确规定了会计核算的依据是"经过审核的会计凭证"，只有审核无误的会计凭证，才能保证会计资料真实可靠，才能作为登记账簿的依据。

（三）填制、审核会计凭证，是实行会计监督的重要手段

通过填制和审核会计凭证，可以检查各项经济业务是否符合国家有关法律、法规、制度的规定，是否符合预定计划和管理要求，是否最具经济效益，是否满足国家宏观经济调控管理的要求。通过检查，可以及时发现经济运行中存在的问题，纠正经济活动中违反财经纪律的现象，有利于财产的安全与完整，有利于改善经营管理，提高经济效益，有利于会计人员进行会计监督，保证会计凭证合理合法。

（四）填制、审核会计凭证，可以促进经济责任制的开展

各单位所发生的经济业务，是由各部门协同完成的，需要各部门通过填制和审核会计凭证、签名盖章，以确认完成情况，并借以明确其经济责任，实现经济责任的考核。例如，各部门财产的收发、领用和消耗，需要通过会计凭证的填制、审核和传递去认定，以所载明的内容和签章，仲裁经济纠纷，并通过会计凭证的传递，加强相互之间的联系，建立相互联系、相互制约、相互促进、相互监督的经济关系，促进经济责任制的落实。

二、会计凭证的种类

会计凭证的形式、来源有多种，其内容和作用也各异，可按不同的标准进行分类，其中按填制程序和其在经济管理中的作用进行分类，可分为原始凭证和记账凭证两大类。

（一）原始凭证

原始凭证，又称单据，是在经济业务发生时取得或填制的，是经济业务发生或完成情况的书面证明，用以明确经济责任，并作为原始依据的会计凭证。原始凭证是经济活动的重要资料，具有法律效力，是编制记账凭证、进行会计核算的基本依据。实行会计电算化的单位，也可直接据以记账。

1. 一次原始凭证、累计原始凭证和汇总原始凭证

原始凭证按其填制手续的不同，可分为一次原始凭证、累计原始凭证和汇总原始凭证三种。

一次原始凭证，简称一次凭证，是指只反映一项或者若干项同类性质的经济业务，填制手续一次完成的原始凭证，包括自制一次原始凭证和外来一次原始凭证。自制一次原始凭证是由单位经办人员填制的，外来一次原始凭证是从外单位取得的。如商品或材料物资验收入库时填制的"收货单""收料单"或"入库单"，销售商品时开出的"发货票"，出差人员凭以报销、出纳人员据以付款的"报销凭证"等，都属于自制一次原始凭证。一次原始凭证的格式与内容举例分别如表 7-1 至表 7-3 所示。

表 7-1　　　　　　　　　　　　　　　收料单

材料类别：　　　　　　　　　　　　　年　月　日

供应单位：　　　　　　　　　　　　　　　　　　　　　　　　　　　编号：

发票号码：　　　　　　　　　　　　　　　　　　　　　　　　　　　收料仓库：

材料名称	规格型号	计量单位	数量		实际价格		计划价格		备注
			应收	实收	单价	发票金额	单价	总价	
合计									

检验员：　　　　　　　　保管员：　　　　　　　　记账：　　　　　　　　采购员：

表 7-2　　　　　　　　　　　　　　　领料单

年　月　日

发料仓库：

材料名称	规格、型号	计量单位	数量		价格		用途	备注
			请领	实发	单价	发票金额		
合计								

领料部门：　　　　　领料部门负责人：　　　　　　领料人：　　　　　　发料人：

表 7-3　　　　　　　　　　　　　　　产品入库单

产品类别：　　　　　　　　　　　　　年　月　日

生产单位：　　　　　　　　　　　　　　　　　　　编号：　　　　　仓库：

产品名称	规格型号	计量单位	交库数量	实收数量	备注
合计					

检验员：　　　　　车间主任：　　　　　记账：　　　　　保管员：

　　累计原始凭证，简称累计凭证，是指在一定时期内连续记载若干项同类经济业务的原始凭证，它的填制手续不是一次完成的，而是随着经济业务的发生分次填制的，属于自制累计原始凭证。例如，企业按计划组织生产时，为了控制成本支出，采用按定额发料的方式，这种对应的原始凭证就是累计原始凭证。累计原始凭证有利于计划管理，便于考核定额的执行效果，还可以起到事前控制的作用，既简化了凭证的填制手续，节约人力，又减少了凭证的数量。累计原始凭证"限额领料单"的格式与内容如表7-4所示。

表7-4　　　　　　　　　　　　　　　　　　限额领料单

年　　月

领料单位：　　　　　　　　　　用途：　　　　　　　　　　计划产量：

材料类别：　　　　　　　　　　名称规格：　　　　　　　　计划单位：

消耗定额：　　　　　　　　　　单位：　　　　　　　　　　发料仓库：

日期	领用							限额结余	
	计量单位	领用单位	领料金额	累计数量	累计金额	领料人	负责人	数量	金额
合计									

　　汇总原始凭证，是根据许多相同原始凭证或会计核算资料汇总起来而填制的凭证，即在会计的实际工作中，为了简化记账凭证的填制工作，将一定时期若干份记录同类业务的原始凭证汇总在一张凭证上，用以集中反映某项业务总括情况的凭证。汇总原始凭证只能汇总同一类型的业务，而不能不汇总两类或两类以上不同类型的经济业务，因此，它可以提供某项经济业务的总量指标，简化核算手续。例如，"工资结算汇总表"是根据考勤记录、扣款通知等原始记录整理汇总编制的，用来集中反映工资的结算情况。再如，"发出材料汇总表"是根据各部门的"领料单""限额领料单"和"领料登记簿"汇总本月发出材料总量而编制的。根据汇总原始凭证进行会计核算，简化了编制记账凭证和登记账簿的工作量，为对账提供了方便。汇总原始凭证"发出材料汇总表"的格式与内容如表7-5所示。

表7-5　　　　　　　　　　　　　　　　　发出材料汇总表

年　　月

项目	原材料及主要材料			燃料			合计	
	计划成本	成本差异率（%）	成本差异额	计划成本	成本差异率（%）	成本差异额	计划成本	成本差异额
基本生产：								
A产品								
B产品								
车间消耗：								
一车间								
二车间								
三车间								
厂部消耗								
销售部门								
对外销售								
工程领用								
合计								

2. 自制原始凭证和外来原始凭证

原始凭证按其来源不同，分为自制原始凭证和外来原始凭证两种。

自制原始凭证是指由本单位内部经办部门或个人，在完成某项经济业务时自行填制的凭证，如"收料单""领料单""限额领料单""差旅费报销单"等。

外来原始凭证，是指在与外单位发生经济关系时，从外单位取得的凭证。外来原始凭证都是一次凭证。例如，企业采购材料时从外单位取得的发货票，用以抵扣销项税额的进项税额发票，购货单位签发的支票等都是从外单位取得的原始凭证。

原始凭证还可按其编制依据不同，分为以证明经济业务实际发生的原始凭证以及为便于记账而汇总某类资料的记账编制凭证两类。

自制原始凭证及外来原始凭证都是以实际发生的经济业务为依据所填制的凭证，如前所述的"收料单""领料单"等，而记账编制凭证是根据账簿等记录，将某项经济业务归类整理而编制的凭证，如每月根据固定资产明细账记录编制的"固定资产折旧计算表"，根据制造费用明细账记录编制的"制造费用分配表"，根据工资汇总表编制的"应付职工薪酬提取计算表"等。上述汇总表都是为了减少记账凭证登记、简化核算工作而编制的汇总凭证。

原始凭证之间相互依存，密切联系。例如，销货发票是本单位签发的，其记账联属于自制原始凭证，而发票正本以及抵扣联，对于购买单位来说，则是外来原始凭证，但无论哪一联，都是一次凭证。再如，购买方依据发票验收时填制的"收料单"，与发票一样，都是原始凭证，都是编制记账凭证的依据，但前一个原始凭证却是后一个原始凭证的编制依据。

（二）记账凭证

记账凭证，是由会计人员根据审核无误的原始凭证整理归类所编制的，是确定会计分录，作为记账依据的会计凭证。

原始凭证是会计核算的重要依据，由于种类繁多，数量很大，又来自不同单位，格式不一，其所反映的只是经济业务的实际内容，而不能清楚地表明应记入会计科目的名称和方向，因此，一般不直接用于记账，而是附于记账凭证后，作为记账凭证的附件。整理原始凭证，按会计核算的要求归类，以规定的会计科目，编制应借、应贷关系的会计分录，填制记账凭证，并据以记账，这对于简化会计核算，方便对账和查账，保证账簿记录的规范正确，减少差错，提高记账质量十分必要。

记账凭证按其分类标准不同，可以划分为不同的种类。

记账凭证，按其反映的内容是否与货币资金相关，分为收款凭证、付款凭证和转账凭证三种。

收款凭证，是用来记录库存现金和银行存款等货币资金收款业务的凭证。它是根据库存现金和银行存款收款业务的原始凭证填制的，其格式如表7-6所示。

表7-6　　　　　　　　　　　　　　收款凭证　　　　　　　　　　　　　　　　字第　　号

借方科目：　　　　　　　　　　　　年　　月　　日　　　　　　　　　　　　　附件___张

摘要	贷方科目			金额									
	总账科目	明细科目	√	千	百	十	万	千	百	十	元	角	分
结算方式及票号：		合计											

会计主管：　　　　　记账：　　　　　出纳：　　　　　复核：　　　　　制单：

付款凭证，是用来记录库存现金和银行存款等货币资金付款业务的凭证。它是根据库存现金和银行存款付款业务的原始凭证填制的，其格式如表7-7所示。

表 7-7　　　　　　　　　　　　　　　　　　付款凭证　　　　　　　　　　　　　　　　　　字第　号

贷方科目：　　　　　　　　　　　　　　　　年　　月　　日　　　　　　　　　　　　　　附件___张

摘要	借方科目		√	金额									
	总账科目	明细科目		千	百	十	万	千	百	十	元	角	分
结算方式及票号：		合计											

会计主管：　　　　　　　记账：　　　　　　　　出纳：　　　　　　　　复核：　　　　　　　制单：

收、付款凭证是出纳人员办理收、付款项的依据，也是登记库存现金日记账和银行存款日记账的依据。出纳人员不能仅凭收、付款业务的原始凭证收款或者付款，还必须根据由会计主管人员或指定人员审核批准的收、付款记账凭证来办理收、付款项，以加强对货币资金的管理，监督货币资金的使用。

转账凭证，是用来记录与库存现金、银行存款等货币资金收付无关的转账业务（如向仓库领料、产成品交库、分配费用等）的凭证。它是根据有关转账业务的原始凭证填制的，是登记总分类账和有关明细分类账的依据，其格式如表 7-8 所示。

表 7-8　　　　　　　　　　　　　　　　　　转账凭证　　　　　　　　　　　　　　　　　　字第　号

贷方科目：　　　　　　　　　　　　　　　　年　　月　　日　　　　　　　　　　　　　　附件___张

摘要	总账科目	明细科目	借方金额										√	贷方金额										√
			千	百	十	万	千	百	十	元	角	分		千	百	十	万	千	百	十	元	角	分	
合计																								

会计主管：　　　　　　　记账：　　　　　　　　出纳：　　　　　　　　复核：　　　　　　　制单：

为了易于辨认，收款凭证、付款凭证和转账凭证是用三种不同颜色印制的，适用于经济业务较多、有"出"与"纳"岗位之分的单位。经济业务比较简单的企业，为了简化核算，可以不分收款凭证、付款凭证和转账凭证，只用一种通用的记账凭证记录所有的经济业务即可，包括货币资金的收付业务。通用记账凭证的格式如表 7-9 所示。

表 7-9　　　　　　　　　　　　　　　　　　记账凭证　　　　　　　　　　　　　　　　　　字第　号

　　　　　　　　　　　　　　　　　　　　　年　　月　　日　　　　　　　　　　　　　　附件___张

摘要	总账科目	明细科目	借方金额										√	贷方金额										√
			千	百	十	万	千	百	十	元	角	分		千	百	十	万	千	百	十	元	角	分	
合计																								

会计主管：　　　　　　　记账：　　　　　　　　出纳：　　　　　　　　复核：　　　　　　　制单：

（三）分录凭证和汇总记账凭证

记账凭证按其用途不同，分为分录凭证和汇总记账凭证两种。

分录凭证是直接根据原始凭证编制的，又称为非汇总记账凭证。如前所述的收款凭证、付款凭证和转账凭证都是非汇总记账凭证。一般来说，分录凭证是登记明细账簿的依据。

汇总记账凭证是对非汇总记账凭证的定期汇总。按照汇总方法的不同，汇总记账凭证分为分类汇总记账凭证和全部汇总记账凭证两种。

分类汇总记账凭证有：根据收款凭证汇总编制的汇总收款凭证（见表7-10）、根据付款凭证汇总编制的汇总付款凭证和根据转账凭证汇总编制的汇总转账凭证（见表7-11）三种。

表 7-10　　　　　　　　　　　　　汇总收款凭证

借方科目：库存现金　　　　　　　　　　年　月　日

贷方科目	金额			合计
	1～10 日	11～20 日	21～31 日	
	凭证 1-×号	凭证×-×号	凭证×-×号	
合计				

表 7-11　　　　　　　　　　　　　汇总转账凭证

贷方科目：库存现金　　　　　　　　　　年　月　日

借方科目	金额			合计
	1～10 日	11～20 日	21～31 日	
	凭证 1-×号	凭证×-×号	凭证×-×号	
合计				

全部汇总记账凭证是根据收、付、转记账凭证集中汇总编制的，如"科目汇总表"，其格式如表7-12所示。

表 7-12　　　　　　　　　　　　　科目汇总表

年　月　日

会计科目	总账页数	本期发生额		记账凭证 起讫号数
		借方	贷方	
合计				

原始凭证和记账凭证之间存在着密切的联系：原始凭证是记账凭证的基础，记账凭证是对原始凭证内容的概括和说明；在编制记账凭证时，原始凭证是记账凭证的附件。原始凭证和非汇总记账凭证是登记明细账的依据，汇总记账凭证是登记总分类账的依据。手工记账系统下，原始凭证和记账凭证二者不可分割，不可互相替代。

综上所述，会计凭证的分类如图7-1所示。

历年初会考试真题（单项选择题）

下列各项中属于汇总原始凭证的是（　　　　）。

A．发料凭证汇总表　　B．制造费用分配表

C．限额领料单　　　　D．科目汇总表

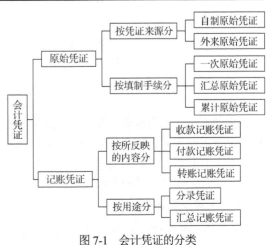

图 7-1　会计凭证的分类

正确答案：A

解析： 发料凭证汇总表是定期汇总填写的，属于汇总原始凭证。

第二节 原始凭证

一、原始凭证的基本内容

经济业务多种多样，记录经济业务的原始凭证也不尽相同，特别是在形式上。尽管形式各异，内容不完全一致，但其基本内容是相同的，这些相同的基本内容称为凭证要素。一般来说，原始凭证应具备的凭证要素包括以下几点。

原始凭证

（1）凭证的名称；

（2）填制凭证的日期；

（3）填制凭证单位的名称或填制人姓名；

（4）经办人员的签名或盖章；

（5）接受凭证单位的名称；

（6）经济业务内容、数量、单价和金额。

原始凭证是具有法律效力的书面证明，是进行会计核算的依据，相关人员必须认真、正确地填写上述各项凭证要素。除此之外，为了满足计划、业务、统计、审计、税务等部门进行经济管理的需要，还必须针对各管理部门的要求，适当补充必要的内容，使原始凭证充分发挥作用。

二、原始凭证的填制要求

原始凭证是会计核算的起点和基础，其填制正确与否直接影响着会计核算的质量。为了保证原始凭证能正确、及时和清晰地反映经济业务的真实情况，在填制原始凭证时，必须符合以下要求。

（一）一般规范要求

1. 记录真实合法

原始凭证的记录必须真实、合法，遵守各项法律、政策、法规的规定，如实记录经济业务，不得弄虚作假，有关数据的填写不能统计加估计；会计人员不能违反各项制度变造、伪造虚假的原始凭证。

2. 内容完整齐备

原始凭证所要求的项目必须填写齐全，不得省略和漏项；填制手续必须齐备，有关人员必须审查、签章，以明确责任。

3. 编制认真及时

原始凭证的填制必须书写规范，字迹清晰工整，易于辨认；数字金额的大写、小写必须符合规定的要求，不得潦草、简写，不得以别字、错字、谐音字代替；一式多联的凭证必须复写，防止差错；一般凭证如果发生书写错误，应按规定的方法予以更正，不得挖补、刮擦、涂改，以防让他人有可乘之机；货币资金收、付凭证发生书写错误时，应按规定的手续注销、留存并重新填写；必须及时填制原始凭证并送交财会部门，以免事境迁，查找困难。

（二）技术要求

（1）阿拉伯数字应逐个书写，不可连笔，并需要在前面以人民币符号"¥"拦头，不留空白。

（2）以"元"为单位的金额数字一律写到"角""分"，无"角""分"时写"0"，不得空格。

（3）汉字大写金额应符合规定要求，易辨认不易涂改，正确地写元、角、分、零、整。在金额前应以"人民币"拦头，不留空白。大写金额最后为"元"的应加写"整"（或"正"）字断尾。

（4）凡规定填写大写金额的各种凭证，必须在填写小写金额的同时，填写大写金额。

三、原始凭证的填制方法

（一）一次原始凭证的填制方法

一次原始凭证是在经济业务完成时，由经办人员填制的，一般只反映一项经济业务，或者同时反映若干同类性质的经济业务。下面以"发货票"和"收料单"为例，说明一次原始凭证的填制方法。

"发货票"简称发票，是表示经济交易已经完成的凭证，对供应单位来说是销货凭证，对购货单位来说是采购货物的凭证。"发货票"是在经济交易完成时，由销货单位的业务人员或财务人员填制的一次原始凭证。填制增值税发票时，应正确填写购销双方的单位名称、地址、电话、纳税人识别号、开户银行及其账号；根据双方达成的经济交易情况，填写货物名称、规格、型号、数量、计量单位、单价、金额和税额，并在金额大、小写的前面标明拦头符号。还需注明发票填制人的姓名、填制日期并加盖发票专用章。增值税发票一般一式三联，包括发票联、抵扣联和记账联。

"收料单"是采购人员在办理外购材料入库手续时，由仓库保管员填制的一次原始凭证。保管员审核有关手续后，应根据供应单位的发票内容，逐一清点实物，计量和确认，并填制"收料单"。"收料单"一般一式三联，第一联（存根）存查；第二联（财务）交采购人员随同发票报账，并作为会计核算的依据；第三联（仓库）是仓库收入存货、登记明细账的依据。"收料单"的格式如表7-1所示。

（二）累计原始凭证的填制方法

累计原始凭证的填制手续不是一次完成的，它是由经办人员在每次办理同类经济业务时，在同一张原始凭证上填制完成的，如计时工资制下的"职工出勤计时卡"，是通过每天打卡累计完成其填制过程的。还有工业企业的"限额领料单"，一式三联，由计划部门以一个产品一料一单方式下达。生产车间根据生产进度，于每次领料时填写领用数量，一月累计一次。"限额领料单"填制完成后，第一联留仓库，作为发料和登记材料明细的凭证；第二联交车间，作为车间核算的依据；第三联交计划管理部门作为考核依据。"限额领料单"的格式如表7-4所示。

（三）汇总原始凭证的填制方法

汇总原始凭证是为了集中反映某项经济业务的总括情况，而将同内容的原始凭证汇总在一起的原始凭证。如"发出材料汇总表"，它是财会部门根据一个月的"领料单""限额领料单""材料调拨单""发料登记簿"和材料销售的"发货票"等原始凭证汇编制的。它既是汇总原始凭证，也是一次凭证，如表7-5所示。

四、原始凭证的审核

《中华人民共和国会计法》规定，会计机构、会计人员必须按照国家统一的会计制度的规定对原始凭证进行审核，记账凭证应当根据经过审核的原始凭证及有关资料编制。据此，原始凭证经指定的会计人员审核后，才能作为编制记账凭证或登记账簿的依据，这是保证会计核算资料真实、合法，充分发挥会计监督作用的重要环节。原始凭证审核的内容和一般程序如下。

（一）审核原始凭证的内容是否与计划一致

审核原始凭证载明的内容是否有计划安排，有无超计划、不按计划或不按进度发生经济业务的现象。对照计划审核原始凭证，是防止盲目采购、超计划开支和监督计划顺利实施的重要保证。

（二）审核原始凭证的内容是否真实、合理、合法

审核原始凭证记载的经济业务是否符合国家有关政策、法令和制度的规定，有无违法乱纪的行为，有无弄虚作假、营私舞弊、伪造或涂改原始凭证的行为，有关经办人员是否签名盖章，使用的公章是否为有效印章，有无用行政公章代替财务结算专用章的现象，检查结算凭证是否正确，有无过期或已被宣布为作废的票证，有无舍近求远交易业务，以劣充优多计金额等行为。对于违法开支、不合理开支，会计人员应予以揭露，拒绝受理，保证原始凭证真实、合理、合法。

（三）审核原始凭证的正确性和完整性

原始凭证中的基本内容应正确完整，它是保证会计核算质量的基础。检查原始凭证中的凭证要素是否齐全规范，数量、单价和金额的计算是否正确，大、小写是否规范，有无漏项，审核原始凭证的手续是否完备，是否经过有关人员的批准，有无相关人员的签字；有的业务，需要两张以上的原始凭证才能凭以证明经济业务的，应要求经办人员办理齐全，不得缺漏。

 知识拓展

有些单据虽然具备原始凭证的基本内容，但是不属于原始凭证，如经济合同、银行存款余额调节表等。由于它们不能证明经济业务的发生或完成情况，所以不能作为原始凭证，要特别注意。

历年初会考试真题（单项选择题）

下列各项中，应由会计人员填制的原始凭证是（　　　）。

A. 固定资产折旧计算表　　　B. 差旅报销表　　　C. 产品入库单　　　D. 领料单

正确答案： A

解析： B项是由报销人员填写的；C项是由仓库管理员填写的；D项是由领料人填写的。

第三节 | 记账凭证

一、记账凭证的基本内容

记账凭证是对原始凭证进行的分类整理，按会计科目系统归类，但其与原始凭证的基本内容是相同的，必须具备下列基本内容：

（1）记账凭证的名称；

（2）填制凭证的日期和凭证编号；

（3）经济业务的内容摘要；

（4）会计科目的名称、记账方向及金额；

（5）所附原始凭证的张数；

（6）制证、审核、记账、会计主管等人员的签章。

二、记账凭证的填制方法

（一）收款凭证的填制方法

收款凭证是记录货币资金收款业务的凭证。在借贷记账法下，收款凭证的设置科目是借方科目，在凭证左上方"借方科目"栏内，应填列"库存现金"或"银行存款"科目，在"贷方

科目"栏内应填列与货币资金相对应的会计科目，"金额"栏合计数表示借、贷双方的记账金额。

【例7-1】 大江公司销售甲产品1 000件，单价50元，货款共计50 000元，增值税为6 500元，款项已收存银行。应编制的会计分录如下。

借：银行存款 56 500

贷：主营业务收入 50 000

应交税费——应交增值税（销项税额） 6 500

根据这项业务涉及的会计科目，编制的收款凭证如表7-13所示。

表7-13 　　　　　　　　　　　　　　收款凭证　　　　　　　　　　　　　　　银收字第 007 号

借方科目：银行存款　　　　　　　　　　20×2 年 6 月 15 日　　　　　　　　　　　　　附件3张

摘要	贷方科目		√	金额									
	总账科目	明细科目		千	百	十	万	千	百	十	元	角	分
销售甲产品 1 000件	主营业务收入	甲产品					5	0	0	0	0	0	0
	应交税费	应交增值税 （销项税额）						6	5	0	0	0	0
结算方式及票号：	合计					¥	5	6	5	0	0	0	0

会计主管：　　　　记账：　　　　　出纳：　　　　　　复核：　　　　　制单：

（二）付款凭证的填制方法

付款凭证是记录货币资金付款业务的凭证。在借贷记账法下，付款凭证的设置科目是贷方科目，在凭证左上方"贷方科目"栏内，应填列"库存现金"或"银行存款"科目，在"借方科目"栏内应填列与货币资金相对应的会计科目，"金额"栏合计数表示借、贷双方的记账金额。

【例7-2】 大鹏公司采购原材料（A材料）一批，货款为11 000元，另付增值税1 430元，签发转账支票付清款项。应编制的会计分录如下。

借：材料采购——A材料 11 000

应交税费——应交增值税（进项税额） 1 430

贷：银行存款 12 430

根据这项业务涉及的会计科目，编制的付款凭证如表7-14所示。

表7-14 　　　　　　　　　　　　　　付款凭证　　　　　　　　　　　　　　　银付字第0012号

贷方科目：银行存款　　　　　　　　　　20×2 年 6 月 15 日　　　　　　　　　　　　　附件3张

摘要	借方科目		√	金额									
	总账科目	明细科目		千	百	十	万	千	百	十	元	角	分
采购原材料	材料采购	A材料	√				1	1	0	0	0	0	0
	应交税费	应交增值税 （进项税额）	√					1	4	3	0	0	0
结算方式及票号：	合计					¥	1	2	4	3	0	0	0

会计主管：　　　　记账：　　　　　出纳：　　　　　　复核：　　　　　制单：

（三）转账凭证的填制方法

转账凭证是记录与货币资金收、付款无关的转账业务的凭证。它将经济业务所涉及的会计科目，除"库存现金"和"银行存款"科目之外，全部填列于凭证内，借方科目在前，贷方科目在后，应借应贷的金额分别填列于"借方金额"和"贷方金额"栏内，借贷方金额合计数应相等。

【例7-3】 大华公司生产甲产品领用A材料，价格为30 000元。应编制的会计分录如下。

借：生产成本——甲产品   30 000

  贷：原材料——A材料   30 000

根据这项业务涉及的会计科目，编制的转账凭证如表7-15所示。

表7-15   转账凭证   转字第285号

20×2年6月15日   附件2张

摘要	总账科目	明细科目	借方金额										√	贷方金额										√
			千	百	十	万	千	百	十	元	角	分		千	百	十	万	千	百	十	元	角	分	
生产领料	生产成本	甲产品				3	0	0	0	0	0	0	√											
	原材料	A材料											√				3	0	0	0	0	0	0	√
合计			¥	3	0	0	0	0	0	0				¥	3	0	0	0	0	0	0			

会计主管：   记账：   出纳：   复核：   制单：

（四）通用记账凭证的填制方法

通用记账凭证是用来记录所有经济业务的记账凭证。在通用记账凭证下，不再分收款凭证、付款凭证和转账凭证，而是将所有经济业务所涉及的会计科目，包括货币资金科目，全部填列于凭证内，借方科目在前，贷方科目在后，应借应贷的金额分别填列于"借方金额"和"贷方金额"栏内，借、贷方金额合计数应相等。以【例7-1】资料为例，编制记账凭证，如表7-16所示。

表7-16   记账凭证   记字第007号

20×2年6月15日   附件3张

摘要	总账科目	明细科目	借方金额										√	贷方金额										√
			千	百	十	万	千	百	十	元	角	分		千	百	十	万	千	百	十	元	角	分	
销售甲产品1 000件	银行存款				5	6	5	0	0	0	0	0	√											
	主营业务收入	甲产品															5	0	0	0	0	0	0	√
	应交税费	应交增值税（销项税额）																6	5	0	0	0	0	√
合计			¥	5	6	5	0	0	0	0				¥	5	6	5	0	0	0	0			

会计主管：   记账：   出纳：   复核：   制单：

三、记账凭证的填制要求

在填制记账凭证时，必须注意凭证要素和基本内容的填写。

（1）记账凭证的名称。在填制记账凭证时，首先应根据原始凭证中每项经济业务所涉及的内容，正确选择记账凭证：采用收、付、转记账凭证的，凡与货币资金收付有关的经济内容，应选用颜色不同的收款凭证或付款凭证；涉及库存现金和银行存款之间的划转业务，按规定只填付款凭证，以免重复记账；与货币资金无关的经济内容，应填制转账凭证。采用单式记账凭证的，应正确选择借项记账凭证和贷项记账凭证。应当强调的是，对于不同类别的经济业务，不论采用何种类别的记账凭证，均不能混在一张记账凭证上。

（2）填制凭证的日期及编号。在填制记账凭证时，收、付款凭证的填写日期应以货币资金收、付的日期填写；转账凭证的日期一般以收到原始凭证的日期填写；月终时，有些特殊业务因时间或特殊原因不能及时编制记账凭证，需等到下月初才能编制记账凭证时，可按月终的日期填写。记账凭证应按月连续编号，不得空缺或重复，使用收、付、转凭证的，应按类别采用"字号编号法"顺序编号，如"银收字第 007 号""银付字第 012 号""转字第 285 号"等。一项经济业务需要几张凭证时，也可采用"分数编号法"处理，如编号 $7\frac{1}{4}$、$7\frac{2}{4}$ 等。

（3）内容摘要。摘要栏是对经济业务的简要说明，应简明扼要地正确填写经济业务的基本内容，主次分明，不可含混，以免发生会计科目使用错误或会计科目方向错误。例如，企业向 8022 厂销售 1 000 件甲产品，不能写成"8022 厂销售 1 000 件甲产品"。

（4）会计科目的选择、借贷方向和金额的填写。根据经济业务的内容和行业的不同，使用行业会计制度统一规定的会计科目，正确编制会计分录。

（5）所附原始凭证的张数。必须注明记账凭证所附原始凭证的张数，防止不法分子盗用；两张或几张记账凭证共用一份原始凭证时，应在记账凭证中注明"附件××张，见第××号记账凭证"等字样；有些原始凭证需另行保管的，可在记账凭证中注明；已存档的会计凭证，其附件需要抽出的，应先按档案管理规定办理手续后，才能抽出另行保管。

（6）签章。以上内容填写完毕后，应进行复核检查，并试算平衡，制证、审核、主管、记账等有关人员应在记账凭证上签名盖章，加盖有"收讫""付讫"等字样的戳记，以明确各自的责任。

四、记账凭证的审核

记账凭证是登记账簿的直接依据，经济业务的合法性、内容的完整性和正确性将影响登记账簿的质量，因此，除制证人员审核外，企业还应建立专人审核制度，在审核原始凭证的基础上，对记账凭证进行必要的审核。

（1）审核记账凭证是否附有原始凭证，原始凭证与记账凭证的内容是否相符，附件是否齐全，手续是否完备，有无经办人员和有关人员的签章。

（2）审核会计科目的运用是否恰当，方向和金额的填是否正确，借、贷金额是否平衡。

（3）审核摘要栏的填写是否清楚、准确无误，是否完整地表达了经济业务的内容。

（4）发现记账凭证有错误时，应查明原因，并按规定办法及时处理或更正。

（5）审核人员不能仅凭记账凭证和原始凭证就事论事地审核，还必须对照计划和日常会计事项，审核有无遗漏未编制的记账凭证，以保证会计资料的完整无缺。

审核会计凭证，实际上就是正确处理国家与企业、企业与社会、企业内部、企业与职工之间的经济利益关系，因此，审核人员应熟悉和掌握国家有关方针、政策、法令和制度规定，处理好各种利益的分配关系。

 知识拓展

　　将记账凭证按反映的经济业务不同，划分为收款凭证、付款凭证和转账凭证三种，有利于按经济业务发生情况对单位会计人员的工作进行分工，也便于提供分类核算的数据，为会计人员的记账工作提供方便。但相关经济业务需要分类填制凭证，工作量较大，因此，此类凭证适用于规模较大、收付业务较多的单位。

对于经济业务较简单、规模较小、收付业务较少的单位，可采用通用记账凭证来记录所发生的经济业务。记账凭证不再区分收款业务、付款业务及转账业务，而将所有发生的经济业务统一编号，在同一格式的凭证中进行记录，工作量较小。

历年初会考试真题（单项选择题）

下列各项中，关于记账凭证填制基本要求的表述不正确的是（ ）。

A. 可以将不同内容和类别的原始凭证合并填制在一张记账凭证上

B. 登记账簿前，记账凭证填制错误的应重新填制

C. 记账凭证应连续编号

D. 除结账和更正错账可以不附原始凭证，其他记账凭证必须附原始凭证

正确答案： A

解析： 记账凭证可以根据每一张原始凭证填制或根据若干张同类原始凭证汇总填制，也可根据原始凭证汇总表填制，但不得将不同内容和类别的原始凭证汇总填制在一张记账凭证上。

第四节　会计凭证的传递和保管

一、会计凭证的传递

会计凭证的传递，是指会计凭证从填制到归档保管的全过程，即指会计凭证在本单位内部和有关人员之间的传递手续和传递时间。会计凭证的传递，是会计制度的重要组成部分，应在会计制度中作出明确规定。

科学的传递程序，应当是最迅速、最严密而又合理的凭证运行机制，其传递手续快捷而又不疏漏必要环节，科学严密而又不烦琐，简便易行而又合理，既有利于会计反映和会计监督，又节省人力资源和时间，从而使会计凭证及时传递经济信息，充分发挥它的作用。

制定会计凭证的传递程序，必须注意以下基本内容。

（1）根据企业生产经营的特点、会计核算和管理上的需要，设计会计凭证的种类和数量，恰当地规定会计凭证的联数和传递环节。

（2）根据企业内部岗位的设置和人员的配备情况，合理分工，设置凭证传递的路线及在各环节停留的时间，防止耽搁，保证会计凭证传递及时、快速。

（3）建立会计凭证交接的签收制度，使传递程序相互衔接，手续完备，责任明确。

二、会计凭证的保管

会计凭证的保管，是指会计凭证登账后的整理、装订和归档存查。会计凭证是重要的经济资料和档案资料，为便于今后查阅的需要，必须对会计凭证进行整理，立卷归档，形成会计档案，并妥善保管，不得丢失或任意销毁。会计凭证保管的方法和要求如下：

（1）每月记账完毕，应清理各种记账凭证，检查各类凭证的编号，确定有无重号或漏号现象，然后分类按顺序排列整齐，以备装订；

（2）检查记账凭证后所附原始凭证是否齐全，与记账凭证是否一致；

（3）将检查完毕的会计凭证分类装订成册，并加具封面和封底；

（4）在凭证封面上注明如下事项：单位名称、凭证的种类、所属年份、所属月份起讫日期和起讫号码、总计册数和该册的号数、凭证张数、装订人员的签章；

（5）为了防止任意拆封，在装订线上应加贴封签，由会计主管人员盖章；

（6）装订成册的会计档案应集中保管，专人负责，装订人员与保管人员之间应办理好档案交接手续；

（7）调阅存档的会计凭证时，必须办理手续，不得随意抽走其中的附件；

（8）严格执行会计制度对会计档案保管期限和销毁手续的规定，任何人无权随意销毁会计凭证。

拓展阅读

某网十年造假

某网在2007年至2016年十年期间，对外报送、披露的IPO文件，以及其2010年至2016年年报均存在虚假记载。经查，某网在这期间虚增收入18.72亿元，虚增利润17.37亿元，即虚增的收入大多转化成了利润。

在首次发行阶段（2007年-2009年），某网通过虚构业务及虚假回款等方式虚增业绩以满足上市发行条件，并持续到上市后。2010年上市后，某网除了利用自有资金循环和串通"走账"虚构业务收入外，还通过伪造合同、以未实际执行框架合同或单边确认互换合同方式继续虚增业绩。

财务造假之外，某网还存在未按规定披露关联交易、未披露为其他公司提供担保事项等相关违规操作。

基于此，证监会对某网合计罚款2.41亿元、对其负责人贾某合计罚款2.41亿元。公司相关责任人被处以3万元至60万元不等的罚款。

点评：

长达十年的财务造假，每年虚增收入几乎全部转化为当年的利润，某网的财务造假行为，给企业的声誉造成了恶劣的影响。

思考练习题

一、简答题

1. 简述原始凭证的基本内容和审核要点。

2. 简述记账凭证的基本内容。

3. 简述原始凭证填制的基本要求。

4. 简述记账凭证的类别，并说明不同类别所反映的业务。

二、判断题（正确的填"√"，错误的填"×"）

1. 企业在交易中取得的增值税专用发票属于外来原始凭证。（　　　）

2. 累计原始凭证是指在一定时期内多次记录发生的同类型经济业务的原始凭证。（　　　）

3. 在一定时期内连续记录若干项同类经济业务的会计凭证是汇总原始凭证。（　　　）

4. 总账的依据只能是科目汇总表。（　　　）

5. 一次凭证是指一次填制完的，可以记录多笔经济业务的原始凭证，是一次有效的凭证，是在经济业务发生或完成时，由经办人员填制的。（　　　）

6. 银行存款付款凭证是根据银行存款付出业务的原始凭证编制的付款凭证，如现金支票、银行进账通知单。（   ）

7. 转账凭证是指用于记录不涉及现金和银行存款业务的会计凭证。（   ）

8. 原始凭证的组成内容与记账凭证的是完全一致的。（   ）

9. 对库存现金与银行存款之间相互划转的业务，应填制付款记录凭证。（   ）

10. 企业的累计原始凭证可多次使用。（   ）

三、单项选择题

1. 收款凭证的设置科目是（   ）。
   A. 借方金额　　　B. 贷方金额　　　　　　C. 借方科目　　　　　　D. 贷方科目

2. 付款凭证的设置科目是（   ）。
   A. 借方金额　　　B. 贷方金额　　　　　　C. 借方科目　　　　　　D. 贷方科目

3. 会计凭证应于（   ）记账完毕，整理装订成册，立案归档保管。
   A. 每次　　　　　B. 每月　　　　　　　　C. 每日　　　　　　　　D. 每年

4. 下列各项中，不属于自制原始凭证的是（   ）。
   A. 领料单　　B. 火车票　　　　　　　　C. 入库单　　　　　　　　D. 成本计算单

5. 记账人员根据记账凭证登记完毕账簿后，要在记账凭证上注明已经登账的符号，这主要是为了（   ）。
   A. 明确记账责任　　　　　　　　　　　　B. 避免错行或隔页
   C. 避免重记或漏记　　　　　　　　　　　D. 防止凭证丢失

6. 下列各项中，作为转账凭证填制基础的是（   ）。
   A. 期末的结账业务　　　　　　　　　　　B. 库存现金收支业务
   C. 不涉及货币资金收支的业务　　　　　　D. 银行存款转账业务

7. 下列各项中，不属于原始凭证要素的是（   ）。
   A. 经济业务发生日期　　　　　　　　　　B. 经济业务内容
   C. 会计人员记账标记　　　　　　　　　　D. 原始凭证附件

8. 某企业向甲建材厂购买材料一批，取得的增值税专用发票上注明价款10万元，增值税税额1.3万元，以一张面值11.3万元、利率6%、期限为4个月的商业承兑汇票付款，则以下对该张带息商业承兑汇票的描述中，错误的是（   ）。
   A. 以商业汇票支付货款时按面值贷记"应付票据"账户
   B. 应按期计提利息，记入当期"财务费用"账户
   C. 票据到期时按到期值支付票款，到期值与账面余额的差额记入当期"财务费用"账户
   D. 票据到期无力付款，按票据票面值转入"应付账款"账户

9. 出纳人员支出货币资金的依据是（   ）。
   A. 加盖"收讫"戳记的收款凭证　　　　　B. 加盖"付讫"戳记的付款凭证
   C. 转账凭证　　　　　　　　　　　　　　D. 原始凭证

10. 差旅费报销单按填制的手续及内容分类，属于原始凭证中的（   ）。
    A. 一次凭证　　B. 累计原始凭证　　　　C. 汇总原始凭证　　　　　D. 专用凭证

四、多项选择题

1. 下列各项中，属于一次凭证的有（   ）。
   A. 收据　　　　　B. 发货票　　　　　　　C. 工资结算单　　　　　D. 工资汇总表

2. 下列表述中，正确的有（   ）。
   A. 收款凭证的借方科目只能是库存现金或银行存款

B. 付款凭证的贷方科目只能是库存现金或银行存款

C. 收款凭证是出纳人员登记库存现金日记账或银行存款日记账的依据

D. 转账凭证中不会涉及库存现金或银行存款科目

3. 下列经济业务中，应填制付款凭证的有（　　　）。

　A. 提现金备用　　　　　　　　　　　B. 购买材料预付定金

　C. 购买材料未付款　　　　　　　　　D. 以存款支付前欠某单位账款

4. 按照用途和填制程序不同，可以将会计凭证分为（　　　）。

　A. 原始凭证　　　　　　　　　　　　B. 记账凭证

　C. 一次凭证　　　　　　　　　　　　D. 累计原始凭证

5. 记账凭证按与货币资金的收、付业务是否有关，可以分为（　　　）。

　A. 汇总记账凭证　　　　　　　　　　B. 收款凭证

　C. 付款凭证　　　　　　　　　　　　D. 转账凭证

6. 折旧计算表属于（　　　）。

　A. 自制原始凭证　　　　　　　　　　B. 外来原始凭证

　C. 通用凭证　　　　　　　　　　　　D. 专用凭证

7. 下列属于外来原始凭证的有（　　　）。

　A. 采购原材料收到的增值税发票　　　B. 业务员出差的住宿发票

　C. 采购原材料的入库单　　　　　　　D. 购入原材料时使用的银行汇票

8. 填制原始凭证要求做到（　　　）。

　A. 记录真实　　　　　　　　　　　　B. 内容完整

　C. 手续完备　　　　　　　　　　　　D. 书写清晰规范

9. 可以不附原始凭证的记账凭证有（　　　）。

　A. 一张原始凭证涉及几张记账凭证

　B. 更正错误的记账凭证

　C. 一张原始凭证需要有多个单位共同使用时

　D. 期末结账的记账凭证

10. 在制定会计凭证的传递程序时，应当考虑的3个问题是（　　　）。

　A. 制定科学合理的传递时间　　　　　B. 确定合理的停留时间

　C. 建立凭证交接的签收制度　　　　　D. 完善企业内部控制

五、综合练习题

1. 资料：新华公司20×2年6月发生下列经济业务。

（1）4日，收到W公司归还前欠货款20 000元，存入银行。

（2）9日，向H工厂购买甲材料30 000元，增值税税额为3 900元，货款以商业承兑汇票支付，材料已验收入库。

（3）11日，从银行提取现金48 000元备用。

（4）15日，销售A产品一批，计50 000元，增值税税额为6 500元，收入现金全部送存银行。

（5）20日，车间领用甲材料20 000元用以生产A产品。

（6）21日，厂部管理人员王某出差回来，报销差旅费3 370元，交回现金130元。

（7）25日，销售给G公司B产品一批，计60 000元，增值税税额为7 800元，货款未收。

（8）28日，以银行存款支付车间电费2 350元、水费590元。

要求：

（1）根据上列经济业务，确定应编制记账凭证的种类。

（2）根据上列经济业务编制记账凭证。

2. 鸿达公司某年10月发生如下交易或事项。

（1）10月3日，收到投资者投入的货币资金200 000，款项已存入银行。原始凭证为银行存款通知单1张。

（2）10月5日，用银行存款40 000元购入不需要安装设备一台（假定不考虑应交税费）。原始凭证为银行存款转账支票存根1张，销售设备企业发票1张。

（3）10月10日，发出材料一批，实际成本12 000元，用于产品生产。原始凭证为领料单1张。

（4）10月15日，从银行提取现金2 000元，原始凭证为现金支票存根1张，银行付款通知单一张。

（5）10月17日，借入短期借款20 000元，已存入银行。原始凭证为借款合同1份，银行收款通知单1张。

（6）10月18日，用银行存款35 000元偿还应付账款。原始凭证为银行存款转账支票存根1张，银行付款通知单1张。

（7）10月22日，用银行存款30 000元偿还短期借款。原始凭证为银行存款转账支票存根1张，银行付款通知单1张。

（8）10月24日，从立发公司购入乙材料一批，实际成本20 000元，货款已用银行存款支付（假定暂不考虑已交税费）。材料暂未入库。原始凭证为银行存款转账支票存根1张，销售材料企业发票1张。

（9）10月28日，用现金1 000元购买企业管理部门使用的办公用品。原始凭证为销售商店发票1张。

（10）10月30日，用银行存款20 000元偿还应付账款。原始凭证为银行存款转账支票存根1张，银行付款通知单1张。

要求：

（1）根据所给交易或事项逐笔确定应当填制的专用记账凭证名称。

（2）利用专用记账凭证填制各项交易或事项的记账凭证（按五种编号方法编号）。

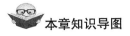

本章知识导图

会计账簿
├ 会计账簿概述
│ ├ 会计账簿的概念和作用（了解）★
│ ├ 会计账簿的基本内容（了解）★
│ ├ 会计账簿与账户的关系（了解）★
│ └ 会计账簿的种类（了解）★
├ 会计账簿的启用与登记要求
│ ├ 会计账簿的启用（了解）★
│ └ 会计账簿的登记要求（了解）★
├ 会计账簿的格式与登记方法
│ ├ 日记账的格式与登记方法（掌握）★★★
│ ├ 总分类账的格式与登记方法（掌握）★★★
│ ├ 明细分类账的格式与登记方法（掌握）★★★
│ └ 总分类账户与明细分类账户的平行登记（掌握）★★★
├ 对账与结账
│ ├ 对账（理解）★★
│ └ 结账（理解）★★
├ 错账查找与更正的方法
│ ├ 错账查找方法（掌握）★★★
│ └ 错账更正方法（掌握）★★★
└ 会计账簿的更换与保管
   ├ 会计账簿的更换（了解）★
   └ 会计账簿的保管（了解）★

引导案例

依法设置会计账簿

王刚和周毅共同出资成立了一家机电设备生产公司，注册资金1 000万元。公司成立后立即招聘了相关管理人员和技术人员。公司聘请了有高级会计师职称的李晶担任公司财务部经理，全面负责公司日常会计核算和财务管理工作。根据《中华人民共和国税收征收管理法实施细则》的规定：从事生产、经营的纳税人应当自领取营业执照或者发生纳税义务之日起15日内，按照国家有关规定设置账簿。李晶的当务之急是要完成财务部的岗位设置、会计规范的制定和建账工作。通常，建账过程可以看出一位财务管理人员的业务能力。李晶对此进行了认真的思考：公司应该设置哪些账簿，采用何种格式的账页，由谁来登记，怎样登账，如何对账，如何结账？

案例点评：

作为会计信息的使用者，应该了解会计账簿的概念与种类，能够根据单位的实际生产经营业务情况正确设置、启用、登记会计账簿。认真学习本章内容，就能破解李晶所思考的问题。

会计账簿概述

一、会计账簿的概念和作用

（一）会计账簿的概念

会计账簿简称账簿，是指由一定格式的账页所组成的，以经过审核的会计凭证为依据，全面、系统、连续地记录各项经济业务的簿籍。对于会计账簿的概念，

会计账簿概述

可以从两个层次理解：一是从外表形式看，会计账簿是由具有一定格式的账页联结而成的簿籍；二是从记录的内容看，账簿是对各项经济业务进行分类和序时记录的簿籍。

会计账簿和会计凭证都是记录经济业务的会计资料，但两者记录的方式不同。会计凭证对经济业务的记录是零散的，不能全面、系统、连续地反映和监督经济业务内容；而会计账簿对经济业务的记录是分类、序时、全面、连续的，能够把分散在会计凭证中的大量核算资料加以汇总和集中，为经营管理提供系统、完整的核算资料。各单位应当按照国家统一的会计制度的规定和会计业务的需要设置会计账簿。

设置和登记会计账簿，是编制企业财务报表的基础，是连接会计凭证和财务报表的中间环节。账簿的设置和登记在会计核算中具有重要作用，对于加强企业经济管理具有十分重要的意义。

知识拓展

"账簿"，还是"帐簿"？

在日常书写中，很多人对"账簿"与"帐簿"混淆不清，另外还将"账册""账户""转账"写成"帐册""帐户""转帐"，甚至很多地区市场上公开销售的"记账凭证"竟然印成了"记帐凭证"。那么，"帐"和"账"究竟该怎样区分呢？

有关史料记载，"帐"代行"账"的功能与含义，于南北朝时期被引入会计领域。当时，皇帝和高官显贵在帷帐中配备价值高昂的物品作为出游时享用之物，并指派专门的官员核算管理这些物品。因此，人们逐渐把登记这部分财产的簿书称为"簿帐"或"帐"，把登记"簿帐"的行为称为"记帐"。后来，"帐"的用法被扩展到整个会计核算领域。

直到我国改革开放以后，随着经济的飞速发展，资金流动越来越活跃，对资金流动的记录要求越来越严格，"帐"与"账"的含义也逐渐清晰。商务印书馆2000年版《古今汉语词典》明确指出："帐"在古代曾经代替过"账"，但当代仅指"帐幕""床帐"等，涉及货币财务及债务等方面则应用贝字旁的"账"。这就从汉字的构形上还原了"帐"和"账"的本来面目。"帐"从巾，其本义是张起来作为遮蔽的用具，因此用巾字旁的"帐"表示帐幕；账，从贝，贝壳曾作为货币，因此用贝字旁的"账"表示货币财务及债务。

虽然在日常生活中，错用或误用一两个字不会影响人们的交流沟通。但是，在经济高速发展的时代，财务制度越来越完善，我们更应当持严谨的态度，认真对待。

（二）会计账簿的作用

总的来说，会计账簿的作用主要有以下几个。

1. 记载和存储会计信息

会计账簿可以记载、存储会计信息，也就是说，它将分散的会计凭证所记录的经济业务逐次记入相关会计账簿，统一存储在会计账簿中，以便随时查阅，这样可以全面反映会计主体在一定时期内所发生的各项资金运动。

2. 分类和汇总会计信息

会计账簿由不同的相互关联的账户所构成，它可以分类、汇总会计信息，具体而言，会计人员将账簿上的各类信息按实际需要加以归类、整理和汇总，得到更为全面、系统的数据，及时为企业提供各种会计要素的变动情况和各方面所需要的会计信息。

3. 检查和校正会计信息

账簿记录是对会计凭证信息的进一步整理，也是进行会计分析与会计检查的重要依据。通过利用账簿上已记载的数据与实存的数据进行核对，可以检查单位的财产物资是否得到妥善保管、账务记载数据与实物数据是否相符等。

4. 编报和输出会计信息

为了及时反映企业的财务状况、经营成果和现金流量，企业应当定期进行结账工作，进行有关账簿之间的核对，计算出本期发生额和余额，为会计报表的编制提供系统的数据来源，然后根据需要编制符合要求的会计报表，向有关各方面提供所需要的会计信息。账簿的设置和登记关系到会计报表能否及时编制，也关系到能否最终实现企业财务会计的目标。

二、会计账簿的基本内容

在实际工作中，由于各种会计账簿所记录的经济业务不同，账簿的格式也多种多样，但各种会计账簿的基本内容包括三项，分别是封面、扉页和账页。

（一）封面

封面主要用来标明会计账簿的名称，如总分类账、各种明细分类账、库存现金日记账、银行存款日记账等。

（二）扉页

扉页主要用来列明会计账簿的使用信息，如科目索引（目录）、账簿启用和交接记录等。科目索引（目录）以及账簿启用和交接记录的格式，分别如表 8-1 和表 8-2 所示。

表 8-1 　　　　　　　　　　　　　　科目索引（目录）

页数	科目名称	页数	科目名称	页数	科目名称	页数	科目名称

科目索引（目录）由记账人员在账簿中开设科目后，按顺序登记每个科目的名称和页数。对于活页账，因在账簿启用时无法确定其页数，可以先把科目名称填好，等年度终了装订归档时再把具体的页数填上。

表 8-2 　　　　　　　　　　　　　　账簿启用和交接记录

单位名称				
账簿名称				
册次及起讫页	自　　页起至　　页止共　　页			
启用日期	年　　月　　日			
停用日期	年　　月　　日			
经管人员姓名	接管日期	交出日期	经管人员签章	会计主管签章
	年　月　日	年　月　日		
	年　月　日	年　月　日		
	年　月　日	年　月　日		
	年　月　日	年　月　日		
备注			单位公章	

（三）账页

账页是账簿用来记录经济业务事项的主要载体，包括账户的名称以及科目、二级或明细科目、日期栏、凭证种类和编号栏、摘要栏、金额栏以及总页次和分户页次等基本内容。

三、会计账簿与账户的关系

账簿与账户的关系是形式和内容的关系。账簿是由若干账页组成的一个整体，账簿中的每一账页就是账户的具体存在形式和载体，没有账簿，账户就无法存在；账簿序时、分类地记录经济业务，是在各个具体的账户中完成的。因此，账簿只是一个外在形式，账户才是它的实质内容。

四、会计账簿的种类

会计账簿的种类很多，不同类别的会计账簿可以提供不同的信息，满足不同的需要。

总体来讲，会计账簿的分类体系如图8-1所示。

（一）按用途分类

会计账簿按用途的不同，可以分为序时账簿、分类账簿和备查账簿三类。

1. 序时账簿

序时账簿又称日记账，是指按照经济业务发生时间的先后顺序逐日、逐笔进行登记的账簿。日记账的特点是序时登记和逐笔登记。序时账簿通常有两种：一种是普通日记账，它是对经济业务按其发生时间的先后顺序逐日、逐笔

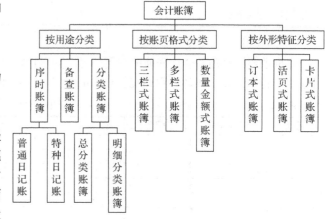

图8-1　会计账簿的分类体系

登记的账簿；另一种是特种日记账，它是对某一特定种类的经济业务按其发生时间的先后顺序逐日、逐笔登记的账簿。在实际工作中，因经济业务的复杂性，一般很少采用普通日记账，而是广泛采用特种日记账。在我国，大多数单位一般只设库存现金日记账和银行存款日记账，而不设置转账日记账，也不设置普通日记账。当然，各单位还可根据自身的业务特点和管理需要来确定是否需要设置其他特种日记账，如为登记采购业务而设置的采购日记账，为登记产品销售业务而设置的销售日记账等。设置日记账的作用，在于及时、系统、全面地反映所发生的经济业务事项以及资金的变动和结余情况，保护财产物资和资金的安全完整，同时便于对账和查账。

普通日记账的格式如表8-3所示。

表8-3　　　　　　　　　　　　　　　　　普通日记账

第　页

20×2年		凭证		会计科目	摘要	借方金额	贷方金额	过账
月	日	字	号					
4	1	转	1	在途物资	购入材料	10 000		
				应交税费	进项税费	1 300		
				应付账款	甲公司		11 300	

库存现金日记账和银行存款日记账的格式分别如表8-4至表8-7所示。

表8-4　　　　　　　　　　　　　　　库存现金日记账

第　页

20×2年		凭证		对方科目	摘要	收入	支出	结余
月	日	字	号					
4	1	（略）			月初余额			1 000
4	2	银付		银行存款	从银行提现	500		1 500
4	2	现付		其他应收款	预支差旅费		300	1 200
4	5	现付		管理费用	购买办公用品		50	1 150
4	6	现收		其他应收款	交回差旅费余额	30		1 180
4	6	现收		其他业务收入	出售废旧物资	10		1 190

表8-5　　　　　　　　　　　　　　　库存现金收入日记账

第　页

20×2年		收款凭证		摘要	贷方科目			收入合计	支出合计	结余
月	日	字	号		银行存款	其他应收款	其他业务收入			
4	1	（略）		期末余额						1 000
4	2	银付		从银行提现	500			500		1 500
4	2			转记					300	1 200
4	5			转记					50	1 150
4	6	现收		交回差旅费余额		30		30		1 180
4	6	现收		出售废旧物资			10	10		1 190

表8-6　　　　　　　　　　　　　　　库存现金支出日记账

第　页

20×2年		付款凭证		摘要	借方科目					支出合计
月	日	字	号		银行存款	应付职工薪酬	其他应收款	管理费用	……	
4	2	现付	（略）	预支差旅费			300			300
	5	现付		购买办公用品				50		350

表8-7　　　　　　　　　　　　　　　银行存款日记账

第　页

20×2年		记账凭证		对方科目	摘要	收入	支出	结余
月	日	字	号					
6	1	（略）			期初余额			38 000
6	2	现付		库存现金	存入销货款	3 000		41 000
6	2	银付		材料采购	物资采购款		23 000	18 000
6	2	银付		应交税费	付进项增值税		391	17 609
6	3	银收		应收账款	收回应收款	10 000		27 609
6	4	银付		应付账款	偿还欠款		5 000	22 609

普通日记账是对全部经济业务按其发生时间的先后顺序逐日、逐笔登记（而不是分类记录经济业务）的账簿。登记普通日记账只能由一个人负责，登账工作量大，不便于登记总分类账，也不便于日后的查阅，不利于对重要经济业务的严格管理。

2. 分类账簿

分类账簿是按照会计要素的具体类别而设置的分类账户进行登记的账簿。分类账簿按其反映经济业务的详略程度，可分为总分类账簿和明细分类账簿。

总分类账簿简称总账，是根据总分类账户开设的，能够全面地反映企业的经济活动。总分类账簿主要为编制财务报表提供直接的数据资料，主要采用三栏式，其格式如表8-8所示。

表8-8　　　　　　　　　　　　　　　　　总账

年		付款凭证		摘要	收入	支出	借或贷	余额
月	日	字	号					

明细分类账簿简称明细账，是根据明细分类账户开设的，对总账所包含的内容进一步分类，用来提供明细的核算资料。明细分类账簿可采用的格式主要有三栏式明细账（格式与三栏式总分类账相同，见表8-8）、数量金额式明细账（见表8-10）和多栏式明细账（见表8-9）等。分类账簿是会计账簿的主体，也是编制会计报表的主要依据。

3. 备查账簿

备查账簿又称辅助登记簿或补充登记簿，是指对某些在序时账簿和分类账簿中未能记载或记载不全的经济业务进行补充登记的账簿。

备查账簿只是对其他账簿记录的一种补充，与其他账簿之间不存在严密的依存和勾稽关系。备查账簿根据企业的实际需要设置，没有固定的格式要求。如租入固定资产登记簿，委托（受托）加工材料登记簿，应收、应付票据登记簿，代管（代销）商品物资登记簿等，都没有固定的格式要求。

（二）按账页格式分类

会计账簿按账页格式的不同，可分为三栏式账簿、多栏式账簿、数量金额式账簿。

1. 三栏式账簿

三栏式账簿是指设有借方、贷方和余额三个金额栏目的账簿。各种日记账、总账以及资本、债权、债务明细账均可采用三栏式账簿。三栏式账簿又分为设对方科目和不设对方科目两种，其区别在于摘要栏和借方科目栏之间是否有一栏对方科目。设有对方科目栏的，叫作设对方科目的三栏式账簿；不设有对方科目栏的，叫作不设对方科目的三栏式账簿。三栏式账簿的格式与总账的格式基本相同。

2. 多栏式账簿

多栏式账簿是指在账簿的两个金额栏目（借方和贷方）按需要分设若干专栏的账簿。这种账簿可以按借方和贷方分别设专栏，也可以只设借方专栏或贷方专栏，设多少栏则根据需要确定。收入、成本、费用明细账一般均采用这种格式的账簿，如表8-9所示。

表8-9　　　　　　　　　　　　　　　　制造费用明细分类账

明细科目：　　　　　　　　　　　　　　　　　　　　　　　　　　　　　　　　　第　页

年		凭证号码	摘要	借方					贷方	余额
月	日			职工薪酬	折旧费	机物料消耗	办公费	水电费		

3. 数量金额式账簿

数量金额式账簿是指在账簿的借方、贷方和余额三个栏目内，每个栏目再分设数量、单价和金额三小栏，借以反映财产物资的实物数量和价值量的账簿。原材料、库存商品等存货类明细账一般都采用数量金额式账簿，如表 8-10 所示。

表 8-10　　　　　　　　　　　　　　　原材料明细分类账

会计科目：

类别：　　　　　　　品名及规格：　　　　　　计量单位：　　　　　　存放地点：　　　　第　页

年		凭证号	摘要	借方			贷方			余额		
月	日			数量	单价	金额	数量	单价	金额	数量	单价	金额

（三）按外形特征分类

会计账簿按不同外形特征，可以分为订本式账簿、活页式账簿和卡片式账簿三类。

1. 订本式账簿

订本式账簿简称订本账，是指在启用前将编有顺序页码的一定数量账页装订成册的账簿。其优点是能避免账页散失和防止抽换账页，从而保证账簿信息资料的安全和完整。其缺点是由于账页按顺序连续编号，不能准确地为各账户预留账页，且同一账簿在同一时间只能由一人进行登记，不便于记账人员分工记账。

订本式账簿一般适用于比较重要的、具有统驭性的账簿，如总分类账、库存现金日记账和银行存款日记账等。

2. 活页式账簿

活页式账簿简称活页账，是指在登记完毕之前并不固定装订在一起，而是将一定数量的账页装在活页账夹中，可根据记账内容的变化而随时增加或减少部分账页的账簿。当账簿登记完后（通常是一个会计年度结束之后），才将账页予以装订，加具封面，并给各账页连续编号。

活页账的优点是记账时可以根据实际需要，随时将空白账页装入账簿，或抽取不需要的账页，既不浪费账页，也便于分工记账。其缺点则是如果监管不严，可能会造成账页散失或故意抽换账页的舞弊行为发生。

活页账通常适用于各种明细分类账。

 知识拓展

　　当活页式账簿登记完毕之后（通常是一个会计年度结束之后），才将账页予以装订，加具封面，并给各账页连续编号。也就是说，活页账最后也是要装订的。

3. 卡片式账簿

卡片式账簿简称卡片账，严格来说，也是一种活页账，只不过它不是装在活页账夹中的，而是将一定数量的卡片式账页存放在专设的卡片箱内，可以根据需要随时增添账页的账簿。卡片式账簿可跨年度使用。卡片账的优缺点与活页账的优点相同。

在我国，企业一般只对固定资产明细账的核算采用卡片账形式，也有少数企业在材料核算中使用材料卡片。

下列各项中，适合采用三栏式明细分类账簿进行明细账核算的有（　　　）。

A．向客户赊销商品形成的应收账款　　　　B．生产车间发生的制造费用

C．购买并验收入库的原材料　　　　　　　D．向银行借入的短期借款

正确答案： AD

解析： 各种日记账，总账以及资本、债权、债务明细账都可采用三栏式账簿，选项B适用于多栏式账簿，选项C适用于数量金额式账簿。

第二节 | 会计账簿的启用与登记要求

一、会计账簿的启用

启用会计账簿时，应当在账簿封面上写明单位名称和账簿名称，并在账簿扉页上附启用表。启用订本式账簿应当以第一页到最后一页顺序编定页数，不得跳页、缺号。使用活页式账簿应当按账户顺序编号，并须定期装订成册，装订后再按实际使用的账页顺序编订页码，另加目录以便于记明每个账户的名称和页次。

二、会计账簿的登记要求

为了保证账簿记录的正确性，登记账簿时，必须根据审核无误的会计凭证登记会计账簿，并符合有关法律、行政法规和国家统一的会计准则制度的规定。主要有以下几个方面的要求。

（一）准确完整

（1）登记会计账簿时，应当将会计凭证日期、编号、业务内容摘要、金额以及其他有关资料逐项记入账内，做到数字准确、摘要清楚、登记及时以及字迹工整。

（2）账簿记录中的日期，应当填写记账凭证上的日期；以自制原始凭证作为记账依据的，如领料单、收料单等，账簿记录中的日期应当按有关自制凭证上的日期填列。

（3）每一项会计事项，一方面要记入有关总账，另一方面要记入该总账所属明细账。

 知识拓展

每一项会计事项，一方面要记入有关总账，另一方面要记入该总账所属明细分类账（即"平行登记"的要求）。同时，又应当注意，并不是所有的总账都需要细分并设立明细账的，是否设立明细账视企业具体情况而定。

总账对所属的明细账起统驭作用，明细账对总账进行补充和说明，两种账簿相辅相成。

（二）注明记账符号

账簿登记完毕后，要在记账凭证上签名或盖章，并在记账凭证的"过账"栏内注明已经登账的符号，如"√"等，表示已经记账完毕，避免重记、漏记。

（三）书写留空

账簿中书写的文字和数字，应紧靠底线书写，上面要留有适当的空格，大小要适中，不要

写满格，一般应占格距的1/2。这样不仅方便按规定的方法更正，而且也方便日后查看账簿。

 【例8-1】 会计人员王强在账簿中填写金额5 000元时，误填为5 200 元。由于填写时，数字只占格距的1/2，该会计人员只需在原数字上划线，再在原数字上面的空白处填写正确数字，并在旁边加盖私章，如图8-2所示。

5 000.00

~~5 200.00~~ 王 强

图 8-2　账簿数字填写

（四）正常记账时使用蓝黑墨水

为了保持账簿记录的持久性，防止涂改，登记账簿必须用蓝黑墨水笔或碳素墨水笔书写，不得用圆珠笔（银行的复写账簿除外）或者铅笔书写。

（五）特殊记账时使用红墨水

由于会计中的红字表示负数，除以下情况外，不得用红色墨水登记账簿。

（1）按红字冲账的记账凭证，冲销（冲减）错误记录可使用红色墨水登记。

（2）在不设借贷等栏的多栏式账页中，登记减少数可使用红色墨水。

（3）在三栏式账簿的余额栏前，如未印明余额方向，在余额栏内登记负数余额可使用红色墨水。

（4）据国家统一会计制度的规定可以用红字登记的其他会计记录。

知识拓展

"在不设借贷等栏的多栏式账页中，登记减少数可以使用红色墨水"吗？

不管是只设"借方"栏（即不设"贷方"栏）的多栏式账页，还是只设"贷方"栏（即不设"借方"栏）的多栏式账页，以红色墨水记账都表示"减少数"，而不是"增加数"。

（六）顺序连续登记

在登记各种会计账簿时，应按顺序进行连续登记，不得隔页、跳行。如在无意的情况下发生隔页、跳行现象，应在空页处用红色墨水画对角线注销，或注明"此页空白"或"此行空白"字样，并由记账人员签名或签章确认，这样可以防止在登记账簿中出现舞弊的情况。不得随意更换账页或撤出账页，作废的账页要留在账簿中。账簿空行、空页的处理如图8-3所示。

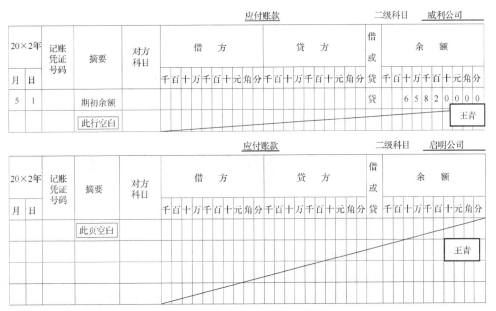

图 8-3　账簿空行、空页的处理

（七）结出余额

（1）对需要结出余额的账户，结出余额后，应当在"余额"栏之前的"借或贷"栏目内注明"借"或"贷"字样，以示余额的方向。

（2）对于没有余额的账户，应在"借或贷"栏内写"平"字，并在"余额"栏用"0"表示，一般在余额栏标注的"0"应放在元位上。

（3）现金日记账和银行存款日记账必须逐日结出余额。

（八）过次承前

每一账页登记完毕结转下页时，应当结出本页的合计数及余额，并写在本页最后一行和下页第一行有关栏内，同时要在摘要栏内注明"过次页"和"承前页"字样（也可以将本页合计数及金额只写在下页第一行有关栏内，并在摘要栏内注明"承前页"字样），以保持账簿记录的连续性，便于对账和结账。过次页、承前页的处理如图8-4所示。

应付账款　　　　　　　　　二级科目　威利公司

20×2年		记账凭证号码	摘要	对方科目	借 方										贷 方										借或贷	余 额									
月	日				千	百	十	万	千	百	十	元	角	分	千	百	十	万	千	百	十	元	角	分		千	百	十	万	千	百	十	元	角	分
			承前页		5	6	7	8	0	0	0	0			4	5	7	8	0	0	0	0			贷	3	8	5	8	7	0	0	0		
	28	收20	支付前欠货款	银行存款	5	0	0	0	0	0	0														贷	3	8	5	8	7	0	0	0		
			过次页		5	6	7	8	0	0	0	0			4	5	7	8	0	0	0	0			贷	3	8	5	8	7	0	0	0		

图8-4　过次页、承前页的处理

（九）不得涂改刮擦挖补

发生账簿记录错误时，不得刮擦、挖补或用褪色药水更正字迹，而应采用会计制度统一规定的划线更正法、红字更正法以及补充登记法等方法进行更正。

第三节　会计账簿的格式与登记方法

一、日记账的格式与登记方法

（一）库存现金日记账的格式与登记方法

库存现金日记账是用来核算和监督库存现金日常收、付和结存情况的序时账簿。库存现金日记账的格式主要有三栏式和多栏式两种，库存现金日记账必须使用订本账。

1. 三栏式库存现金日记账

三栏式库存现金日记账是用来登记库存现金的增减变动及其结果的日记账。它设有借方、贷方和余额三个金额栏目，一般将其分别称为收入、支出和结余三个基本栏目。

三栏式库存现金日记账是由出纳人员根据审核后的库存现金收款凭证、库存现金付款凭证以及银行存款的付款凭证，按照库存现金收、付款业务和银行存款付款业务发生时间的先后顺序逐日逐笔登记。

三栏式库存现金日记账的具体登记方法如下。

（1）日期栏：是指记账凭证的日期，它应与库存现金实际收付日期一致。

（2）凭证栏：是指登记入账的收付款凭证的种类和编号，如库存现金收（付）款凭证，简写为现收（付）。凭证栏还应登记凭证的编号数，以便于查账和核对。

（3）摘要栏：摘要用来说明登记入账的经济业务事项的内容。摘要的文字要简练，但要能清楚地说明问题。

（4）对方科目栏：是指库存现金收入的来源科目或支出的用途科目，如从银行提取现金，其来源科目（即对方科目）为"银行存款"。对方科目栏的作用在于了解经济业务的来龙去脉。

（5）收入、支出栏（或借方、贷方）：是指库存现金实际收付的金额。每日终了，应分别计算库存现金收入和支出的合计数，结出余额，同时将余额与出纳员手中的库存现金核对，即通常说的"日清"，如果账款不符应查明原因，并记录备案。月终同样要计算库存现金收、付和结存的合计数，通常称为"月结"。

【例8-2】　20×2年3月，甲公司有关现金收支业务的记账凭证分别如表8-11和表8-12所示。

表8-11　　　　　　　　　　　　　　　　付款凭证

贷方科目：库存现金　　　　　　　　　　　　20×2年3月1日　　　　　　　　　　　　现付字第1号

摘要	借方总账科目	明细科目	√	金额									
				亿	千	百	十	万	千	百	十	元	角	分
支付差旅费	其他应收款	李明	√						3	0	0	0	0	0
合　计								¥	3	0	0	0	0	0

财务主管：×××　　　　　　记账：×××　　　　　　出纳：×××　　　　　　制单：×××

附件　张

表8-12　　　　　　　　　　　　　　　　简化记账凭证

时间	编号	摘要	会计分录（记账凭证）		记账符号
3.1	银付1号	提现备用（现支#4 566）	借：库存现金　　　　　　　6 000 　　贷：银行存款　　　　　　　6 000		√
3.1	现收1号	王丽交来多余差旅费	借：库存现金　　　　　　　300 　　贷：其他应收款——王丽　　300		√
3.1	现付1号	支付业务招待费	借：管理费用　　　　　　　1 500 　　贷：库存现金　　　　　　　1 500		√
3.10	现付2号	支付职工子女入托费	借：应付职工薪酬——职工福利　500 　　贷：库存现金　　　　　　　500		√
3.10	现付3号	支付职工培训费	借：应付职工薪酬——教育经费　900 　　贷：库存现金　　　　　　　900		√
3.15	现收2号	收到乙公司押金	借：库存现金　　　　　　　1 000 　　贷：其他应付款——乙公司　1 000		√

续表

时间	编号	摘要	会计分录（记账凭证）		记账符号
3.15	现付4号	退回乙公司押金	借：其他应付款——乙公司 　　贷：库存现金	1 000 1 000	√
3.23	现付5号	支付空调修理费	借：管理费用 　　贷：库存现金	800 800	√
3.23	银付2号	提现备用（现支#4567）	借：库存现金 　　贷：银行存款	7 000 7 000	√
3.23	现付6号	支付职工生活补助费	借：应付职工薪酬——职工福利 　　贷：库存现金	6 000 6 000	√
3.23	现收3号	李明交来多余差旅费	借：库存现金 　　贷：其他应收款——李明	200 200	√
3.30	现收4号	销售商品	借：库存现金 　　贷：主营业务收入 　　　　应交税费——应交增值税（销项税额）	565 500 65	√
3.30	现付7号	销售款存银行	借：银行存款 　　贷：库存现金	565 565	√

根据上述记账凭证登记甲公司20×2年3月份库存现金日记账，分别如表8-13和表8-14所示。

表8-13　　　　　　　　　　　　　库存现金日记账

20×2年		凭证号码	对方科目	摘要	收入	支出	结余
月	日						
2	25			承前页	70 100	68 050	5 018
				（略）			
2	28			本月合计	90 250	88 800	5 800
3	1	银付1号	银行存款	提现备用（现支#4566）	6 000		11 800
3	1	现收1号	其他应收款	王丽交来多余差旅费	300		12 100
	1	现付1号	管理费用	支付业务招待费		1 500	10 600
				本日合计	6 300	1 500	10 600
	10	现付2号	应付职工薪酬	支付职工子女入托费		500	10 100
	10	现付3号	应付职工薪酬	支付职工培训费		900	9 200
				本日合计		1 400	9 200
	15	现收2号	其他应付款	收到乙公司押金	1 000		10 200
	15	现付4号	其他应付款	退回乙公司押金		1 000	9 200
				本日合计	1 000	1 000	9 200
	23	现付5号	管理费用	支付空调修理费		800	8 400
	23	银付2号	银行存款	提现备用（现支#4567）	7 000		15 400
	23	现付6号	应付职工薪酬	支付职工生活补助费		6 000	9 400
	23	现收3号	其他应收款	李明交来多余差旅费	200		9 600
				本日合计	7 200	6 800	9 600
				过次页	14 500	10 700	9 600

表8-14　　　　　　　　　　　　　库存现金日记账

20×2年		凭证号码	对方科目	摘要	收入	支出	结余
月	日						
3	23			承前页	14 500	10 700	9 600
3	30	现收4号	主营业务收入等	销售商品	565		10 165
	30	现付7号	银行存款	销售款存银行		565	9 600
				本日合计	565	565	9 600
3	31			本月合计	15 065	11 265	9 600
				（略）			

对于从银行提取现金的业务，由于规定只填制银行存款付款凭证，而不填制库存现金收款凭证，从银行提取现金的收入数，应根据相关银行存款付款登记在库存现金日记账中。

知识拓展

库存现金日记账的登记依据可能是：①库存现金收款凭证；②库存现金付款凭证；③银行付款凭证（只要和现金收支有关的业务都要登记在现金日记账中，而记载从银行提现的银行付款凭证就是反映现金收入业务的）。

2. 多栏式库存现金日记账

多栏式库存现金日记账是在三栏式库存现金日记账基础上发展起来的。这种日记账的借方（收入）和贷方（支出）金额栏都按对方科目设专栏，也就是按收入的来源和支出的用途设专栏，在月末结账时，可以结出各收入来源专栏和支出用途专栏的合计数，便于对现金收支的合理性、合法性进审核分析，便于检查财务收支计划的执行情况，其全月发生额还可以作为登记总账的依据。

如果"库存现金"科目借、贷双方对应的科目太多就会形成过长的账页，不便于进行保管和记账。因此，在实际工作中，可以将多栏式库存现金日记账按照现金收入业务和支出业务分设库存现金收入日记账和库存现金支出日记账两本账。其中，库存现金收入日记账按对应的贷方科目设置专栏，另设"支出合计"栏和"结余"栏；库存现金支出日记账则只按支出的对方科目设专栏，不设"收入合计"栏和"结余"栏。登记方法是：根据有关现金收入业务的记账凭证登记库存现金收入日记账，根据有关库存现金支出业务的记账凭证登记库存现金支出日记账。每日终了，根据库存现金支出日记账结出的支出合计数，转入库存现金收入日记账的"支出合计"栏中，并结出余额填入"结余"栏，然后与当日的库存现金实有数核对。

（二）银行存款日记账的格式与登记方法

银行存款日记账是用来核算和监督银行存款每日的收入、支出和结余情况的账簿。银行存款日记账应按企业在银行开立的账户和币种分别设置，每个银行账户设置一本日记账。由出纳员根据与银行存款收付业务有关的记账凭证，按时间先后顺序逐日逐笔进行登记。根据银行存款收款凭证和有关的库存现金付款凭证（如库存现金存入银行的业务）登记银行存款收入栏，根据银行存款付款凭证登记其支出栏，每日结出存款余额。

银行存款日记账的格式与库存现金日记账的格式相同，可以采用三栏式，也可以采用多栏式。多栏式可以将收入和支出在一本账上进行核算，也可以分设银行存款收入日记账和银行存款支出日记账两本账。其格式和登记方法与库存现金收入日记账和库存现金支出日记账的基本相同。

银行存款日记账的登记方法也与库存现金日记账的登记方法基本相同。银行存款日记账也是由出纳员根据审核后的银行存款收款凭证、银行存款付款凭证以及库存现金付款凭证，逐日逐笔按先后顺序登记的。其登记方法如下。

（1）日期栏：是指记账凭证的日期，它应与银行存款实际收付日期一致。

（2）凭证栏：是指登记入账的收付款凭证的种类和编号，如银行存款收（付）款凭证简称银收（付）。

（3）对方科目栏：是指银行存款收入的来源科目或支出的用途科目。如开出支票一张支付购料款，其支出的用途科目（即对方科目）为"材料采购"科目，其作用在于反映经济业务的来龙去脉。

（4）摘要栏：摘要用来说明登记入账的经济业务事项的内容，文字要简练，但又能清楚地概括说明问题。

（5）收入、支出栏是指银行存款实际收付的金额。每日终了，应分别计算银行存款收入和支出的合计数，结算出余额，做到日清；月终应计算出银行存款全月收入支出的合计数，做到月结。

在实际工作中，无论是设置三栏式账簿还是多栏式账簿，一般还应在银行存款日记账的恰当位置增加一栏"结算凭证"，以便记账时标明每笔银行存款业务的结算凭证及编号，便于与银行核对账目。

【例8-3】 甲公司20×2年3月有关的银行存款收支业务记账凭证分别如表8-15和表8-16所示。

表8-15　　　　　　　　　　　　　收款凭证

贷方科目：银行存款　　　　　　　20×2年3月1日　　　　　　　银收字第1号

摘要	借方总账科目	明细科目	√	金额										
				亿	千	百	十	万	千	百	十	元	角	分
汇票余额入账	其他货币资金	汇票存款	√						3	3	0	0	0	0
合计								¥	3	3	0	0	0	0

财务主管：×××　　　　记账：×××　　　　出纳：×××　　　　制单：×××

表8-16　　　　　　　　　　　　　简化记账凭证

时间	编号	摘要	会计分录（记账凭证）		记账符号
3.2	银付1号	提现备用（现支#4566）	借：库存现金 　贷：银行存款	6 000 6 000	√
3.2	银收1号	销售商品	借：银行存款 　贷：主营业务收入 　　　应交税费——应交增值税（销项税额）	113 000 100 000 13 000	√
3.2	银付2号	承付莱钢材料款	借：在途物资 　　应交税费——应交增值税（进项税额） 　贷：银行存款	200 000 26 000 226 000	√
3.2	银付3号	缴纳2月份税费	借：应交税费——未交增值税 　　　——应交城市维护建设税 　　　——应交教育附加费 　贷：银行存款	86 754.00 6 072.78 2 602.62 95 429.40	√
3.2	银收2号	东方公司货款回笼	借：银行存款 　贷：应收账款——东方公司	300 000 300 000	√
3.11	银付4号	支付绿化费（转支#3657）	借：管理费用 　贷：银行存款	1 800 1 800	√
3.11	银付5号	银行转发工资（转支#3658）	借：应付职工薪酬——工资 　贷：银行存款	246 895 246 895	√
3.11	银付6号	支付代扣款（转支#3659）	借：其他应付款——社会保险费 　　应交税费——代扣个人所得税 　贷：银行存款	47 981 2 178 50 159	√
3.15	银付7号	支付2月份电话费	借：管理费用 　贷：银行存款	8 000 8 000	√
3.15	银收3号	平安公司商业汇票款到账	借：银行存款 　贷：应收票据——平安公司	200 000 200 000	√
3.15	银收4号	收到吉祥公司预付款	借：银行存款 　贷：预收账款——吉祥公司	300 000 300 000	√
3.16	银收5号	出售闲置设备	借：银行存款 　贷：固定资产清理	40 000 40 000	√

续表

时间	编号	摘要	会计分录（记账凭证）		记账符号
3.16	银付8号	支付晚报广告费 （转支#1234）	借：销售费用 　贷：银行存款	20 000 20 000	√
3.24	银收6号	收到顺达公司前欠货款	借：银行存款 　贷：应收账款——顺达公司	220 000 220 000	√
3.24	银付9号	偿还短期借款利息	借：短期借款 　　应付利息 　　财务费用 　贷：银行存款	600 000 6 000 1 430 607 430	√
3.24	银付10号	购入设备	借：固定资产 　　应交税费——应交增值税（进项税额） 　贷：银行存款	100 000 13 000 113 000	√
3.24	银付11号	提现备用（现支#4567）	借：库存现金 　贷：银行存款	7 000 7 000	√
3.24	银付12号	银行转发奖金（转支#3661）	借：应付职工薪酬——职工工资 　贷：银行存款	127 500 127 500	√
3.24	银付13号	购入低值易耗品	借：周转材料——低值易耗品 　　应交税费——应交增值税（进项税额） 　贷：银行存款	16 000 2 080 18 080	√
3.31	银付14号	办理银行汇票	借：其他货币资金——银行汇票 　贷：银行存款	150 000 150 000	√
3.31	银收7号	销售商品	借：银行存款 　贷：主营业务收入 　　　应交税费——应交增值税（销项税额）	565 000 500 000 65 000	√
3.31	现付1号	销售款存银行	借：银行存款 　贷：库存现金	585 585	√
3.31	银收8号	借入短期借款	借：银行存款 　贷：短期借款	500 000 500 000	√

　　根据上述记账凭证登记甲公司20×2年3月份银行存款日记账，分别如表8-17和表8-18所示。

表8-17　　　　　　　　　　　　　　　银行存款日记账

单位：元

20×2年		凭证号数	对方科目	摘要	结算凭证		收入（借方）金额	付出（贷方）金额	结存金额
月	日				种类	号数			
2	24			承前页			1 012 775	988 767	1 880 329
				（略）					
				（略）					
2	28			本月合计			1 523 768	1 399 253	2 823 861
3	2	银付1号	库存现金	提现备用	现支	4566		6 000	2 817 861
3	2	银收1号	主营业务收入等	销售商品			113 000		2 930 861
3	2	银付2号	在途物资等	承付莱钢材料款				226 000	2 704 861
3	2	银付3号	应交税费	缴纳2月份税费				95 429.40	2 609 431.6
3	2	银收2号	应收账款	东方公司货款回笼			300 000		2 909 431.6
3	2			本日合计			413 000	327 429.4	2 909 431.6
3	11	银付4号	管理费用	支付绿化费	转支	3657		1 800	2 907 631.6
3	11	银付5号	应付职工薪酬	银行转发工资	转支	3658		246 895	2 660 736.6
3	11	银付6号	其他应付款等	支付代扣款	转支	3659		50 159	2 610 577.6
3	11			本日合计				298 854	2 610 577.6
3	15	银付7	管理费用	支付2月份电话费				8 000	2 602 577.6
				过次页			413 000	634 283.4	2 602 577.6

表8-18 　　　　　　　　　　　　　　银行存款日记账

单位：元

| 20×2年 | | 凭证号数 | 对方科目 | 摘要 | 结算凭证 | | 收入（借方）金额 | 付出（贷方）金额 | 结存金额 |
月	日				种类	号数			
3	15			承前页			413 000	634 283.4	2 602 577.6
3	15	银收3号	应收票据	平安公司商业汇票款到账			200 000		2 802 577.6
3	15	银收4号	应收账款	收到吉祥公司预付款			300 000		3 102 577.6
3	15			本日合计			500 000	8 000	3 102 577.6
3	16	银收5号	固定资产清理	出售闲置设备			40 000		3 142 577.6
3	16	银付8号	销售费用	支付晚报广告费	转支	1234		20 000	3 122 577.6
3	16			本日合计			40 000	20 000	3 122 577.6
3	24	银收6号	应收账款	收到顺达公司前欠货款			220 000		3 342 577.6
3	24	银付9号	短期借款等	偿还短期借款利息				607 430	2 735 147.6
3	24	银付10号	固定资产等	购入设备				113 000	2 622 147.6
3	24	银付11号	库存现金	提现备用	现支	4567		7 000	2 615 147.6
3	24	银付12号	应付职工薪酬	银行转发奖金	转支	3661		127 500	2 487 647.6
3	24	银付13号	周转材料等	购入低值易耗品				18 080	2 469 567.6
3	24			本日合计			220 000	873 010	2 469 567.6
3	31	银付14号	其他货币资金	办理银行汇票				150 000	2 319 567.6
3	31	银收7号	主营业务收入等	销售商品			565 000		2 884 567.6
3	31	现付1号	库存现金	销售款存银行			585		2 885 152.6
3	31	银收8号	短期借款	借入短期贷款			500 000		3 385 152.6
3	31			本日合计			1 065 585	150 000	3 385 152.6
3	31			本月合计			2 238 585	1 677 293.4	3 385 152.6

对于将库存现金存入银行的业务，由于规定只填制现金付款凭证，而不填制银行存款收款凭证，这种业务的银行存款收入数，应根据相关库存现金付款凭证登记在银行存款日记账中。

银行存款日记账的登记依据可能是：①银行存款收款凭证；②银行存款付款凭证；③库存现金付款凭证（只要和银行存款收支有关的都要登记在银行存款日记账中，而记载将库存现金存入银行的库存现金付款凭证就是反映银行存款收入业务的）。

知识拓展

在实际会计工作中，一般在银行存款日记账的适当位置增加"结算凭证"一栏，主要是表明业务的结算凭证及编号（如现金支票号数与转账支票号数），以便与开户银行对账，而库存现金日记账里没有这一栏。

二、总分类账的格式与登记方法

（一）总分类账的格式

总分类账是指按照总分类账户分类登记以提供总括会计信息的账簿。总分类账最常用的格式为三栏式，设有借方、贷方和余额三个金额栏目。

（二）总分类账的登记方法

总分类账的登记方法因登记的依据不同而有所不同。经济业务少的小型单位的总分类账可以根据记账凭证逐笔登记；经济业务多的大中型单位的总分类账可以根据记账凭证汇总表（又称科目汇总表）或汇总记账凭证等定期登记。分别如表8-19和表8-20所示。

表8-19 总分类账

会计科目：原材料　　　　　　　　　　　　　　　　　　　　　　　　　　　　　　　　第　页

20×2年		凭证号码	摘要	借方	贷方	借或贷	余额
月	日						
4	1		期初余额			借	30 000
4	2	转1	材料验收入库	20 000		借	50 000
4	8	转2	领用材料		25 000	借	25 000
4	10	转3	材料验收入库	10 000		借	35 000

表8-20 总分类账

会计科目：原材料　　　　　　　　　　　　　　　　　　　　　　　　　　　　　　　　第　页

20×2年		凭证号码	摘要	借方	贷方	借或贷	余额
月	日						
4	1		期初余额			借	30 000
4	10	科汇10	上旬发生	30 000	25 000	借	35 000

三、明细分类账的格式与登记方法

明细分类账是根据有关明细分类账户设置并登记的账簿。它能提供交易或者事项比较详细、具体的核算资料，以弥补总账所提供核算资料的不足。因此，各企业单位在设置总账的同时，还应设置必要的明细分类账。明细分类账一般采用活页式账簿和卡片式账簿。明细分类账一般根据记账凭证和相应的原始凭证来登记。

明细分类账的登记依据是记账凭证和相应的原始凭证（或汇总原始凭证）。

根据各种明细分类账所记录经济业务的特点，明细分类账的常用格式主要有以下三种。

（一）三栏式

三栏式账页设有借方、贷方和余额三个栏目，用来分类核算各项经济业务、提供详细核算资料，其格式与三栏式总分类账格式相同。

三栏式明细分类账适用于只进行金额核算的资本、债权、债务明细账。例如，应收账款、应付账款等明细分类账，一般采用三栏式明细账。

三栏式明细账分类格式举例如表8-21所示。

表8-21 应收账款明细分类账

明细科目：立达公司　　　　　　　　　　　　　　　　　　　　　　　　　　　　　　单位：元

20×2年		凭证		摘要	借方	贷方	借或贷	余额
月	日	种类	号数					
3	1			期初余额			借	30 000
3	5	银收	15	收回前欠货款		30 000	平	0
3	15	转	28	赊销商品	20 000		借	20 000
3	22	转	32	赊销商品	35 100		借	55 100
3	28	银收	44	收回前欠货款		50 000	借	5 100
3	31			本月合计	55 100	80 000	借	5 100

（二）多栏式

多栏式账页将属于同一个总账科目的各个明细科目合并在一张账页上进行登记，即在这种格式账页的借方或贷方金额栏内按照明细项设若干专栏。多栏式明细分类账的格式举例如表8-22所示。

表8-22 制造费用明细分类账

明细科目：一车间 单位：元

20×2年		凭证号码	摘要	借方					贷方	借或贷	余额
月	日			职工薪酬	折旧费	机物料消耗	办公费	水电费			
4	3	（略）	分配工资	2 500						借	2 500
4	8		领用材料			500				借	3 000
4	12		支付办公费				200			借	3 200
4	15		支付水电费					300		借	3 500
4	30		计提折旧		2 000					借	5 500
4	30		转入生产成本						5 500	平	0
4	30		本月合计	2 500	2 000	500	200	300	5 500	平	0

在实际工作中，为减少栏次，成本、费用类科目的明细分类账也可以只按借方发生额设专栏，贷方发生额由于每月发生的笔数很少，可以在借方直接用红字冲记。制造费用明细分类账的格式如表8-23所示。

表8-23 制造费用明细分类账

明细科目：一车间 单位：元

20×2年		凭证号码	摘要	借方					合计
月	日			职工薪酬	折旧费	机物料消耗	办公费	水电费	
4	3	（略）	分配工资	2 500					2 500
4	8		领用材料			500			500
4	12		支付办公费				200		200
4	15		支付水电费					300	300
4	30		计提折旧		2 000				2 000
4	30		转入生产成本	2 500	2 000	500	200	300	5 500

另外，管理费用明细分类账的格式如表8-24所示；营业外收入明细分类账的格式如表8-25所示。

表8-24 管理费用明细分类账

单位：元

20×2年		收款凭证		摘要	借方						贷方	借或贷	余额
月	日	字	号		差旅费	办公费用	修理费	机物料消耗	职工薪酬	折旧费用			
3	3	转	12	李莉报销差旅费2 000	2 000							借	2 000
3	9	现付	26	购买办公用品		1 000						借	3 000
3	15	银付	48	支付设备修理费			3 200					借	6 200
3	24	银付	57	支付电话费		1 000						借	7 200
3	31	转	28	分配材料费用				5 300				借	12 500
3	31	转	29	分配工资费用					60 000			借	72 500
3	31	转	30	计提折旧						20 000		借	92 500
3	31	转	38	结转管理费用							92 500	平	0
3	31			本月合计	2 000	2 000	3 200	5 300	60 000	20 000	92 500	平	0

表8-25 营业外收入明细分类账

单位：元

| 20×2年 | | 付款凭证 | | 摘要 | 借方 | 贷方 | | | | 借或贷 | 余额 |
月	日	字	号			固定资产处置利得	无形资产处置利得	盘盈利得	政府补助		
3	7	转	15	盘盈现金结转				100		贷	100
3	25	转	20	固定资产出售利得		2 000				贷	2 100
3	30	转	42	结转递延收益					5 000	贷	7 100
3	31	转	41	结转营业外收入	7 100					平	0
3	31			本月合计	7 100	2 000		100	5 000	平	0

多栏式明细分类账适用于只进行金额核算的收入、成本、费用、利润和利润分配明细账。例如，生产成本、制造费用、管理费用、营业外收入、利润分配和本年利润等明细分类账一般采用多栏式账簿。

多栏式明细分类账可以再往下细分为：①借方多栏式，只按借方发生额设专栏，适用于成本、费用类的明细分类账，如生产成本、制造费用和管理费用明细分类账等；②贷方多栏式，只按贷方发生额设专栏，适用于收入类的明细分类账，如主营业务收入明细分类账等；③借贷方多栏式，适于财务成果的明细分类账，如本年利润、利润分配明细分类账等。

以借方多栏式为例，它不设贷方栏。若有贷方发生额，可以在借方直接用红字冲记。

（三）数量金额式

数量金额式账页适用于既要进行金额核算，又要进行数量核算的账户，如"原材料""库存商品"等存货账户，其借方（收入）、贷方（发出）和余额（结存）都分别设有数量、单价和金额三个专栏。原材料明细分类账的格式如表8-26所示。

表8-26 原材料明细分类账

会计科目：原材料 第1页

类别：钢材　　　　品名及规格：普通圆钢　　　　计量单位：千克　　　　存放地点：2号库

| 日期 | | 凭证 | 摘要 | 收入 | | | 支出 | | | 结存 | | |
月	日			数量	单价	金额	数量	单价	金额	数量	单价	金额
4	1	（略）	月初结存							1 000	100	100 000
4	5		购入	3 000	100	300 000				4 000	100	400 000
4	15		领用				1 500	100	150 000	2 500	100	250 000

数量金额式账页提供了企业有关财产物资数量和金额收、发、存的详细资料，从而能有助于加强财产物资的实物管理和使用监督，保证这些财产物资的安全完整。

数量金额式明细分类账适用于：既要进行金额核算又要进行数量核算的存货类明细分类账（实物资产）。例如，原材料、库存商品等明细分类账一般采用数量金额式明细分类账。

四、总分类账户与明细分类账户的平行登记

（一）总分类账户与明细分类账户的关系

总分类账户是所属明细分类账户的统驭账户，对所属明细分类账户起着控制作用；明细分类账户则是总分类账户的从属账户，对其所隶属的总分类账户起着辅助作用。总分类账户及其所属明细分类账户的核算对象是相同的，它们所提供的核算资料互相补充，只有把两者结合起来，才能既总括又详细地反映同一核算内容。因此，总分类账户和明细分类账户必须平行登记。

（二）总分类账户与明细分类账户平行登记的要点

所谓平行登记，是指对所发生的每一项经济业务都要以会计凭证为依据，一方面要记入有

关总分类账户，另一方面要记入有关明细分类账户的方法。

总分类账户与明细分类账户的平行登记要做到以下几点。

1. 期间一致

对发生的每一项经济业务，在记入总分类账户和所属明细分类账户的过程中，在时间上可以有先后，但每一项经济业务应在同一会计期间内登记入账。

2. 方向相同

对发生的每一项经济业务，记入总分类账户和其所属的明细分类账户的方向必须相同。即在总分类账户记入借方，则在其所属明细分类账户中也应当记入借方；在总分类账户中若记入贷方，在其所属明细分类账户中也应当记入贷方。

3. 金额相等

记入总分类账户的金额与记入所属明细分类账户的合计金额应当相等。这主要表现为以下三个方面。

（1）总分类账户期初余额与其所属明细分类账户期初余额合计金额相等。

（2）总分类账户本期发生额与其所属明细分类账户本期发生额的合计金额相等。

（3）总分类账户期末余额与其所属明细分类账户期末余额合计金额相等。

用公式表示如下：

总分类账户期初余额=所属各明细分类账户期初余额之和

总分类账户借方发生额=所属各明细分类账户借方发生额之和

总分类账户贷方发生额=所属各明细分类账户贷方发生额之和

总分类账户期末余额=所属各明细分类账户期末余额之和

【例8-4】 甲有限公司20×2年9月1日"原材料"总账账户账面余额为62 000元，其所属明细分类账的账面余额资料如表8-27所示。

表8-27 原材料明细分类账

名称	数量（千克）	单价（元）	金额（元）
甲材料	3 000	10	30 000
乙材料	4 000	8	32 000
合计	7 000		62 000

（1）9月5日，生产车间领用甲材料1 200千克和乙材料2 000千克用于制造产品。

（2）9月15日，购进2 000千克甲材料，单价10元，金额20 000元，材料已验收入库。

（3）9月20日，购进2 500千克乙材料，单价8元，金额20 000元，材料已验收入库。

假设上述业务已编制相应的记账凭证，据此对"原材料"账户进行平行登记。登记结果分别如表8-28至表8-30所示。

表8-28 总分类账

账户名称：原材料　　　　　　　　　　　　　　　　　　　　　　　　　　　　　　　　　　单位：元

日期		凭证	摘要	借方	贷方	借或贷	余额
月	日						
9	1	（略）	月初余额			借	62 000
9	5		生产领用		28 000	借	34 000
9	15		购进材料	20 000		借	54 000
9	20		购进材料	20 000		借	74 000
9	30		本月发生额及余额	40 000	28 000	借	74 000

表 8-29   原材料明细分类账

金额单位：元

材料名称：甲材料   数量单位：千克

日期		凭证	摘要	收入			支出			结存		
月	日			数量	单价	金额	数量	单价	金额	数量	单价	金额
9	1	（略）	月初余额							3 000	10	30 000
9	5		生产领用				1 200	10	12 000	1 800	10	18 000
9	20		购进材料	2 000	10	20 000				3 800	10	38 000
9	30		本月发生额及余额	2 000	10	20 000	1 200	10	12 000	3 800	10	38 000

表 8-30   原材料明细分类账

金额单位：元

材料名称：乙材料   数量单位：千克

日期		凭证	摘要	收入			支出			结存		
月	日			数量	单价	金额	数量	单价	金额	数量	单价	金额
9	1	（略）	月初余额							4 000	8	32 000
9	5		生产领用				2 000	8	16 000	2 000	8	16 000
9	20		购进材料	2 500	8	20 000				4 500	8	36 000
9	30		本月发生额及余额	2 500	8	20 000	2 000	8	16 000	4 500	8	36 000

对本例按平行登记的方法登记完毕总分类账和明细分类账后，应当将总分类账和明细分类账进行相互核对，核对通常是通过编制总账与明细分类账发生额及余额对照表进行的。对照表的格式和内容如表8-31所示。

表 8-31   总账与明细分类账发生额及余额对照表   单位：元

总账账户	明细账户	期初余额	借方发生额	贷方发生额	期末余额
原材料	甲材料	30 000	20 000	12 000	38 000
	乙材料	32 000	20 000	16 000	36 000
	合计	62 000	40 000	28 000	74 000
原材料总账		62 000	40 000	28 000	74 000

 【例8-5】   假设蓝田公司有一笔会计分录如下：

借：应付账款——A公司   10 000

            ——B公司   20 000

  贷：银行存款   30 000

则总分类账和明细分类账的平行登记原理可以用T型账户演示，如图8-5所示。

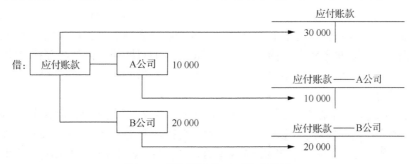

图 8-5   平行登记的 T 型账户演示

历年初会考试真题（单项选择题）

下列各项中关于银行存款日记账的表述，正确的是（　　　）。

A. 应按实际发生的经济业务，定期汇总登记

B. 仅以银行存款付款凭证为记账依据

C. 应按企业在银行开立的账户和币种分别设置

D. 不得使用多栏式账页格式

正确答案：C

解析： A项应逐日逐笔登记银行存款日记账；B项银行存款日记账，记账依据有银行存款付款凭证、银行存款收款凭证和库存现金付款凭证；D项银行存款日记账可以选择多栏式账页格式。

第四节　对账与结账

一、对账

（一）对账的概念

对账就是核对账目，是对账簿记录所进行的核对工作。在日常的会计核算工作中，由于种种原因，有时难免会出现各种差错和账实不符的现象。对账就是为了保证账簿记录的真实性、完整性和准确性，在记账以后和结账之前，定期或不定期地对有关账簿记载数据进行检查、核对，以便为编制会计报表提供真实、可靠的数据资料。

对账工作一般在月末进行，即在记账之后结账之前进行。

对账和结账

（二）对账的内容

对账一般可以分为账证核对、账账核对和账实核对。

1. 账证核对

账证核对是指核对会计账簿记录与原始凭证、记账凭证的时间、凭证字号、内容、金额是否一致，记账方向是否相符。账簿是根据经过审核之后的会计凭证登记的，但在实际工作中仍然可能发生账证不符的情况。因此，记完账后，要将账簿记录与会计凭证进行核对，做到账证相符。

会计期末，如果发现账证不符，也可以再将账簿记录与有关会计凭证进行核对，以保证账证相符。

2. 账账核对

账账核对是指核对不同的会计账簿之间的账簿记录是否相符。各个会计账簿是一个有机整体，所以各个账簿记录既有分工，又有衔接，但各个会计账簿总的目的就是全面、系统、综合地反映企事业单位的经济活动与财务收支情况。各种账簿之间的这种衔接依存关系就是我们常说的勾稽关系。由于这种勾稽关系的存在，我们就可以通过账簿之间的相互核对发现记账工作是否有误。一旦发现记账工作有错误，应立即进行更正，做到账账相符。账账核对的内容主要包括如下几个方面。

（1）总分类账簿之间的核对。根据"资产=负债+所有者权益"这一会计恒等式和"有借必有贷、借贷必相等"的会计记账规则，可以得出总分类账簿各账户的期初余额、本期发生额和期末余额之间存在对应的平衡关系，各账户本期借方发生额合计数与贷方发生额合计数相等，各账户借方余额合计数和贷方余额合计数也相等。总分类账簿的核对工作是通过编制试算平衡表来进行的。

（2）总分类账簿与所属明细分类账簿之间的核对。总分类账与所属明细分类账采用平行登记的方法，平行登记的结果是：总分类账户余额与其所属有关明细分类账各账户余额的合计数相等。总分类账户本期借（贷）方发生额与其有关明细分类账户借（贷）方发生额合计数相等。总分类账户与所属明细分类账户之间的核对是通过编制总分类账户与明细分类账户发生额及余额对照表来进行的。

（3）总分类账簿与序时账簿之间的核对。现金日记账必须每天与库存现金实有数核对相符，银行存款日记账也必须定期和银行进行对账。在此基础上，还应检查库存现金总账和银行存款总账的期末余额与库存现金日记账和银行存款日记账的期末余额是否相符。

（4）明细分类账簿之间的核对。明细分类账簿之间的核对主要是指将会计部门的各种财产物资明细分类账与财产物资保管和使用部门的有关财产物资明细分类账核对相符。例如，将会计部门有关库存商品的明细分类账与保管部门库存商品的明细分类账定期进行核对，以检查两者余额是否相符。核对的方法一般是由财产物资保管部门或使用部门定期编制收发结存汇总表报会计部门核对。

3. 账实核对

账实核对是指各项财产物资、债权债务等账面余额与实有数额之间的核对。造成账实不符的原因有很多，如在财产物资保管过程中发生的财产物资的自然损耗；财产物资收发过程中由于计量或校验不准而造成多收或者少收；由于管理不善，内部控制制度不严造成的财产损坏、丢失、被盗；在账簿记录中发生的重记、漏记、错记；由于有关凭证未到，形成未达账项，造成结算双方账实不符；发生意外灾害等。因此，企业需要通过定期的财产清查来弥补漏洞，保证会计信息真实可靠，提高企业经营管理水平。账实核对的主要内容如下。

（1）逐日核对库存现金日记账账面余额与库存现金实有数（实存数）是否相符。库存现金日记账账面余额应于每日终了与库存现金实际库存数进行核对，不准以借条抵充现金或挪用现金，要做到日清月结。

（2）定期核对银行存款日记账账面余额与银行对账单的余额是否相符。对于银行存款日记账账面余额，应同开户银行寄送的银行对账单核对，一般应每月至少核对一次。

（3）定期核对各项财产物资、明细分类账账面余额与财产物资的实有数额是否相符。对于材料、产成品、固定资产等财产物资明细分类账的账面余额，应与其实有数额核对。

（4）核对有关债权债务明细分类账账面余额与对方单位的账面记录是否相符。对于各项应收款、应付款、银行借款等结算款项，以及应交税费等，应定期寄送对账单与相关单位进行核对。

二、结账

（一）结账的概念

结账是一项将账簿记录定期结算清楚的账务工作。在一定时期结束时（如月末、季末或年末），为了编制财务报表，需要进行结账，具体包括月结、季结和年结。结账的内容通常包括两个方面：一是结清各种损益类账户，并据以计算确定本期利润；二是结出各资产、负债和所有者权益账户的本期发生额合计和期末余额。

注意，会计期末（月末、季末、年末）都需要进行结账，而不是一定在"年末"才可以结账的。结账工作是编制财务报表的先决条件，即结账的目的是编制财务报表。

（二）结账的程序

结账一般包括以下程序。

（1）结账前，将本期发生的经济业务事项全部登记入账，并保证其正确性。不可以为赶制会计报表而提前结账，或把本期发生的经济业务事项延至下期登账，也不可以先编制会计报表后结账。对于发现的错误，应采用适当的方法进行更正。

（2）在本期经济业务全面入账的基础上，根据权责发生制的要求，调整有关账项，合理确定应计入本期的收入和费用。

第一，应计收入调整。应计收入是指那些已在本期实现、因款项未收而未登记入账的收入。由于收入已经实现，应确认为本期收入，借记"应收账款"等账户，贷记"主营业务收入"账户，等收妥款项后，再从"应收账款"账户转入"银行存款"等账户。

第二，应计费用的调整。应计费用是指那些已经发生但尚未支付的费用。由于费用已经发生，应确认为本期费用，借记"财务费用"等账户，贷记"应付利息"等账户，待以后支付款项后，借记"应付利息"等账户，贷记"银行存款"等账户。

第三，收入分摊调整。收入分摊是指企业虽然已经收取相关款项，但尚未全部完成销售商品或提供劳务等事项，需在期末按本期已完成的比例，分摊确认本期已实现收入的金额，来调整预收款项时形成的负债。例如，在收到预收款项时，根据收到的款项，借记"银行存款"等账户，贷记"预收账款"等账户；待以后确认为当期收入时，进行期末账项调整，根据本期已经实现的收入，借记"预收账款"等账户，贷记"主营业务收入"等账户。

第四，成本分摊调整。成本分摊是指为了正确计算各个会计期间的盈亏情况，企业将已经发生且能使若干会计期间受益的支出在其受益的会计期间进行合理分配。例如，企业虽已支出，但应由本期和以后各期负担的预付款项，应借记"其他应付款"等账户，贷记"银行存款"等账户；待期末进行调整时，根据应由本期负担的支出，借记"研发支出""管理费用"等账户，贷记"其他应付款"等账户。

（3）将各损益类账户余额全部转入"本年利润"账户，结平所有损益类账户。在本期全部经济业务登记入账的基础上，结清各项收入和费用账户。企业应将各项收入账户和各项费用账户都分别结转至"本年利润"账户，通过对比本期的各项收和各项费用来计算确定本期经营成果。

（4）结出资产、负债和所有者权益账户的本期发生额和余额，并转入下期。

上述工作完成后，就可以根据总分类账和明细分类账的本期发生额和期末余额，分别进行试算平衡。

（三）结账的方法

结账分为月结、季结和年结三种。月度结账时，应该结出本月借、贷双方的月内发生额和期末余额，在摘要栏内注明"本月合计"，同时，在"本月合计"的上、下端通栏各画一条红线，表示本月账簿记录已经结束。季度结账应在本季度最后一个月的结账数字的红线下边一行，把本季度三个月的借、贷双方月结数进行汇总，并在摘要栏内注明"本季合计"，在数字的下端通栏画一条红线。年度结账时，应将四个季度的借、贷双方季结加以汇总，在摘要栏内注明"本年合计"，并在数字下端通栏画双红线，表示本年度账簿记录已经结束。年度结账后，各账户的年末余额应转入下年度的新账簿。

结账方法的要点主要如下。

（1）对不需按月结计发生额的账户，每次记账以后，都要随时结出余额，每月最后一笔结出余额是月末余额，即月末余额就是本月最后一笔经济业务记录的同一行内余额。月末结账时，只需要在最后一笔经济业务记录之下通栏画单红线，而不需要再次结计余额，如各项应收应付明细分类账和各项财产物资明细分类账等。

（2）对于库存现金、银行存款日记账和需要按月结计发生额的收入、费用等明细分类账，每月结账时，要在最后一笔经济业务记录下通栏画单红线，结出本月发生额和余额；在摘要栏内注明"本月合计"字样，并在下面通栏画单红线。

（3）对于需要结计本年合计发生额的明细账户，每月结账时，应在"本月合计"行下结出自年初起至本月末止的累计发生额，登记在月份发生额下面，在摘要栏内注明"本月合计"字样，并在下面通栏画单红线。12月末的"本年合计"就是全年累计发生额，在全年累计发生额下面通栏画双红线。

（4）总账账户平时只需结出月末余额。年终结账时，为了总括地反映全年各项资金运动情况的全貌，核对账目，要将所有总账账户结出全年发生额和年末余额，在摘要栏内注明"本年合计"字样，并在下面通栏画双红线。

（5）年度终了结账时，对有余额的账户，应将其余额结转下年，并在摘要栏内注明"结转下年"字样，在下一会计年度新建有关账户的第一行余额栏内填写上年结转的余额，并在摘要栏内注明"上年结转"字样，使年末有余额账户的余额如实地在账户中加以反映，以免混淆有余额的账户和无余额的账户。

特别注意年度终了时结账的方法。需要注意年度终了时，结账时不需要另外填制记账凭证，需要做的只是"复制"数字，以及在摘要栏中注明"结转下年""上年结转"字样。

历年初会考试真题（判断题）

会计账簿和记账凭证核对属于账账核对。（　　）

正确答案： 错

解析： 会计账簿和记账凭证核对属于账证核对。

第五节　错账查找与更正的方法

一、错账查找方法

在日常的会计核算中，会计记账稍有不慎就可能发生各种各样的差错，产生错账，如重记、漏记、数字颠倒、数字错位、数字记错、账户记错、借贷方向记反等。为保证会计信息的准确性，应及时找出差错，并用正确的方法予以更正。

错账查找的方法有很多，从整体上分为全面检查和局部抽查两种方法。

（一）全面检查方法

全面检查方法是指对企业一定时期内的账目逐笔进行核对的方法。全面检查方法按照查找的顺序与记账程序的方向是否相同，又可分为顺查法和逆查法。

（1）顺查法。顺查法是指按照会计记账的顺序，从原始凭证到记账凭证，再到账簿依次查找的方法。顺查法按照记账的先后顺序查找，有利于全面检查账簿记录的正确性，但其查找的工作量大，因此，此方法适用于错账较多，又难以确定查找错账的方向与重点范围的情况。

（2）逆查法。逆查法是指与单位会计记账顺序相反，直接从错账的位置开始，逆向查找错账原因的方法。这种方法能减少查找的工作量，在实际会计工作中使用较多。

（二）局部抽查方法

局部抽查方法是指针对错误的数字抽查账目的方法。局部抽查方法包括差数法、尾数法、除2法和除9法等具体方法。

（1）差数法。差数法是指按照错账的差数查找错账的方法。这种方法主要是用来查明账目是否有重记或漏记的情况存在。例如，在记账过程中只登记了会计分录的借方或贷方，而漏记了另一方，从而造成试算平衡中借方合计与贷方合计不相等的情况。其表现是：若借方金额遗漏，则会使该金额在贷方超出；若贷方金额遗漏，则会使该金额在借方超出。对于这样的差错，会计人员可通过回忆和相关金额的记账核对来查找。

（2）尾数法。尾数法是指对于发生的差错只查找末位数，以提高查错效率的方法。这种方法适合于借贷方金额其他位数都一致，而只有末位数出现差错的情况。检查时只查找金额的"角""分"部分，可提高查错的效率。

（3）除2法。除2法是指以差数除以2来查找错账的方法。当某个借方金额被错记入贷方（或相反）时，出现错账的差数表现为错误的2倍，将此差数除以2，得出的商即反向的金额。

【例8-6】　应记入"原材料——A材料"账户借方的6 000元误被记入贷方，则该明细账户的期末余额将小于其总分类账户期末余额12 000元，差异数12 000元除以2的商6 000元即记反方向的数字。如果不是此类错误，则不适合用"除2法"来查，而应另寻差错的原因。

（4）除9法。除9法是指以差数除以9来查找错账的方法，它适用于以下三种情况。

第一，将数字写小。

【例8-7】　如将900元误记为90元，错误数字比正确数字小9倍。查找的方法是：以差数除以9后得出的商即为写错的数字，商乘以10即为正确的数字。上例差数为810元（900-90），将该差数除以9元，商为90元（810÷9），这90元为错数，扩大10倍后即可得出正确的数字900元（90×10）。

第二，将数字写大。

【例8-8】　如将80写成800，错误数字比正确数字大9倍。查找方法是：以差数除以9后得出的商即为正确的数字，商乘以10即为错误的数字。上例差数为720元（800-80），将该差异数除以9，商为80元（720÷9），这80元为正确的数字，扩大10倍后即可得出错数800元（80×10）。

第三，邻数颠倒。在记账时，如果将相邻的两位数或者三位数的数字记颠倒，如将85记为58或将456记为654，无论是两位数字颠倒还是三位数字颠倒，其不平衡的差额都能被9除尽。

邻数颠倒是指两个相邻的数字前后颠倒，所造成的差额是9的倍数。这个差数除以9所得商的有效数字便是相邻颠倒两数的差值，如将52错记为25，差数27除以9的商数为3，这就是相邻颠倒两数的差值3（5-2），我们可以从与差值相同的两个相邻数范围内去查找，这样就缩小了查找范围。

采用上述方法进行检查后，如果查出是账簿登记的错误，应按规定的更正方法进行更正。若查出的错误确实不属于账簿登记、计算等引起的问题，应及时向相关负责人汇报，同时认真回忆发生的经济业务，仔细检查办理的每一张记账凭证，分析差额产生的原因，直至查出所有差错。

二、错账更正方法

如果账簿记录发生错误，必须按照规定的方法予以更正，不得涂改、挖补、刮擦或用药水消除字迹，也不得重新抄写。错账更正方法通常有划线更正法、红字更正法和补充登记法。

（一）划线更正法

划线更正法又称红线更正法。在结账前发现账簿记录有文字或数字错误，而记账凭证没有错误时，可以采用划线更正法。更正时，可在错误的文字或数字上画一条红线，表示注销，在红线的上方填写正确的文字或数字，并由记账及相关人员在更正处盖章。对于错误的数字，应全部画红线更正，而不得只更正其中的错误数字。而对于文字错误，可只划去错误的部分，而不用把所有文字全部划去。

【例8-9】 某账簿记录中，将6 474.00元误记为4 674.00元。

错误的更正方法是：只划去其中的"46"，改为"64"，正确的更正方法是：应为把"4 674.00"划去，并在上方写上"6 474.00"。

【例8-10】 记账人员张晓根据记账凭证登记账簿时，记账凭证金额为3 486.60元，记账时误记为4 376.60元，应做如下更正：

$$3\ 486.60$$
$$\cancel{4\ 376.60}\ \boxed{张\ 晓}$$

历年初会考试真题（单项选择题）

会计人员在结账前发现记账凭证填制无误，但登记入账时误将600元写成6 000元，下列更正方法正确的是（　　　）。

A. 补充登记法　　　B. 划线更正法　　　C. 横线登记法　　　D. 红字更正法

正确答案：B

解析： 在结账前发现账簿记录有文字或数字错误，而记账凭证没有错误，应当采用划线更正法。

（二）红字更正法

红字更正法又称红字冲账法，是指用红字冲销原有错误的账户记录或凭证记录，以更正或调整账簿记录的一种方法。通常有如下两种情况。

第一种，记账后在当年内发现记账凭证所记的会计科目有错误，从而引起记账错误的，可以采用红字更正法。更正时，应用红字填写一张与原记账凭证完全相同的记账凭证，在摘要栏注明"冲销某月某日第×号记账凭证的错误"，并据以用红字登记入账，以示注销原记账凭证，然后用蓝字填写一张正确的记账凭证，在摘要栏内写明"补记某月某日账"，并据以登记入账。

【例8-11】 甲车间领用A材料1 600元用于一般消耗。

（1）填制记账凭证时，误将借方账户写成"生产成本"，并已登记入账。原错误的记账凭证为：

借：生产成本　　　　　　　　　　　　　　　　　　　　1 600

　　贷：原材料——A材料　　　　　　　　　　　　　　　　　　1 600

（2）发现错误后，用红字填制一张与原错误记账凭证内容完全相同的记账凭证，并据以用红字登记入账。

借：生产成本　　　　　　　　　　　　　　　　　$\boxed{1\ 600}$[①]

　　贷：原材料——A材料　　　　　　　　　　　　　　　$\boxed{1\ 600}$

（3）用蓝字填制一张正确的记账凭证，并据以登记入账。

借：制造费用　　　　　　　　　　　　　　　　　　　　1 600

　　贷：原材料——A材料　　　　　　　　　　　　　　　　　　1 600

第二种，记账后在当年内发现记账凭证所记的会计科目无错误但所记金额大于应记金额，从而引起记账错误的，可以采用红字更正法。更正时应按多记的金额用红字编制一张与原记账凭证应借、应贷科目完全相同的记账凭证，在摘要栏内写明"冲销某月某日第×号记账凭证多记金额"字样，以冲销多记的金额，并据以记账。

【例8-12】 甲企业接受投资者现金投资45 000元，已存入银行。甲企业误做下列记账凭证，并已登记入账。原错误的记账凭证为：

---

① 加框表示红字。

借：银行存款   55 000
  贷：实收资本   55 000

发现错误后，更正时应将多记的金额用红字填制一张与原记账凭证应借、应贷科目完全相同的记账凭证，并据以用红字登记入账。

借：银行存款   10 000
  贷：实收资本   10 000

  在什么情况下采用红字更正法？①记账后发现，会计科目有误；②记账后发现，会计科目无误但所记金额大于应记金额。

（三）补充登记法

补充登记法是在记账后发现记账凭证填写的会计科目无误，只是所记金额小于应记金额时采用的一种更正错账的方法。更正时应按少记的金额用蓝字编制一张与原记账凭证应借、应贷科目完全相同的记账凭证，在摘要栏内写明"补记某月某日第×号记账凭证少记金额"字样，以补充少记的金额，并据以记账。

【例8-13】 收到甲购货单位上月购货款200 000元，已存入银行。在填制记账凭证时，误将其金额写为120 000元，并已登记入账。

借：银行存款   120 000
  贷：应收账款   120 000

发现错误后，应将少记的金额用蓝字填制一张与原记账凭证应借、应贷科目完全相同的记账凭证，并据以登记入账。

借：银行存款   80 000
  贷：应收账款   80 000

  在什么情况下采用补充登记法？①记账后发现；②会计科目无误但所记金额小于应记金额。

历年初会考试真题（判断题）
企业结账前发现记账凭证无误，而账簿记录出现错误，应采用补充登记法更正。（   ）
正确答案：错
解析： 企业结账前发现记账凭证无误，而账簿记录出现错误，应采用划线更正法予以更正。

第六节 会计账簿的更换与保管

一、会计账簿的更换

（一）会计账簿更换的定义

会计账簿的更换是指在会计年度终了时，将本年度的会计账簿更换为次年度新会计账簿的工作。

　　企业在每一新的会计年度开始时都需要建立新账，一般应将上年度已经登记过的会计账簿更换为新会计账簿，以满足在新的会计年度登记交易或事项的需要。但是，是否将所有会计账簿都进行更换，应根据实际情况而定。一般来说，总分类账簿、序时账簿和绝大多数明细分类账簿应当每年度更换一次，而用以记录财产物资的卡片式明细分类账，由于其连续记录的要求比较强，可以跨年度使用。

（二）会计账簿更换的程序

　　会计账簿更换具体包括以下环节。

　　（1）检查本年度会计账簿记录在年终结账时是否全部结清，账户中借方、贷方合计数是否确实已经平衡相等，应结转下年的账户余额是否已在会计账簿中被"结转下年"。

　　（2）根据本年度有余额账户的"结转下年"数字直接记入新年度账户的第一行的"余额"栏，在日期栏注明"1月1日"；在"摘要"栏注明"上年结转"字样；在"借或贷"栏注明余额方向。进行年度之间余额的结转时，不必填制记账凭证。因此，新年度登记余额行中的"凭证编号"栏、"借方"栏和"贷方"栏都空置不填，只填写余额即可。

二、会计账簿的保管

　　会计账簿是会计信息的主要载体，也是企业的重要经济档案，因此，必须建立会计账簿的保管制度，以确保会计账簿的安全与完整。

（一）会计账簿平时管理的要求

　　在平时管理会计账簿时应切实做到以下几点。

　　（1）专人管理，保证安全。对各种会计账簿应指定专人管理。做到分工明确，责任清楚。会计账簿保管人员即负责记账、对账和结账的会计人员，应保证会计账簿的安全完整。

　　（2）查阅复制，须经批准。会计账簿未经会计部门负责人等批准，非经管人员不能随意翻阅查看、摘抄或复制。

　　（3）除非必要，不得外带。会计账簿一般不能携带外出。需要携带外出时，应指定专人负责。

（二）使用过的会计账簿归档保管要求

　　使用过的会计账簿是指年度终了时更换下来的会计账簿。这些会计账簿中记录了企业过去发生的交易或事项，是企业重要的经济档案，更应按要求归档保管。

　　（1）归类整理，保证齐全。归档前应对更换下来的旧会计账簿进行分类整理，检查使用过的会计账簿是否齐全。

　　（2）装订成册，手续完备。对更换下来的会计账簿，应分类装订成册或做捆扎处理，并办理必要的手续。

　　（3）编制清单，归档保管。对更换下来的会计账簿，应填写移交清单，办理移交手续，及时交由单位档案管理部门归档保管。保管人员应按照档案管理办法的要求编制索引、分类储存，以便于日后查阅。

　　（4）妥善保存，期满销毁。对更换下来的会计账簿，应采取一定的安全措施妥善保存，不得任意销毁。保管期满后，应按照规定的审批手续，经报批准后方可销毁。根据规定需要永久保存的会计账簿不能销毁。

拓展阅读

不做假账

A会计师事务所受托对某钢铁厂的存货进行审计，发现存在下列问题：年终经财产清查发现，原材料账实不符。该钢铁厂已经建立完善的内部控制制度，在存货的管理中实行了采购人员、运输人员、保管人员等不同岗位分工负责的内部牵制制度。然而在实际操作中，三者合伙作弊，使内部控制制度失去了监督作用。该钢铁厂20×2年根据生产需要购进各种型号的铁矿石1 500吨，货物自提自用。20×2年7月，采购人员张某办理购货手续后，将发票提货联交由本企业汽车司机胡某负责运输，胡某在运输途中，一方面将800吨铁矿石卖给某企业，另一方面将剩余的700吨铁矿石运到本企业仓库，交保管员王某按1 500吨验收入库，三个人随即分得赃款。财会部门根据发票、运单、入库单等各种原始凭证，认为完全符合规定，照例如数付款。可是在进行年终财产清查时才发现账实不符的严重情况，只得将不足的原材料数量金额先做流动资产的盈亏处理，在期末处理时，将部分作管理费用处理，部分作营业外支出处理。

点评：

采购人员张某、汽车司机胡某、保管员王某三人串通作弊、侵吞企业财物，构成犯罪的，应依法追究法律责任。该企业的会计处理不妥当，对于盘亏的存货应根据造成盘亏的原因，分情况进行转账，对于应由过失人赔偿的损失，应借记"其他应收款"账户。

思考练习题

一、简答题

1. 设置总分类账和明细分类账各有什么作用？
2. 会计账簿按用途分为哪几类？有什么区别？
3. 简述更正错账的方法及其适用范围。
4. 为什么要对账？对账包括哪些内容？
5. 简述会计账簿的账页格式，并分别举例说明。

二、判断题（正确的填"√"，错误的填"×"）

1. 在结账前发现账簿记录有文字或数字错误，但记账凭证没有错误时，会计人员应采用红字更正法进行更正处理。（　　）

2. 账簿记录发生错误时，会计人员应用刮擦、挖补的方式更改错误记录。（　　）

3. 库存现金账应分别设置库存现金总账和库存现金日记账，并分别核算总账和现金日记账。（　　）

4. 三栏式账簿是指采用借方、贷方、余额三个主要栏目的账簿，一般适用于总分类账、现金日记账、银行存款日记账以及所有的明细账。（　　）

5. 按经济业务发生的时间、先后顺序逐日逐笔进行登记的账簿是明细分类账。（　　）

6. 在一个账簿中只可以设立一个账户。（　　）

7. 库存现金日记账中的对方科目是指交易或事项发生以后编制的会计分录中与"银行存款"科目相对应的会计科目。（　　）

8. 对本月没有发生额的账户，可不进行月结。（　　）

9. 为检验本年账户登记的正确性，上一年结转过来的余额，在处理时应列于相反方向。（　　）

10. 所谓账证核对，是指对账时将账簿的记录与有关的会计凭证进行核对。（　　）

三、单项选择题

1. 下列选项中，适用于总分类账的是（　　）。

    A. 订本式   B. 活页式   C. 多栏式   D. 数量金额式

2. 下列选项中，适用于多栏式明细分类账的是（　　）明细账。

    A. 管理费用   B. 产成品   C. 原材料   D. 应收账款

3. 记账后，如果发现记账错误是由于记账凭证所列示的会计科目或金额有错误引起的，可采用的错账更正方法是（　　）。

    A. 补充登记法   B. 划线更正法

    C. 红字更正法   D. 选项 A、B 均可以

4. 记账凭证上记账栏中的"√"记号表示（　　）。

    A. 已经登记入账   B. 不需登记入账

    C. 此凭证作废   D. 此凭证编制正确

5. 根据记账凭证过账时，将890元误记为980元，更正这种错误应采用（　　）法。

    A. 红字更正   B. 补充登记   C. 划线更正   D. 平行登记

6. 下列科目的明细账中，应采用"借方多栏式"账页格式的是（　　）。

    A. 制造费用   B. 原材料

    C. 应交税费   D. 主营业务收入

7. 下列各类账簿中，必须逐日、逐笔登记的账簿是（　　）。

    A. 明细账   B. 总分类账   C. 日记账   D. 备查账

8. 收入类明细账，一般应采用的账页格式是（　　）。

    A. 多栏式   B. 任意格式   C. 三栏式   D. 数量金额式

9. 下列选项中，适用于总分类账与特种日记账的外表形式是（　　）。

    A. 活页式   B. 订本式

    C. 卡片式   D. 选项 A、C 均可

10. 下列既可以作为登记总账依据，又可以作为登记明细账依据的是（　　）。

    A. 记账凭证   B. 汇总记账凭证   C. 原始凭证   D. 科目汇总表

四、多项选择题

1. 下列账簿中，必须按月结计发生额的是（　　）。

    A. 库存现金总账   B. 银行存款总账

    C. 库存现金日记账   D. 银行存款日记账

2. 记账后，发现记账凭证中应借、应贷会计科目正确，只是金额发生错误，可采用的错账更正方法有（　　）。

    A. 划线更正法   B. 横线登记法   C. 红字更正法   D. 补充登记法

3. 企业到银行提取现金9 000元备用的会计交易或事项，应登记的账簿有（　　）。

    A. 总分类账   B. 备查账

    C. 银行存款日记账   D. 库存现金日记账

4. 下列专用记账凭证中，可以作为库存现金日记账登记依据的有（　　）。

    A. 现金收款凭证   B. 现金付款凭证   C. 银行存款收款凭证   D. 转账凭证

5. 明细账账页格式有三栏式、数量金额式、多栏式，分别适用于（　　）。

    A. 债权债务明细账   B. 卡片式明细账

    C. 材料物资类明细账   D. 收入、费用成式明细账

6. 下列选项中，属于多栏式明细分类账进一步分类的有（ ）明细账。

    A. 借方多栏式   B. 贷方多栏式

    C. 借方贷方多栏式   D. 对方科目多栏式

    E. 全部科目多栏式

7. 下列选项中，属于明细分类账登记依据的是（ ）。

    A. 原始凭证   B. 汇总原始凭证   C. 汇总记账凭证   D. 记账凭证

8. 在会计实务中，红色墨水可用于（ ）。

    A. 画线   B. 结账   C. 对账   D. 冲账

9. 总账与其所属明细账之间的登记，应该做到（ ）。

    A. 登记的时点相同   B. 登记的方向相同

    C. 登记的金额相同   D. 登记的原始依据相同

10. 下列选项中，属于对账的内容有（ ）。

    A. 账证核对   B. 账表核对   C. 账实核对   D. 账账核对

五、综合练习题

1. 大鹏公司20×2年6月30日银行存款日记账余额为350 000元，库存现金日记账余额为5 000元。7月上旬发生下列银行存款和现金收付业务。

（1）1日，收到投资者的投入资本金30 000元，款项已存入银行（银收701号）。

（2）1日，以银行存款20 000元支付W公司货款（银付701号）。

（3）1日，以银行存款15 000元偿付短期借款（银付702号）。

（4）2日，将现金2 000元存入银行（现付701号）。

（5）2日，以现金暂付职工差旅费3 000元（现付702号）。

（6）3日，收到应收账款6 000元，款项已存入银行（银收702号）。

（7）4日，从银行提取现金5 000元备用（银付703号）。

（8）5日，以银行存款1 800元支付厂部水电费（银付704号）。

（9）6日，以银行存款40 000元支付购买材料款（银付705号）。

（10）7日，销售A产品一批，收到货款5 800元，款项已存入银行（银收703号）。

（11）8日，以银行存款缴纳城市维护建设税4 500元（银付706号）。

（12）10日，收到包装物押金800元，出纳以现金收讫（现收701号）。

要求：根据以上资料登记库存现金日记账和银行存款日记账，并结出1~10日的累计余额。

2. 华夏公司8月1日库存现金日记账的余额为800元，当日发生的现金收付交易或事项如下。

（1）支付购买材料的运费150元（假定不考虑税金的处理）。（提示：借方科目为"在途物资"）

（2）公司工作人员张达报销差旅费2 400元，出差前借款为2 000元，垫付部分400元已付给张达本人。

（3）从银行提取现金15 000元，准备向员工发放工资。

（4）用现金15 000元向员工发放工资。（提示：借方科目为"应付职工薪酬"）

（5）公司职员王林报销差旅费2 250元，出差前借款为3 000元，剩余款750元交回财会部门。

（6）处理积压材料收入现金1 800元（假定不考虑税金的处理）。（提示：贷方科目为"其他业务收入"）

（7）将库存现金1 000元存入银行。

要求：

（1）根据资料确认应填制专用记账凭证的名称，并按五种编号方法为记账凭证编号。

（2）根据编制的专用记账凭证逐笔登记库存现金日记账，计算当日余额。

（3）逐笔登记"库存现金"总分类账，计算当日余额。

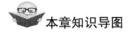

第九章

账务处理程序

引导案例

　　华晨商场是一家中等规模的商场，假设20×2年12月8日有一位顾客在办公用品柜台购买了一台小型复印机，价值2 700元，收银台收到顾客支付的现金并开具了发票，该顾客到柜台取走复印机。

　　思考：

　　这笔经济业务将按怎样的过程最终反映在华晨商场的月末会计报表中？

　　分析：

　　这笔销售业务的销售发票（销售联）和现金、现金收款单将由收银台交会计部门，柜台的销售单也将交给会计部门。会计部门以销售发票和现金收款单作为原始凭证，编制销售业务的记账凭证，并登记主营业务收入明细账、应交增值税明细账和库存现金日记账。以柜台的销售单为原始凭证逐日或定期编制结转销售成本的记账凭证，并登记主营业务成本明细账和库存商品明细账。会计部门定期以记账凭证或其他汇总形式的记账凭证为依据登记主营业务收入总账、应交税费总账、库存现金总账、主营业务成本总账和库存商品总账。月末，主营业务收入总账账户和主营业务成本总账账户的发生额反映在利润表中，库存现金总账账户、应交税费总账账户和库存商品总账账户的余额反映在资产负债表中，以上账户的发生额和余额中均包含了该笔销售业务的金额。

第一节 账务处理程序概述

一、账务处理程序的概念与意义

　　账务处理程序又称会计核算组织程序或会计核算形式，是指利用不同种类或格式的会计凭证、会计账簿和财务报表对发生的经济业务进行记录和反映的账务处理方式，包括账簿组织和记账程序两个部分的内容。账簿组织是

账务处理程序

指会计凭证和会计账簿的种类、格式，会计凭证与账簿之间的联系方法。记账程序是指由填制、审核原始凭证到填制、审核记账凭证，登记日记账、明细分类账和总分类账，编制财务报表的工作程序和方法等。

科学、合理地选择账务处理程序的意义主要有：①有利于规范会计工作，保证会计信息加工过程的严密性，提高会计信息质量；②有利于保证会计记录的完整性和正确性，增强会计信息的可靠性；③有利于减少不必要的会计核算环节，提高会计工作效率，保证会计信息的及时性。

二、账务处理程序的种类

企业常用的账务处理程序主要有记账凭证账务处理程序、汇总记账凭证账务处理程序和科目汇总表账务处理程序等。它们之间的主要区别为登记总分类账的依据和方法不同。

（一）记账凭证账务处理程序

记账凭证账务处理程序是指对发生的经济业务，先根据原始凭证或汇总原始凭证填制记账凭证，再直接根据记账凭证登记总分类账的一种账务处理程序。

（二）汇总记账凭证账务处理程序

汇总记账凭证账务处理程序是指先根据原始凭证或汇总原始凭证填制记账凭证，定期根据记账凭证分类编制汇总收款凭证、汇总付款凭证和汇总转账凭证，再根据汇总记账凭证登记总分类账的一种账务处理程序。

（三）科目汇总表账务处理程序

科目汇总表账务处理程序又称记账凭证汇总表账务处理程序，是指根据记账凭证定期编制科目汇总表，再根据科目汇总表登记总分类账的一种账务处理程序。

第二节 记账凭证账务处理程序

记账凭证账务处理程序是指对发生的经济业务，先根据原始凭证或汇总原始凭证填制记账凭证，再直接根据记账凭证登记总分类账的一种账务处理程序。

一、一般步骤

记账凭证账务处理程序的一般步骤如下：

（1）根据原始凭证填制汇总原始凭证；

（2）根据原始凭证或汇总原始凭证，填制收款凭证、付款凭证和转账凭证，也可以填制通用记账凭证；

（3）根据收款凭证和付款凭证逐笔登记库存现金日记账和银行存款日记账；

（4）根据原始凭证、汇总原始凭证和记账凭证，登记各种明细分类账；

（5）根据记账凭证逐笔登记总分类账；

（6）期末，将库存现金日记账、银行存款日记账和明细分类账的余额与有关总分类账的余额核对相符。

（7）期末，根据总分类账和明细分类账的记录编制财务报表。

记账凭证账务处理程序如图 9-1 所示。

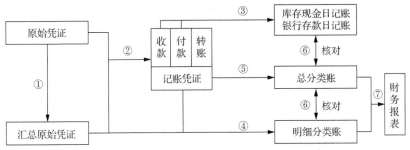

图 9-1　记账凭证账务处理程序

二、记账凭证账务处理程序的特点、优缺点及适用范围

记账凭证账务处理程序的特点是直接根据记账凭证对总分类账进行逐笔登记。

记账凭证账务处理程序的优点是简单明了，易于理解，总分类账可以较详细地反映经济业务的发生情况；缺点是登记总分类账的工作量较大，同时账页耗用多，预留多少账页难以把握。

适用范围：该账务处理程序适用于规模较小、经济业务量较少的单位。

历年初会考试真题（单项选择题）

根据记账凭证逐笔登记总分类账是（　　）账务处理程序的主要特点。

A. 总账记账凭证　　　B. 科目汇总表　　　C. 多栏式日记账　　D. 记账凭证

正确答案：D

第三节 | 汇总记账凭证账务处理程序

汇总记账凭证账务处理程序是指先根据原始凭证或汇总原始凭证填制记账凭证，定期根据记账凭证分类编制汇总收款凭证、汇总付款凭证和汇总转账凭证，定期再根据汇总记账凭证登记总分类账的一种账务处理程序。

一、汇总记账凭证的编制方法

汇总记账凭证是指对一段时期内同类记账凭证进行定期汇总而编制的记账凭证。汇总记账凭证可以分为汇总收款凭证、汇总付款凭证和汇总转账凭证，三种凭证有不同的编制方法。

（一）汇总收款凭证的编制

汇总收款凭证根据"库存现金"和"银行存款"账户的借方进行编制。汇总收款凭证是在对各账户对应的贷方分类之后，进行汇总编制的。总分类账根据各汇总收款凭证的合计数进行登记，分别记入"库存现金"和"银行存款"总分类账户的借方，并将汇总收款凭证上各账户贷方的合计数分别记入有关总分类账户的贷方。汇总收款凭证的格式如表 9-1 所示。

表 9-1   汇总收款凭证

借方账户：   年 月   汇收第 号

贷方账户	金额				总账页数	
	1日至10日收款凭证第 号至第 号	11日至20日收款凭证第 号至第 号	21日至31日收款凭证第 号至第 号	合计	借方	贷方
合计						

（二）汇总付款凭证的编制

汇总付款凭证根据"库存现金"和"银行存款"账户的贷方进行编制。汇总付款凭证是在对各账户对应的借方分类之后，进行汇总编制的。总分类账根据各汇总付款凭证的合计数进行登记，分别记入"库存现金"和"银行存款"总分类账户的贷方，并将汇总付款凭证上各账户借方的合计数分别记入有关总分类账户的借方。汇总付款凭证的格式如表 9-2 所示。

表 9-2   汇总付款凭证

贷方账户：   年 月   汇付第 号

借方账户	金额				总账页数	
	1日至10日付款凭证第 号至第 号	11日至20日付款凭证第 号至第 号	21日至31日付款凭证第 号至第 号	合计	借方	贷方
合计						

（三）汇总转账凭证的编制

汇总转账凭证通常根据所设置账户的贷方进行编制。汇总转账凭证是在对所设置账户对应的借方账户分类之后，进行汇总编制的。总分类账根据各汇总转账凭证的合计数进行登记，分别记入对应账户的总分类账户的贷方，并将汇总转账凭证上各账户借方的合计数分别记入有关总分类账户的借方。值得注意的是，在编制的过程中贷方账户必须唯一，借方账户可为一个或多个，即转账凭证必须一借一贷或多借一贷。

如果在一个月内某一贷方账户的转账凭证不多，可不编制汇总转账凭证，直接根据单个的转账凭证登记总分类账。汇总转账凭证的格式如表 9-3 所示。

表 9-3   汇总转账凭证

贷方账户：   年 月   汇转第 号

贷方账户	金额				总账页数	
	1日至10日转账凭证第 号至第 号	11日至20日转账凭证第 号至第 号	21日至31日转账凭证第 号至第 号	合计	借方	贷方
合计						

关于各类汇总凭证的编制方法，很容易混淆，现总结如下：①汇总收款凭证，应分别按照"库存现金"和"银行存款"账户的借方编制，并按其对应的贷方账户归类、汇总；②汇总付款凭证，应分别按照"库存现金"和"银行存款"账户的贷方编制，并按其对应的借方账户归类、汇总；③汇总转账凭证应按照每一账户的贷方分别编制，并按其对应的借方账户归类、汇总。

二、一般步骤

汇总记账凭证账务处理程序的一般步骤如下：

（1）根据原始凭证填制汇总原始凭证；

（2）根据原始凭证或汇总原始凭证，填制收款凭证、付款凭证和转账凭证，也可以填制通用记账凭证；

（3）根据收款凭证、付款凭证逐笔登记库存现金日记账和银行存款日记账；

（4）根据原始凭证、汇总原始凭证和记账凭证，登记各种明细分类账；

（5）根据各种记账凭证编制有关汇总记账凭证；

（6）根据各种汇总记账凭证登记总分类账；

（7）期末，将库存现金日记账、银行存款日记账和明细分类账的余额与有关总分类账的余额核对相符；

（8）期末，根据总分类账和明细分类账的记录，编制财务报表。

汇总记账凭证账务处理程序，如图9-2所示。

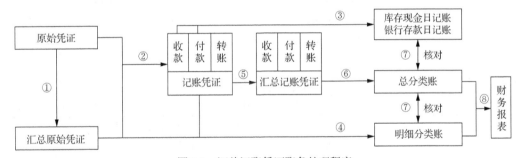

图9-2 汇总记账凭证账务处理程序

三、汇总记账凭证账务处理程序的特点、优缺点及适用范围

汇总记账凭证账务处理程序的特点是先根据记账凭证编制汇总记账凭证，再根据汇总记账凭证登记总分类账。

汇总记账凭证账务处理程序的优点是减轻了登记总分类账的工作量；由于按照账户对应关系汇总编制记账凭证，便于了解账户之间的对应关系；缺点是当转账凭证较多时，编制汇总转账凭证的工作量较大，并且按每一贷方账户编制汇总转账凭证，不利于会计核算的日常分工。

适用范围：该账务处理程序适合规模较大、经济业务较多的单位。

第四节

科目汇总表账务处理程序

科目汇总表账务处理程序又称记账凭证汇总表账务处理程序，是指根据记账凭证定期编制科目汇总表，再根据科目汇总表登记总分类账的一种账务处理程序。

一、科目汇总表的编制方法

科目汇总表又称记账凭证汇总表，是企业通常定期对全部记账凭证进行汇总后，按照不同的会计科目分别列示各账户借方发生额和贷方发生额的一种汇总凭证。科目汇总表的编制方法是，根据一定时期内的全部记账凭证，按照会计科目定期归类汇总出每一个账户的借方本期发生额和贷方本期发生额，填写在科目汇总表的相关类、栏内。科目汇总表可每月编制一张，按旬汇总，也可每旬汇总一次编制一张。任何格式的科目汇总表，都只反映各个账户的借方本期发生额和贷方本期发生额，而不反映各个账户之间的对应关系。科目汇总表的一般格式，分别如表 9-4 和表 9-5 所示。

表9-4　　　　　　　　　　　　　　科目汇总（按月）

年　月　日至　日　　　　　　　　　　　　　　　第　号

会计科目	总账页数	本期发生额		记账凭证起讫号数
		借　方	贷　方	
合计				

会计主管：　　　　　　　　会计：　　　　　　　　复核：　　　　　　　　制表：

表9-5　　　　　　　　　　　　　　科目汇总表（按旬）

年　　月　　　　　　　　　　　　　　　　　第　号

会计科目	总账页数	1~10 日		11~20 日		21~31 日		记账凭证起讫号数
		借方	贷方	借方	贷方	借方	贷方	
合计								

会计主管：　　　　　　　　会计：　　　　　　　　复核：　　　　　　　　制表：

二、一般步骤

科目汇总表账务处理程序的一般步骤如下：

（1）根据原始凭证填制汇总原始凭证；

（2）根据原始凭证或原始凭证汇总表填制记账凭证；

（3）根据收款凭证、付款凭证逐笔登记库存现金日记账和银行存款日记账；

（4）根据原始凭证、原始凭证汇总表和记账凭证，登记各种明细分类账；

（5）根据各种记账凭证编制科目汇总表；

（6）根据科目汇总表登记总分类账；

（7）期末，将库存现金日记账、银行存款日记账和明细分类账的余额同有关总分类账的余额核对相符；

（8）期末，根据总分类账和明细分类账的记录，编制财务报表。

科目汇总表账务处理程序，如图9-3所示。

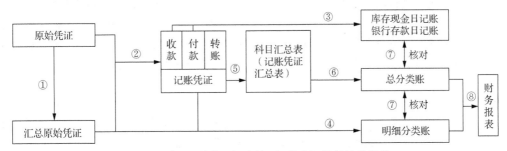

图9-3 科目汇总表（记账凭证汇总表）账务处理程序

三、科目汇总表账务处理程序的特点、优缺点及适用范围

科目汇总表账务处理程序的特点是先将所有记账凭证汇总编制成科目汇总表，然后以科目汇总表为依据登记总分类账。

科目汇总表账务处理程序的优点是减轻了登记总分类账的工作量，易于理解，方便学习，并可做到试算平衡；缺点是科目汇总表不能反映各个账户之间的对应关系，不利于对账目进行检查。

该账务处理程序适用于规模较大、经济业务较多的单位。

【归纳总结】三种账务处理程序对比表如表9-6所示。

表9-6　　　　　　　　　　　三种账务处理程序对比表

内容种类	记账凭证账务处理程序	汇总记账凭证账务处理程序	科目汇总表账务处理程序
优点	简单明了、易于理解，总分类账可以较详细地反映经济业务的发生情况	减轻了登记总分类账的工作量，便于了解账户之间的对应关系	减轻了登记总分类账的工作量，易于理解，方便学习，并可以做到试算平衡
缺点	登记总分类账的工作量较大，账页耗用多，预留多少账页难以把握	当转账凭证较多时，编制汇总转账凭证的工作量较大，并且按每一贷方账户编制汇总转账凭证，不利于会计核算的日常分工	科目汇总表不能反映各个账户之间的对应关系，不利于对账目进行检查
适用范围	规模较小、经济业务量较少的单位	规模较大、经济业务较多的单位	规模较大、经济业务较多的单位
登记总账的依据（三种程序的主要区别）	根据记账凭证逐笔登记总分类账	根据汇总记账凭证登记总分类账	根据科目汇总表（又称记账凭证汇总表）登记总分类账

历年初会考试真题（单项选择题）

科目汇总表账务处理程序和汇总记账凭证账务处理程序的主要相同点是（　　　）。

A. 登记总账的依据相同　　　　　　　　B. 简化了登记总分类账的工作量

C. 记账凭证的汇总方法相同　　　　　　D. 凭证的汇总及记账步骤相同

正确答案：B

拓展阅读

某名人工作室逃税

"无规矩不成方圆"，会计基础工作薄弱，不仅影响了会计职能的有效发挥，在一定程度上也干扰了社会经济秩序，所以必须将会计工作置于法律、法规的约束和规范之下。但是在会计实务中，弄虚作假、篡改账目等多种违法违规的操作依然存在。如某名人工作室通过签订"阴阳合同"，在财务核算中建立两套账，在税务机关展开调查期间隐匿、故意销毁涉案公司会计凭证、会计账簿，阻挠税务机关依法调查，违反了《中华人民共和国会计法》《中华人民共和国税法》，结果被罚款超过8亿元。

点评：

有些企业一听到税务机关查补税款，第一反应就是把会计账簿藏起来或毁掉，以为这样就没事了。但根据《中华人民共和国刑法》第一百六十二条规定，隐匿账簿情况严重的，处五年以下有期徒刑或者拘役。偷税者若按期补缴则可免除刑事责任，而销毁账簿者则直接负有刑事责任。所以财会人员要认真学习相关会计法规，规范会计处理。

思考练习题

一、简答题

1. 选择账务处理程序的意义主要有哪些？
2. 记账凭证账务处理程序有何特点及优缺点？适合哪些企业？
3. 汇总记账凭证账务处理程序有何特点及优缺点？适合哪些企业？

二、判断题（正确的填"√"，错误的填"×"）

1. 会计核算组织程序是包括交易或事项的确认、计量和报告环节在内的处理过程。（　　　）
2. 交易或事项的处理是以会计的初始确认为起点的，经过确认即可进入会计记录环节，记入有关账簿。（　　　）
3. 在会计期末时，经过再次确认和计量，企业应将当期的交易和事项信息列报于财务报告文件之中，并对外报告。（　　　）
4. 记账凭证包括专用记账凭证、通用记账凭证、汇总记账凭证和科目汇总表等。这些记账凭证在某一特定企业中可以随意采用。（　　　）
5. 专用记账凭证与通用记账凭证不能在一种会计核算组织程序中同时并用。（　　　）
6. 在一种会计处理组织程序中，通用记账凭证和汇总记账凭证可以在一个企业中同时使用。（　　　）
7. 专用记账凭证会计核算组织程序是最基本的会计核算组织程序。（　　　）
8. 在专用记账凭证会计核算组织程序下，总分类账是根据科目汇总表汇总的数字登记的。（　　　）
9. 在通用记账凭证会计核算组织程序下，应根据交易或事项发生以后所填制的专用记账凭证直接登记总分类账。（　　　）
10. 填制专用记账凭证是各种会计核算组织程序所共有的账务处理步骤。（　　　）

三、单项选择题

1. 会计单、证、账、表按一定的程序与方法有机结合的方式，可称为（　　　）。

    A. 账簿组织　　　　B. 记账流程　　　　　　C. 账务处理程序　　　　　　D. 会计循环

2. 汇总付款凭证是登记（　　）的依据。

    A. 库存现金日记账　　　　　　　　　　B. 银行存款日记账

    C. 明细账　　　　　　　　　　　　　　D. 总账

3. 科目汇总表账务处理程序下，登记总账的依据是（　　）。

    A. 收、付、转记账凭证　　　　　　　　B. 汇总收、付、转记账凭证

    C. 汇总记账凭证　　　　　　　　　　　D. 科目汇总表

4. （　　）账务处理程序适合经济规模小、业务比较简单、记账凭证不多的单位。

    A. 记账凭证　　　　B. 汇总记账凭证　　　　C. 科目汇总表　　　　D. 日记总账

5. 记账凭证账务处理程序主要的特点是（　　）。

    A. 根据各种记账凭证编制汇总记账凭证　　B. 根据各种记账凭证逐笔登记总账

    C. 根据各种记账凭证编制科目汇总表　　　D. 根据各种汇总记账凭证登记总账

6. （　　）账务处理程序是最基本的一种账务处理程序。

    A. 日记总账　　　　B. 汇总记账凭证　　　　C. 科目汇总表　　　　D. 记账凭证

7. 在各种不同账务处理程序中，不能作为登记总账依据的是（　　）。

    A. 记账凭证　　　　B. 汇总记账凭证　　　　C. 汇总原始凭证　　　　D. 科目汇总表

8. 规模较小、业务量较少的单位适用（　　）。

    A. 记账凭证账务处理程序　　　　　　　B. 汇总记账凭证账务处理程序

    C. 多栏式日记账账务处理程序　　　　　D. 科目汇总表账务处理程序

9. 汇总记账凭证账务处理程序与科目汇总表账务处理程序的相同点是（　　）。

    A. 登记总账的依据相同　　　　　　　　B. 记账凭证的汇总方法相同

    C. 保持了账户间的对应关系　　　　　　D. 简化了登记总分类账的工作量

10. 汇总记账凭证是依据（　　）编制的。

    A. 记账凭证　　　　B. 原始凭证　　　　C. 原始凭证汇总表　　　　D. 各种总账

四、多项选择题

1. 会计账务处理程序规定了（　　）。

    A. 账簿组织及登记方法　　　　　　　　B. 会计报表的编制步骤和方法

    C. 记账程序和方法　　　　　　　　　　D. 凭证组织及填制方法

2. 登记总分类账的依据可以是（　　）。

    A. 记账凭证　　　　　　　　　　　　　B. 汇总记账凭证

    C. 科目汇总表　　　　　　　　　　　　D. 原始凭证汇总表

3. 各种账务处理程序的相同之处表现为（　　）。

    A. 根据原始凭证编制汇总原始凭证

    B. 根据原始凭证或原始凭证汇总表填制记账凭证

    C. 根据记账凭证逐笔登记总账

    D. 根据总账及明细账编制会计报表

4. 在实际工作中，常用的账务处理程序主要有（　　）。

    A. 记账凭证账务处理程序　　　　　　　B. 汇总记账凭证账务处理程序

    C. 科目汇总表账务处理程序　　　　　　D. 日记总账账务处理程序

5. 采用普通三栏式格式登记账簿的有（　　）。

    A. 总账　　　　　　　　　　　　　　　B. 库存现金日记账

    C. 银行存款日记账　　　　　　　　　　D. 销售费用明细账

6. 记账凭证账务处理程序下，登记总账的依据有（　　　）。

  A. 通用记账凭证   B. 收、付款记账凭证

  C. 转账凭证   D. 科目汇总表

7. 汇总记账凭证是指（　　　）。

  A. 汇总收款凭证   B. 汇总付款凭证

  C. 汇总转账凭证   D. 汇总通用记账凭证

8. 以下不是汇总转账凭证中的科目对应关系的有（　　　）。

  A. 一个借方科目与一个贷方科目相对应 B. 一个借方科目与多个贷方科目相对应

  C. 多个借方科目与一个贷方科目相对应 D. 多个借方科目与多个贷方科目相对应

9. 在下列各项中，属于科目汇总表会计处理组织程序所适用企业应具备的特点有（　　　）。

  A. 规模比较大   B. 规模比较小

  C. 交易或事项量比较多   D. 记账凭证使用量大

10. 可以简化登记总账工作量的账务处理程序有（　　　）。

  A. 记账凭证账务处理程序   B. 科目汇总表账务处理程序

  C. 汇总记账凭证账务处理程序 D. 多栏式日记账账务处理程序

五、综合练习题

复兴公司20×2年11月21日至30日发生以下经济业务。

（1）向大华工厂购入A材料500千克，单价140元，增值税为9 100元，货款以银行存款支付。

（2）以现金支付A材料运杂费200元。

（3）A材料500千克验收入库，按实际成本转账。

（4）行政部张清出差归来，报销差旅费5 800元，以现金支付。

（5）仓库发出B材料400千克，单价100元，其中，300千克用于生产甲产品，100千克用于生产乙产品。

（6）购入新机器一台，价值50 000元，增值税为6 500元，以银行存款支付。

（7）销售给大发公司甲产品200件，每件300元，增值税为7 800元，货款尚未收到。

（8）仓库发出A材料200千克，每千克单价130元，用于生产甲产品。

（9）以现金290元支付销售产品运杂费。

（10）开出现金支票1 800元，提取现金。

（11）以转账支票550元购买管理部门办公用品。

（12）售出乙产品100件，价款为50 000元，增值税税额为6 500元，货款存入银行。

（13）收到华西公司所欠货款8 000元，存入银行。

（14）从银行提取现金46 000元，备用。

（15）以银行存款支付本月电费4 800元，其中，车间用电4 000元，管理部门用电800元。

（16）计提本月职工工资109 000元，其中，生产工人工资68 200元（甲产品工人工资43 600元，乙产品工人工资24 600元），车间技术、管理人员工资16 200元，行政管理部门人员工资24 600元。

（17）计提本月固定资产折旧4 890元，其中，车间用固定资产折旧3 400元，行政管理部门固定资产折旧1 490元。

（18）从南湖工厂购入B材料300千克，单价120元，增值税为4 680元，货款尚未支付。

要求：

（1）根据上列经济业务编制会计分录。

（2）根据会计分录编制科目汇总表。

（3）依据科目汇总表登记相关总账。

第十章

财产清查

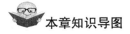

本章知识导图

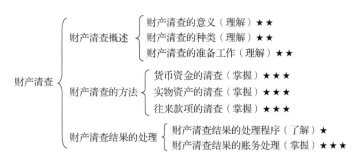

财产清查 {
　财产清查概述 {
　　财产清查的意义（理解）★★
　　财产清查的种类（理解）★★
　　财产清查的准备工作（理解）★★
　}
　财产清查的方法 {
　　货币资金的清查（掌握）★★★
　　实物资产的清查（掌握）★★★
　　往来款项的清查（掌握）★★★
　}
　财产清查结果的处理 {
　　财产清查结果的处理程序（了解）★
　　财产清查结果的账务处理（掌握）★★★
　}
}

引导案例

20×2年7月28日，北方公司的一号仓库突然失火，导致存放在此处的产成品部分烧毁，幸好扑救及时，未造成严重损失。事后，公司成立了调查组，查明本次火灾导致60件产成品被烧毁，因此，导致月末仓库产成品实存数与账存数不一致。而本次火灾是仓管人员在仓库吸烟导致的，属于责任事故。该批产成品价值3 000元，公司要求该仓管人员赔偿。

分析：

因为保管不力、自然灾害等原因，公司财产在实存与账存上可能出现不一致的情况。为了加强管理，公司应定期组织相关人员进行财产清查，以确保账实相符。而对于在清查中发现的差异，会计人员应进行相应的会计处理。

第一节 财产清查概述

一、财产清查的意义

财产清查是指通过对实物资产、货币资金和往来款项的核对，查明其实有数和账面数是否相符的一种会计核算的方法。企业财产物资的增减变动和结存情况都应通过账簿进行记录。从理论上说，账簿上的结存数与实存数应该是一致的。但是，在实际工作中，由于种种原因，账簿记录会发生差错，各项财产的实际结存数也会发生差错，造成账存数与实存数发生差异。企业账实不符的原因是多方面的，一般有以下几种。

（1）在收发物资过程中，由于计量、检验不准确而造成品种、数量或质量上的差错。

（2）财产物资在运输、保管、收发过程中，在数量上发生自然增减变化。

（3）在财产增减变动中，手续不齐或计算、登记发生错误。

（4）由于管理不善或工作人员失职，造成财产损失、变质或短缺等。

（5）贪污盗窃、营私舞弊造成的损失。

（6）自然灾害造成的非正常损失。

（7）未达账项引起的账账、账实不符等。

上述种种原因都会影响账实的一致性。因此，运用财产清查的手段，对各种财产物资进行定期或不定期的核对和盘点，具有十分重要的意义。

（一）保证账实相符，使会计资料真实可靠

通过财产清查可以确定各项财产物资的实际结存数，将账面结存数和实际结存数进行核对，可以揭示各项财产物资的溢缺情况，从而及时地调整账面结存数，保证账簿记录真实、可靠。

（二）保护财产物资的安全和完整

通过财产清查，可以查明企业各项财产物资是否完整，有无缺损、霉变现象，以便堵塞漏洞，改进和健全各种责任制，切实保证财产物资的安全和完整。

（三）挖掘财产潜力，加速资金周转

通过财产清查可以及时查明各种财产物资的结存和利用情况。企业如发现有闲置不用的财产物资应及时加以处理，以充分发挥它们的效能；企业如发现有呆滞积压的财产物资，也应及时加以处理，并分析原因，采取措施，改善经营管理。这样，可以使财产物资得到充分合理的利用，加速资金周转，提高企业的经济效益。

（四）保证财经纪律和结算纪律的执行

通过对财产物资、货币资金及往来款项的清查，可以查明有关业务人员是否遵守财经纪律和结算纪律，有无贪污盗窃、挪用公款的情况；查明资金使用是否合理，是否符合党和国家的方针政策和法规，从而使工作人员更加自觉地遵纪守法，自觉维护和遵守财经纪律。

二、财产清查的种类

财产清查，按照清查对象的范围不同，可以分为全面清查和局部清查；按照清查的时间不同，则可以分为定期清查和不定期清查。

（一）全面清查与局部清查

1. 全面清查

全面清查是指对企业全部的财产物资进行盘点与核对。对于工业企业而言，其全部清查对象主要包括：各种存货、各种固定资产、货币资金、往来款项等。全面清查范围广，工作量大。因此，一般在以下几种情况下需要进行全面清查：

（1）年终决算前；

（2）单位撤销、合并或改变隶属关系；

（3）中外合资、国内联营，企业改组、改制、兼并等；

（4）开展清产核资；

（5）单位主要负责人调离工作岗位。

2. 局部清查

局部清查是指根据需要只对财产中某些重点部分进行的清查。局部清查的主要对象是货币资金、原材料、库存商品等流动性较大的财产。一般情况下，局部清查包括以下内容。

（1）库存现金应由出纳人员每日盘点一次，做到日清月结；

（2）银行存款和银行借款，应该由出纳人员每月同银行核对一次；

（3）对材料、在产品和产成品除了年度清查外，应有计划地每月重点抽查；

（4）贵重的财产物资，应每月清查盘点一次；

（5）债权债务，应在年度内核对一次至两次，有问题应及时核对，及时解决。

（二）定期清查和不定期清查

1. 定期清查

定期清查是指在规定的时间内所进行的财产清查。一般是在年末、季末、月末结账前进行。

2. 不定期清查

不定期清查也称临时清查，是指根据实际需要所进行的一种临时性清查。

定期清查和不定期清查的范围应视具体情况而定，可以是全面清查，也可以是局部清查。一般需要进行不定期清查的情况如下：

（1）有关财产物资、货币资金的保管人员变更时，要对其负责保管的财产物资、货币资金进行清查、核对，以明确责任；

（2）发生自然损失和意外损失后，要对受损财产进行清查，以查明损失情况；

（3）上级主管单位、财政部门、银行及审计部门进行检查和审计时，应根据需要，依检查的要求进行清查，以验证会计核算资料的可靠性；

（4）会计主体隶属关系改变时，要对所有财产物资、债权债务、货币资金进行清查，以摸清家底；

（5）发现有贪污舞弊行为发生时，需要进行不定期清查。

三、财产清查的准备工作

财产清查是一项复杂、细致的工作，它涉及面广、政策性强、工作量大。为了使财产清查工作能够有组织、有步骤和有序地顺利进行，一般应在企业单位负责人（如厂长、经理等）的领导下，由会计、业务、仓库等有关部门的人员组成财产清查的专门班子，具体负责财产清查的领导工作。在清查前，必须做好以下几项准备工作。

（1）清查小组制订财产清查计划，确定清查对象、范围，配备清查人员，明确清查任务。

（2）财务部门要将总账、明细账等有关资料登记齐全，核对正确，结出余额。保管部门将所保管的各种财产物资以及账簿、账卡挂上标签，标明品种、规格、数量，以备查对。

（3）对于银行存款和银行借款，应从银行取得对账单，以便查对。

（4）对需要使用的度量衡器，要提前校验正确，保证计量准确。对需要使用的所有表册，都要准备妥当。

（5）准备好各种清查使用的表册，如盘点表、实存账存对比表等。

历年初会考试真题（单项选择题）

企业在遭受自然灾害后，对其受损的财产物资进行的清查，属于（　　）。

A. 局部清查和定期清查　　　　　　　B. 全面清查和定期清查

C. 局部清查和不定期清查　　　　　　D. 全面清查和不定期清查

正确答案：C

解析：企业在遭受自然灾害后进行的清查，主要是对受损的财产物资的清查，所以是局部清查和不定期清查。

第二节 财产清查的方法

一、货币资金的清查

（一）库存现金的清查

库存现金的清查，包括对人民币和各种外币的清查，即采用实地盘点的方法来确定库存现金的实存数，然后与现金日记账的账面余额进行核对，以查明账实是否相符。

每日业务终了，出纳人员都应将现金日记账的账面余额与库存现金的实存数进行核对，做到账实相符。对库存现金进行盘点时，出纳人员必须在场；盘点时，还应注意有无违反现金管理制度的现象；盘点结束后，还应根据盘点结果，编制"现金盘点报告表"，并由盘点人员和出纳人员共同签章。"库存现金盘点报告表"兼有"盘存单"和"实存账存对比表"的双重作用，是反映库存现金实有数和调整账簿记录的重要原始凭证。"库存现金盘点报告表"的一般格式如表 10-1 所示。

表 10-1　　　　　　　　　　库存现金盘点报告表

单位名称：　　　　　　　　　　　　　　　　　　　　　　　　　　　年　　月　　日

实存金额	账存金额	实存账存对比		备注

负责人：　　　　　　　　　　盘点人：　　　　　　　　　　出纳员：

（二）银行存款的清查

银行存款的清查是指通过对企业单位的银行存款日记账与开户银行转来的对账单逐笔核对，以查明账实是否相符。每月末，企业单位的出纳人员首先应将本单位的银行存款账目登记齐全，结出余额，然后与银行对账单的余额进行核对。由于银行存款收付业务很多，企业和银行入账时间又各不相同，企业往往会出现银行存款日记账数额和银行对账单数额不符的情况。如核对不符，原因主要有记账错误和未达账项两种。

1. 记账错误

记账错误主要是在编制记账凭证中，一方或双方记账错误，如错记、漏记、串户记账等造成的银行存款日记账登记错误等。因企业单位原因造成日记账登记错误的，须运用规定的错账更正方法进行更正；因银行方面的原因造成对账单金额错误的，应立即通知银行加以更正。

2. 未达账项

所谓未达账项，是指企业和银行之间，由于凭证传递上的时间差异，导致双方对于同一项经济业务记账时间不一致，一方已接到有关结算凭证并已经登记入账，而另一方由于尚未接到有关结算凭证尚未入账的款项。未达账项总体来说有两种类型：一是企业已经入账而银行尚未记账的款项；二是银行已经入账而企业尚未入账的款项。具体来讲有以下四种情况。

（1）企业已收，银行未收。例如，企业销售产品收到支票，送存银行后即根据银行盖章后返回的"进账单"回单联登记银行存款的增加，而银行则要等款项收妥后再登记增加。如果此时对账，就会出现企业已收、银行未收的款项。

（2）企业已付，银行未付。例如，企业开出一张支票支付购料款，企业根据支票存根登记银行存款的减少，而此时银行由于尚未接到支付款项的凭证，尚未登记减少。如果此时对账，就会出现企业已付、银行未付的款项。

（3）银行已收，企业未收。例如，外地某企业给本企业汇来款项，银行收到汇款单后，马上登记款项增加，企业由于尚未收到汇款凭证，尚未登记银行存款增加。如果此时对账，就会出现银行已收、企业未收的款项。

（4）银行已付，企业未付。例如，银行代企业支付款项（如水电费等），银行已取得支付款项的凭证并已登记银行存款减少，而企业尚未接到凭证，尚未登记银行存款减少。如果此时对账，就会出现银行已付、企业未付的款项。

上述任何一种未达账项的存在，都会使企业银行存款日记账余额与银行转来的对账单的余额不符。在与银行对账时，应首先查明有无未达账项，如果存在未达账项，可编制银行存款余额调节表。银行存款余额调节表的编制方法是：企业与银行双方都在企业银行存款日记账余额和银行对账单余额的基础上加（或减）对方已记账、自己尚未记账的未达账项（包括增加额和减少额）。调整后的双方余额应该相符，并且是企业当时实际可以动用的款项。下面举例说明银行存款余额调节表的编制方法。

【例10-1】 某企业20×2年8月31日银行存款日记账的余额为15 000元，银行对账单余额为18 000元，经查对有下列未达账项。

（1）企业于月末存入银行的转账支票3 500元，银行尚未入账。

（2）企业于月末开出转账支票2 000元支付购料款，对方企业尚未到银行办理手续。

（3）企业委托银行代收外埠销货款5 000元，银行已收到并入账，但企业尚未收到银行收款通知，尚未入账。

（4）银行代企业支付电费500元，但企业尚未收到银行付款通知，尚未入账。

根据上述未达账项，编制"银行存款余额调节表"，其格式如表10-2所示。

表10-2 银行存款余额调节表

20×2年8月31日 单位：元

项目	金额	项目	金额
企业银行存款日记账余额	15 000	银行对账单余额	18 000
加：银行已收企业未收款项	5 000	加：企业已收银行未收款项	3 500
减：银行已付企业未付款项	500	减：企业已付银行未付款项	2 000
调节后的余额	19 500	调节后的余额	19 500

若双方调节后的余额相等，说明双方记账无误，否则说明记账有误，应进一步逐笔核对，对于错账、漏账应立即予以纠正。采用这种方法进行调节，所得到的调节后余额，是企业当时可以动用的银行存款实有数额。需要指出的是，"银行存款余额调节表"只起对账的作用，不能作为登记账簿的依据，所有未达账项只能在收到银行转来的有关收付款结算凭证时才能登记入账。

二、实物资产的清查

实物资产是指具有实物形态的各种财产物资，包括原材料、自制半成品、在产品、产成品（库存商品）、周转材料等存货及固定资产等。对于实物财产的清查，尤其是存货的清查，首先应当准确地确定其账面结存数，再确定实际结存数，然后将两者进行比较以确定差异并寻找产生差异的原因，进行相关账务处理。

（一）确定实物资产账面结存数的方法

1. 永续盘存制

永续盘存制，又称账面盘存制。平时对各项财产物资的增加、减少都要根据会计凭证在账簿里做相应的连续记载，并且要求随时结出账面余额。账面余额的计算公式如下：

账面余额=账面期初余额+本期增加额−本期减少额

采用永续盘存制，可以随时掌握和了解各项财产物资的增减变动和结存情况，尽管日常的核算工作比较复杂，但有利于加强财产物资的管理。因此，一般情况下，各单位均应采用永续盘存制。采用永续盘存制在账面上能及时反映各项财产物资的结存数，但是，由于账簿中记录的财产物资的增、减变动及结存情况都是根据有关会计凭证登记的，可能会发生账实不符的情况。所以采用永续盘存制的单位，仍然要对各项财产物资进行定期或不定期的清查盘点，以便查明账实是否相符，对于账实不符的，要及时查明原因，按照有关规定进行处理，以达到账实相符的目的。

2. 实地盘存制

实地盘存制，平时只要求根据会计凭证在账簿中登记财产物资的增加数，不要求登记减少数，到月末，对各项财产物资进行盘点，根据实地盘点确定实存数，倒结出本月的财产物资的减少数。其计算公式如下：

本期减少数=账面期初余额+本期增加数−期末实际结存数

采用实地盘存制，由于平时不需要计算、记录财产物资的减少数和结存数，可以大大简化日常核算工作量，财产物资的收发手续也比较简便。但实地盘存制由于平时不要求做存货的减少记录，使得日常财产物资的实体流转与账面变化并不完全一致，且发货手续不严密，不利于存货的控制和管理；期末所得的存货减少数是一个倒结数，有可能把不正常的财产物资的损失数，如被盗、浪费、遗失或盘点遗漏等造成的损失都包括在发出原料的成本中，这样就会影响日常核算的真实性，影响经营成果的核算；另外，由于每个会计期末都必须花费大量的人力、物力对财产物资进行盘点和计价，加大了期末会计核算工作量，有时会影响正常的生产经营。所以，企业一般不宜采用实地盘存制。

（二）清查实物资产的方法

清查实物资产，一般采用的方法有实地盘点法和技术推算法两种。

（1）实地盘点法，是指在实物资产堆放现场进行逐一清点数量或用计量仪器确定其实存数的一种方法。这种方法运用范围较广，大多数实物资产的清查都可以采用。

（2）技术推算法，是利用技术方法（如量方、计尺等）对实物资产的实存数进行推算的一种方法。这种方法适用于大量成堆，难以逐一清点的实物资产。

在实物清查过程中，实物保管人员和盘点人员必须同时在场。对于盘点结果，应如实登记"盘存单"，并由盘点人和保管人签字或盖章，以明确经济责任。盘存单既是记录盘点结果的书面证明，也是反映实物资产实存数的原始凭证。盘存单中所列的实物编号、名称、规格、计量单位和单价等必须与账面记录保持一致，以便核对。盘存单的一般格式如表10-3所示。

表10-3　　　　　　　　　　　　　　　　　盘存单

单位名称：××企业　　　　　　　盘点时间：20×2年6月30日　　　　　　　　　编号：011

财产类别：A材料　　　　　　　　存放地点：1号仓库　　　　　　　　　　　金额单位：元

编号	名称	规格型号	计量单位	实存数量	单价	金额	备注
001	A材料		千克	3 000	15	45 000	

盘点人签章：　　　　　　　　　　　　　　　　　　　　　　　　　　实物保管人签章：

为了进一步查明实存数与账存数是否一致，确定盘盈或盘亏情况，应根据盘存单和有关账簿记录，编制"实存账存对比表"。"实存账存对比表"是用以调整账簿记录的重要原始凭证，也是分析产生差异的原因、明确经济责任的依据。实存账存对比表的一般格式如表 10-4 所示。

表 10-4　　　　　　　　　　　　　　　　实存账存对比表

单位名称：××企业　　　　　　　　　　　20×2 年 6 月 30 日　　　　　　　　　　金额单位：元

编号	类别及名称	规格及型号	计量单位	单价	实存		账存		实存账存对比结果				备注
									盘盈		盘亏		
					数量	金额	数量	金额	数量	金额	数量	金额	
001	A 材料		千克	15	3 000	45 000	3 100	46 500			100	1 500	

盘点人签章：　　　　　　　　　　　　　　　　　　　　　　　　　　　　　制表人签章：

三、往来款项的清查

往来款项主要包括应收款、应付款和暂收款等款项。各项往来款项的清查与银行存款的清查一样，也是采取与对方单位核对账目的方法。清查单位应在其各种往来款项记录准确的基础上，编制"往来款项对账单"，寄发或派人送交对方单位进行核对。核对的内容包括往来款项的原始记录发生的时间、原因及金额，已付款的时间、金额、付款方式及余额等。具体做法是先将本企业往来账目核对清楚，确认准确无误后，再向对方填发往来款项对账单。往来款项对账单格式如图 10-1 所示。对账单应按明细账逐笔抄列，对方单位收到"往来款项对账单"后，应与其相关账目进行核对，如核对相符，应在回单上盖章后退回；如果发现数字不符，应将不符情况在回单上注明或另抄对账单退回，作为进一步核对的依据。

清查单位在收到对方回单后，应填制"往来款项清查表"，其格式如表 10-5 所示。

往来款项对账单

××单位：

你单位于××年××月××日从我单位购入 A 产品 1 000 件，货款 40 000 元尚未支付，请核对后将回联单寄回。

清查单位：（盖章）年　月　日

沿此虚线剪下，将回联单寄回！

往来款项对账单（回联）

××单位：

你单位寄来的往来款项对账单已收到，经核对无误。

清查单位：（盖章）年　月　日

图 10-1　往来款项对账单

表 10-5　　　　　　　　　　　　　　　　往来款项清查表

年　　月　　日

明细分类账户		清查结果		不符的原因分析				
单位名称	金额	相符	不相符	未达账项	拖欠款项	争执款项	无法收回	其他

负责人：　　　　　　　　　　　　　　　　　　　　　　　　　　　　　　制表人：

第三节 | 财产清查结果的处理

一、财产清查结果的处理程序

对通过财产清查所发现的财产管理和核算方面存在的问题，企业应当认真分析研究，以有关的法令、制度为依据进行处理。为此，应切实做好以下几个方面的工作。

（1）核准数字，查明差异，分析原因。对于通过财产清查所确定的清查资料和账簿记录之间的差异，如财产的盘盈、盘亏和多余积压，以及逾期债权、债务等，都要认真查明其性质和原因，明确经济责任，按照规定程序经有关部门批准后，予以认真严肃的处理。

（2）调整账簿记录，做到账实相符。财产清查的重要任务之一就是保证账实相符，财会部门对于财产清查中所发现的差异必须及时地进行账簿记录的调整。由于财产清查结果的处理要报请审批，所以，在账务处理上通常分两步进行：第一步，将财产清查中发现的盘盈、盘亏或毁损数，通过"待处理财产损溢"账户，登记有关账簿，以调整有关账面记录，使账存数和实存数相一致；第二步，在审批后，应根据批准的处理意见，再从"待处理财产损溢"账户转入有关账户。

（3）认真总结，加强管理。财产清查以后，针对所发现的问题，应当认真总结经验教训。同时，要建立和健全以岗位责任制为中心的财产管理制度，切实提出改进工作的措施，进一步加强财产管理。

二、财产清查结果的账务处理

"待处理财产损溢"账户，专门用来核算企业在财产清查过程中查明的各种财产盘盈、盘亏和毁损的价值，物资在运输途中发生的非正常短缺与损耗，也通过该账户核算。该账户的借方登记各种财产物资的盘亏、毁损数及按照规定程序批准的盘盈转销数，贷方登记各种财产物资的盘盈数及按照规定程序批准的盘亏、毁损转销数。对于各项待处理财产损溢，应于期末前查明原因，并根据所在单位的管理权限，经批准后，在期末结账前处理完毕。处理后该账户应无余额。待处理财产损溢账户的结构如表 10-6 所示。

表 10-6　　　　　　　　　　　　待处理财产损溢账户结构

期初余额：待处理的财产盘亏、毁损数	期初余额：待处理的财产盘盈数
发生额：发生的待处理财产盘亏、毁损数及经批准转销的财产盘盈数	发生额：发生的待处理财产盘盈数及经批准转销的财产盘亏数
余额：待处理的财产盘亏净损失数	余额：待处理的财产盘盈净溢余数

（一）存货清查结果的处理

对于财产清查中各种材料、在产品和产成品的盘盈和盘亏，现举例说明其会计处理方法。

【例10-2】　某企业某月份在财产清查过程中，发现盘盈原材料10千克，价值共计800元。

（1）报经批准前，根据实存账存对比表的记录，应编制的会计分录如下。

借：原材料　　　　　　　　　　　　　　　　　　　800
　　贷：待处理财产损溢　　　　　　　　　　　　　　　　800

（2）经反复核查，盘盈材料属于自然升溢，所以，经批准冲减本月管理费用，应编制的会计分录如下。

借：待处理财产损溢   800

  贷：管理费用   800

【例10-3】 某企业某月份在财产清查中，发现购进的甲材料实际库存较账面库存短缺了3 000元，增值税为390元。

（1）报经批准前，先调整账面余额，应编制的会计分录如下。

借：待处理财产损溢   3 390

  贷：原材料——甲材料   3 000

    应交税费——应交增值税（进项税转出）   390

（2）报经批准，发现属于定额内的自然损耗，应作为管理费用计入当期损益，应编制的会计分录如下。

借：管理费用   3 390

  贷：待处理财产损溢   3 390

【例10-4】 科大公司在财产清查中发现库存A商品盘亏20 000元，增值税为2 600元。经查，是管理人员张某的过失造成的，经批准由过失人赔偿，应编制的会计分录如下。

（1）批准前：

借：待处理财产损溢   22 600

  贷：库存商品——A商品   20 000

    应交税费——应交增值税（进项税转出）   2 600

（2）批准后：

借：其他应收款——张某   22 600

  贷：待处理财产损溢   22 600

【例10-5】 科大公司在财产清查中盘亏B商品6 000元，增值税为780元。经查，是非常灾害造成的损失，经批准应列作营业外支出，应编制的会计分录如下。

（1）批准前：

借：待处理财产损溢   6 780

  贷：原材料——B商品   6 000

    应交税费——应交增值税（进项税转出）   780

（2）批准后：

借：营业外支出   6 780

  贷：待处理财产损溢   6 780

（二）固定资产清查结果的处理

（1）盘盈固定资产，应作为前期差错处理，即报经批准处理前应先通过"以前年度损益调整"科目核算。借记"固定资产"科目，贷记"以前年度损益调整"科目。

【例10-6】 科大公司在财产清查中，盘盈设备一台（七成新），市场上该设备全新时价值100 000元，应编制的会计分录如下。

借：固定资产（100 000×70%）   70 000

  贷：以前年度损益调整   70 000

（2）发现盘亏时，应按盘亏固定资产的净值借记"待处理财产损溢"科目，按已提折旧额借记"累计折旧"科目，按固定资产原值贷记"固定资产"科目。盘亏的固定资产报经批准转销时，若为非常损失或自然损耗，借记"营业外支出"科目；若应由责任人或保险公司赔偿，则借记"其他应收款"科目，贷记"待处理财产损溢——待处理非流动资产损溢"科目。

【例10-7】 科大公司在财产清查中发现盘亏设备一台，设备原值70 000元，已计提折旧20 000元，应编制的会计分录如下。

（1）批准前：

借：待处理财产损溢——待处理非流动资产损溢	50 000	
累计折旧	20 000	
贷：固定资产		70 000

（2）经批准，盘亏的设备可由保险公司赔偿其中的40 000元：

借：其他应收款——保险公司	40 000	
营业外支出	10 000	
贷：待处理财产损溢——待处理非流动资产损溢		50 000

（三）库存现金清查结果的处理

【例10-8】 科大公司在财产清查中发现盘盈现金200元，经反复核查，未查明原因，报经批准作为营业外收入处理，应编制的会计分录如下。

（1）批准前：

借：库存现金	200	
贷：待处理财产损溢		200

（2）批准后：

借：待处理财产损溢	200	
贷：营业外收入		200

【例10-9】 科大公司在财产清查中发现盘亏现金1 500元，经反复核查，发现是出纳人员周鸣保管失误造成的，应编制的会计分录如下。

（1）批准前：

借：待处理财产损溢	1 500	
贷：库存现金		1 500

（2）批准后：

借：其他应收款——周鸣	1 500	
贷：待处理财产损溢		1 500

（四）应收、应付款项清查结果的处理

企业无法收回的应收款和无法支付的应付款，在报经批准后，应按规定的方法进行会计处理，已计提坏账准备的通过"坏账准备"科目核算，不通过"待处理财产损溢"科目进行核算。

【例10-10】 在财产清查中，公司查明确实无法收回的账款40 000元，经批准作为坏账损失，应编制的会计分录如下。

借：坏账准备	40 000	
贷：应收账款——××单位		40 000

【例10-11】 在财产清查中，公司查明确实无法支付的应付购货款项90 000元，转作营业外收入，应编制的会计分录如下。

借：应付账款——××单位   90 000

    贷：营业外收入   90 000

历年初会考试真题（多项选择题）

下列各项中，关于财产清查的相关表述正确的有（　　　　）。

A. 往来款项清查一般采用函证方法

B. 库存现金清查采用实地盘点法

C. 银行存款清查采用开户行核对账目的方法

D. 实物资产清查采用实地盘点法

正确答案：ABC

解析：选项D，实物资产的清查方法主要有实地盘点法和技术推算法，并不是所有的实物资产都能用实地盘点法进行清查。

拓展阅读

遵守职业道德

陈某从2000年至2007年担任南方五交化公司出纳兼任九龙坡分公司会计的职务。陈某非常喜欢买衣服，但由于收入不高，便打起了歪主意。之后，"她两三天就换一套名牌衣服"，同事很艳羡。陈某的异常行为引起了公司怀疑，于是公司悄悄安排人查账，发现她挪用了公款44万元。经江北区检察院查实，其中19万余元，是她用作废的支票存根记账的手段非法侵占的，另外20余万元是她直接挪用的。

点评：

财务人员与钱、财、物紧密相连，这就要求财务人员在职业活动中必须廉洁、自律、奉公守法、公私分明，始终保持清醒的头脑，经受各种考验。

思考练习题

一、简答题

1. 什么是财产清查？财产清查有何意义？

2. 什么是未达账项？哪些原因会导致未达账项？

3. 财产清查的结果该如何处理？

4. 什么是永续盘存制？

5. 什么是实地盘存制？

二、判断题（正确的填"√"，错误的填"×"）

1. 会计部门要在财产清查之后将所有的经济业务登记入账并结出余额，做到账账相符、账证相符，为财产清查提供可靠的依据。（　　　）

2. 对在银行存款清查时出现的未达账项，可编制银行存款余额调节表来调整，该表是调节账面余额的原始凭证。（　　　）

3. 存货发出的计价方法不同，不仅会影响企业资产负债表中的负债和损益项目，同时也会影响企业资产负债表中的资产项目。（　　　）

4. 实地盘存制是指平时根据会计凭证在账簿中登记各种财产的增加数和减少数，在期末时再通过盘点实物来确定各种财产的数量，并据以确定账实是否相符的一种盘存制度。（　　　）

5. 未达账项是指在企业和银行之间，由于凭证的传递时间不同，导致记账时间不一致，即一方已接到有关结算凭证已经登记入账，而另一方尚未接到有关结算凭证而未入账的款项。（　　）

6. 为了反映和监督各单位在财产清查过程中查明的各种资产的盈亏及报经批准后的转销数额，应设置"待处理财产损溢"账户，该账户属于负债类账户。（　　）

三、单项选择题

1. 全面清查和局部清查是按照（　　）来划分的。

    A. 财产清查的范围　　　　　　　　B. 财产清查的时间

    C. 财产清查的方法　　　　　　　　D. 财产清查的性质

2. 清查银行存款，应采用（　　）。

    A. 实地盘点法　　B. 技术分析法　　　C. 核对账目法　　　D. 询证法

3. 企业存货盘亏，属于一般经营损失，应该在批准处理后（　　）。

    A. 计入管理费用　B. 计入营业外支出　C. 计入销售费用　　D. 计入生产成本

4. 库存现金清查中对无法查明原因的长款，经批准记入（　　）科目。

    A. 其他应收款　B. 其他应付款　　　C. 营业外收入　　　D. 管理费用

5. "待处理财产损溢"科目未转销的借方余额表示（　　）。

    A. 等待处理的财产盘盈

    B. 等待处理的财产盘亏

    C. 尚待批准处理的财产盘盈数大于尚待批准处理的财产盘亏数和毁损数的差额

    D. 尚待批准处理的财产盘盈数小于尚待批准处理的财产盘亏数和毁损数的差额

6. （　　）是指由上级主管部门、审计机关、司法部门、注册会计师等根据国家有关规定或情况需要对本单位所进行的财产清查。

    A. 外部清查　　B. 内部清查　　　　C. 全面清查　　　　D. 局部清查

7. （　　）是指由本单位内部自行组织清查工作小组所进行的财产清查工作。

    A. 外部清查　　　B. 内部清查　　　C. 定期清查　　　　D. 不定期清查

8. 下列各项中，属于实物资产清查范围的是（　　）。

    A. 现金　　　　B. 存货　　　　　C. 银行存款　　　　D. 应收账款

9. 对应付账款进行清查时，应采用的方法是（　　）。

    A. 与记账凭证核对　　　　　　　　B. 发函询证法

    C. 实地盘存法　　　　　　　　　　D. 技术推算法

10. 对盘亏的固定资产净损失经批准后应记入（　　）科目。

    A. 制造费用　　B. 生产成本　　　　C. 营业外支出　　　D. 管理费用

四、多项选择题

1. 在下列单位和部门中，企业进行财产清查可能涉及的有（　　）。

    A. 企业内部的财会部门　　　　　　B. 企业内部的财产使用部门

    C. 企业的开户银行　　　　　　　　D. 企业内部的财产保管部门

2. 在下列单位和部门中，企业进行实物资产清查可能涉及的有（　　）。

    A. 企业的债权人　　　　　　　　　B. 企业内部的财产使用部门

    C. 企业的开户银行　　　　　　　　D. 企业内部的财产保管部门

3. 在下列单位和部门中，企业进行债权债务清查可能涉及的有（　　）。

    A. 企业内部的财产保管部门　　　　B. 企业内部的财产使用部门

    C. 企业的债务人　　　　　　　　　D. 企业的债权人

4. 财产清查按清查范围分类，可分为（　　）。

    A. 全部清查　　B. 定期清查　　　　C. 局部清查　　　　D. 内部清查

5. 财产清查按清查时间分类，可分为（　　　）。

    A. 全部清查　　　　B. 定期清查　　　　　　C. 局部清查　　　　　　D. 不定期清查

6. 财产清查按清查单位分类，可分为（　　　）。

    A. 全部清查　　　　B. 定期清查　　　　　　C. 外部清查　　　　　　D. 内部清查

7. 在下列各项中，属于企业进行财产清查意义的内容有（　　　）。

    A. 保证账簿记录真实准确　　　　　　　B. 确保账证相符

    C. 真实反映企业的财务状况　　　　　　D. 确保财务报告质量

8. 在财产清查中，清查小组担负的主要任务有（　　　）。

    A. 制订清查计划　　　　　　　　　　　B. 安排清查步骤

    C. 配备清查人员　　　　　　　　　　　D. 解决清查中出现的问题

9. 在下列各项中，属于货币资金清查的具体内容的有（　　　）。

    A. 库存现金清查　　　　　　　　　　　B. 银行存款清查

    C. 库存材料清查　　　　　　　　　　　D. 固定资产清查

10. 在库存现金清查中发现的实存金额少于其账存金额的情况，可称为（　　　）。

    A. 费用　　　　　　B. 长款　　　　　　　　C. 短款　　　　　　　　D. 盘亏

11. 在库存现金清查中发现的实存金额多于其账存金额的情况，可称为（　　　）。

    A. 长款　　　　　　B. 短款　　　　　　　　C. 盘盈　　　　　　　　D. 收入

12. 从企业的角度看，属于未达账项的内容有（　　　）。

    A. 企业已收银行未收款项　　　　　　　B. 银行已收企业未收款项

    C. 银行已付企业未付款项　　　　　　　D. 企业已付银行未付款项

13. 从银行的角度看，属于未达账项的内容有（　　　）。

    A. 企业已收银行未收款项　　　　　　　B. 银行已收企业未收款项

    C. 企业已付银行未付款项　　　　　　　D. 银行已付企业未付款项

14. 在下列各项中，属于存货清查的具体内容的有（　　　）。

    A. 库存现金清查　　　　　　　　　　　B. 库存商品清查

    C. 库存材料清查　　　　　　　　　　　D. 银行存款清查

15. 在下列做法中，企业可以用来进行期末存货盘存的做法有（　　　）。

    A. 权责发生制　　　B. 永续盘存制　　　　　C. 收付实现制　　　　　D. 实地盘存制

16. 在财产清查中所采用的永续盘存制的主要特点有（　　　）。

    A. 设置有关存货明细分类账　　　　　　B. 逐笔登记存货的收入数量

    C. 逐笔登记存货的发出数量　　　　　　D. 平时不登记存货发出数量

17. 在下列各项中，属于永续盘存制优点的有（　　　）。

    A. 便于随时掌握财产的占用情况及其动态　B. 存货明细分类核算工作量较大

    C. 有利于企业加强对财产物资的管理　　　D. 有利于实施对存货的控制

18. 在下列各种方法中，适用于企业存货的清查方法有（　　　）。

    A. 全面盘点法　　　　　　　　　　　　B. 技术推算法

    C. 抽样盘存法　　　　　　　　　　　　D. 与对账单核对法

19. 在对下列各种存货进行清查时，可采用全面盘点的有（　　　）。

    A. 原材料　　　　　B. 包装物　　　　　　　C. 在产品　　　　　　　D. 库存商品

20. 在对下列各种存货进行清查时，可采用抽样盘点的有（　　　）。

    A. 数量比较多的存货　　　　　　　　　B. 重量比较均衡的存货

    C. 零散堆放的大宗存货　　　　　　　　D. 委托外单位加工的存货

21. 在对下列各种存货进行清查时，可采用函证核对法的有（　　　）。

    A. 委托外单位保管的存货　　　　　　　B. 重量比较均衡的存货

    C. 零散堆放的大宗存货　　　　　　　　D. 委托外单位加工的存货

22. 在下列各项中，不属于财产清查结果的内容有（　　　）。

    A. 库存现金清查结果　　　　　　　　　B. 库存材料清查结果

    C. 未收款的未达账项　　　　　　　　　D. 未付款的未达账项

23. 在下列各项中，属于财产清查结果处理主要步骤的内容有（　　　）。

    A. 清查各种财产，确保账实相符　　　　B. 报经批准之前，核销盘盈盘亏

    C. 核准盈亏金额，提出处理意见　　　　D. 调整账簿记录，做到账实相符

24. 下列各项财产清查结果中，经批准以后可以计入企业当期管理费用的有（　　　）。

    A. 流动资产的盘盈

    B. 流动资产的定额内合理损耗

    C. 应由过失人或保险公司赔偿，扣除赔偿款和残料价值后的部分

    D. 非正常损失造成的实物资产的毁损

25. 下列表单中，可作为货币资金和实物资产清查结果处理原始凭证的有（　　　）。

    A. 库存现金盘点报告表　　　　　　　　B. 账存实存对比表

    C. 银行存款余额调节表　　　　　　　　D. 银行对账单

五、综合练习题

1. 甲公司20×2年7月20日至月末的银行存款日记账所记录的业务如下。

（1）20日，收到销货转账支票4 400元。

（2）21日，开出支票#05130，用于支付购入材料的货款10 000元。

（3）23日，开出支票#05131，用于支付购料的运杂费500元。

（4）26日，收到销货款转账支票6 620元。

（5）28日，开出支票#05132，支付公司日常办公费1 250元。

（6）30日，开出支票#05133，用于支付下半年房租4 750元。

（7）31日，银行存款日记账账面余额120 900元。

甲公司开户行所列20×2年7月20日至月末的经济业务如下。

（1）20日，结算甲公司的银行存款利息761.5元。

（2）22日，收到甲公司的销售转账支票4 400元。

（3）23日，收到甲公司开出支票#05130，金额10 000元。

（4）25日，银行为甲公司代付水电费1 625元。

（5）26日，收到甲公司开出支票#05131，金额500元。

（6）29日，为甲公司代收外地购货方汇来的货款2 800元。

（7）31日，银行对账单账面余额122 216.5元。

要求： 根据上述资料，完成银行存款余额调节表的编制，如表10-7所示。

表10-7　　　　　　　　　　　　　　银行存款余额调节表

编制单位：甲公司　　　　　　　　　　　20×2年7月31日　　　　　　　　　　　单位：元

项目	金额	项目	金额
企业银行存款日记账余额	120 900	银行对账单余额	122 216.5
加：银行已收企业未收	（1）	加：企业已收银行未收	（3）
减：银行已付企业未付	1 625	减：企业已付银行未付	（4）
调节后余额	（2）	调节后余额	（5）

2. 华瑞公司20×2年8月发生下列有关财产清查的会计交易或事项。

（1）"盘存单"和"账存实存对比表"显示：盘盈甲材料3 000元，按规定先转入待处理。

（2）上述盘盈的甲材料中因自然升溢盘盈2 000元，因计量器具不准确盘盈1 000元，报经批准后按有关规定计入营业外收入。

（3）"盘存单"和"账存实存对比表"显示：盘亏乙材料12 000元，按规定先转入待处理。

（4）上述盘亏的乙材料，原因已查明并已报经批准按照有关规定处理。①定额内自然损耗盘亏1 800元和因计量器具不准确盘亏1 200元，计入营业外支出；②保管员马虎失职损失4 000元，责令其赔偿，从下月工资中扣除；③因自然灾害损失5 000元，按规定平安保险公司应赔偿4 000元，其余计入营业外支出（非常损失）。

（5）"盘存单"和"账存实存对比表"显示：盘亏机床一台，账面价值为43 000元，已提折旧13 000元，按规定先转入待处理。

（6）上述盘亏的固定资产，经查系自然灾害造成，按规定应向平安保险公司索赔25 000元，尚未收到款项，其余计入营业外支出，已报经批准处理。

（7）"盘存单"和"账存实存对比表"显示：盘盈机器设备一台，同类固定资产的市场价格为10 000元，经鉴定为七成新，按规定先转入待处理。

（8）上述盘盈的固定资产，经查属原未入账设备，按照《小企业会计准则》的规定，在报经批准处理后转入"营业外收入"账户。

（9）"库存现金盘点报告表"显示，短缺现金200元。

（10）上述盘亏的库存现金中：①应由出纳员赔偿80元，尚未收到赔款；②无法查明原因的120元，报经批准处理后计入营业外支出。

（11）因双林食品公司破产倒闭，前欠的货款650元无法支付，报经批准后转作营业外收入。

要求：根据所给资料编制会计分录。

第十一章

财务报告

 **本章知识导图**

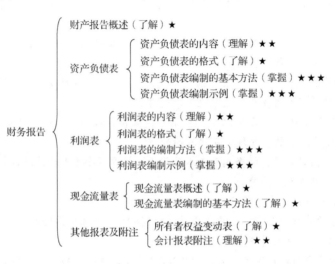

引导案例

某公司资产负债表中显示，其20×2年12月31日资产总额为422 444万元，其中货币资金的金额为40 682万元。

思考： 该案例说明了什么问题？

分析：

企业货币资金的金额为40 682万元，占资产总额的比重为9.63%，表明企业的货币资金持有规模偏大。过高的货币资金持有量会浪费企业的投资机会，增加企业的筹资成本、企业持有现金的机会成本和管理成本。

第一节 财务报告概述

财务报告，也称为财务会计报告，是指企业对外提供的反映企业某一特定日期的财务状况和某一会计期间的经营成果、现金流量等会计信息的文件。财务报告包括财务报表和其他应当在财务报告中披露的相关信息和资料。

财务报表是对企业财务状况、经营成果和现金流量的结构性表述。财务报表至少应当包括下列组成部分：资产负债表、利润表、现金流量表、所有者权益（或股东权益）变动表和附注。我国小企业规模较小，外部信息需求相对较低，所以小企业的财务报表可以不包括现金流量表。

财务报表可以按照不同的标准进行分类：按财务报表编报期间的不同，可以分为中期财务报表和年度财务报表。中期财务报表是以短于一个完整会计年度的报告期间为基础编制的财务报表，包括月报、季报和半年报等。按财务报表编报主体的不同，可以分为个别财务报表和合并财务报表。个别财务报表是由企业在自身会计核算基础上对账簿记录进行加工而编制的财务报表，它主要用以反映企业自身的财务状况、经营成果和现金流量情况。合并财务报表是以母公司和子公司组成的企业集团为会计主体，根据母公司和所属子公司的财务报表，由母公司编制的综合反映企业集团财务状况、经营成果及现金流量的财务报表。

历年初会考试真题（单项选择题）

下列属于财务会计报告的是（　　）。

A. 会计凭证　　　　　B. 会计账簿　　　　　C. 会计报表　　　　　D. 备查簿

正确答案：C

解析： 会计报表属于财务报告。

第二节 资产负债表

一、资产负债表的内容

资产负债表是反映企业在某一特定日期财务状况的报表。它反映企业在某一特定日期所拥有或控制的经济资源、所承担的现时义务和所有者对净资产的要求权。为明确反映某一特定日期企业的财务状况，在资产负债表中，企业通常按资产、负债、所有者权益分类分项反映。也就是说，资产按流动性大小进行列示，具体分为流动资产和非流动资产等；负债也按流动性大小进行列示，具体分为流动负债和非流动负债等；所有者权益则按实收资本、资本公积、盈余公积、未分配利润等项目分项列示。

根据资产负债表的设计原理，结合会计报表使用者对资产负债表各项目内容需求的重要性，以及资产负债表本身项目变化的特性，要求资产负债表一方面反映企业在某一特定日期拥有的总资产，以及相对于这些资产的权益；另一方面反映企业某一特定日期接受投资者、债权人提供的资本和信贷，而这些资本和信贷物化为各种实物资产。资产负债表反映的内容可以概括为以下几个方面：

（1）企业某一特定日期掌握的经济资源，及这些资源的分布与结构；

（2）企业某一特定日期负担的债务，以及企业偿还债务的能力；

（3）企业的投资者（业主）对企业资产的要求权；

（4）期末、期初企业财务状况的变动趋势。

二、资产负债表的格式

（一）表内项目分类

对于资产负债表表内项目的分类方法，国际上有两种，即按项目的流动性分类和按项目的货币性分类。

按项目的流动性分类是国际上流行的分类方法，即资产类项目按流动性大小排列，流动性大的项目排在前面，流动性小的项目排在后面；负债类项目按到期日远近排列，偿付期近者在前，远者在后；所有者权益按永久程度排列，永久程度高的项目排在前面，低的排在后面。我国会计准则规定的资产负债表项目的分类方法与国际流行的分类方法一致。

按项目的货币性分类，可将资产负债表各项目分为货币性项目和非货币性项目两类。货币性项目再分为货币性资产、货币性负债、货币性所有者权益三类；非货币性项目相应地分为非货币性资产、非货币性负债、非货币性所有者权益三类。

（二）表内项目排列

资产负债表内的资产项目一般按其在企业"正常营业周期"内变现能力的强弱来排列。正常营业周期，是指企业正常货币资金变成存货，再从存货变成应收账款或应收票据，最终又变成货币资金的整个过程所经过的平均间隔期间。

按照这一标准，资产负债表中资产项目的排列方式是，将流动资产排在非流动资产之前；对负债项目按其偿还期的长短，将流动负债项目排在前面，非流动负债项目排在后面；对所有者权益项目，则将永久程度高的项目排在前面，永久程度低的项目排在后面。

（三）结构形式

资产负债表的结构形式，国际上流行的有两种：一种是账户式，另一种是报告式。

账户式又称横式，它是依据"资产=负债+所有者权益"会计平衡式，利用账户余额的形式予以排列的方式，即将资产负债表分为左、右两方，左方列示资产各项目，右方列示负债及所有者权益各项目，左右两方相对照后进行平衡。我国现行会计准则规定各行业应使用此种形式。

报告式又称竖式，它是依据"资产-负债=所有者权益"会计平衡式，采用垂直排列的方式，在资产负债表内由上而下分别列示其资产、负债、所有者权益各项目，采取上下对照平衡原理设计的一种形式。

一张完整的资产负债表应当包括表首、正表、附注及附列资料等部分。表首说明资产负债表的编制单位、报表名称、编报日期、计量单位等，由编报单位填写。正表应按填报企业本期总分类账户或明细分类账户期末余额直接填列或分析计算后填列。附注、附列资料的各数据应当根据备查账簿中的记录和有关账户的余额分析计算后填列，必要时应当加注说明和解释。我国现行准则规定，企业在使用账户式资产负债表时，正表中每一项目均要求填列年初数和期末数，以便于报表使用者进行对比分析。

三、资产负债表编制的基本方法

企业应以日常会计核算记录的数据为基础进行归类、整理和汇总，加工成报表项目，形成资产负债表。

（一）"年初余额"的填列方法

"年初余额"栏内各项目数字，应根据上年年末资产负债表"期末余额"栏内所列数字填列。如果本年度资产负债表规定的各个项目的名称和内容同上年度不相一致，应对上年年末资产负债表各项目的名称和数字按本年度的规定进行调整，按调整后的数字填入本表"年初余额"栏内。

（二）"期末余额"的填列方法

"期末余额"是指某一资产负债表日的数字，即月末、季末、半年末或年末的数字。资产负债表中各项目"期末余额"的数据来源，可以通过以下几种方式取得。

1. 根据总账科目余额填列

资产负债表中的有些项目，可直接根据有关总账科目的余额填列，如"交易性金融资产""短期借款""应付票据""应付职工薪酬"等项目；有些项目则需根据几个总账科目的期末余额计算填列。例如，"货币资金"项目需根据"库存现金""银行存款""其他货币资金"三个总账科目的期末余额的合计数填列。

2. 根据明细账科目余额计算填列

例如，"应付账款"项目需要根据"应付账款"和"预付账款"两个科目所属的相关明细科目的期末贷方余额计算填列。

3. 根据总账科目和明细账科目余额分析计算填列

例如，"长期借款"项目需要根据"长期借款"总账科目余额扣除"长期借款"科目所属的明细科目中"将在一年内到期且企业不能自主地将清偿义务展期的长期借款"后的金额计算填列。

4. 根据有关科目余额减去其备抵科目余额后的净额填列

例如，资产负债表中的"固定资产"项目应当根据"固定资产"科目的期末余额减去"累计折旧""固定资产减值准备"备抵科目余额后的净额填列。

5. 综合运用上述填列方法分析填列

例如，资产负债表中的"存货"项目需要根据"原材料""库存商品""委托加工物资""周转材料""材料采购""在途物资""发出商品""材料成本差异"等总账科目期末余额的分析汇总数，再减去"存货跌价准备"科目余额后的净额填列；"应收账款"项目，需要根据"应收账款"和"预收账款"两个科目所属的相关明细科目的期末借方余额计算填列，再减去"坏账准备"科目余额后的净额填列。

 知识拓展

关于"应收账款""预收款项""应付账款""预付款项"等四个项目的填写规则如下。

（1）判断要填写的项目是资产还是负债。若是资产（"应收账款""预付款项"），则取得数据来自明细账户的借方余额；如是负债（"应付账款""预收款项"），则取得数据来自明细账户的"贷方"余额。

（2）根据"收""付"的规律进行选取相加，如果是有"收"字的项目（"应收账款""预收款项"），就是两个含"收"字明细账户余额之和；如果是有"付"字的项目（"应付账款""预付款项"），就是两个含"付"字明细账户余额之和。

（3）如果是资产，还得考虑减去相应的"坏账准备"账户余额，负债则不减。

四、资产负债表编制示例

 【例11-1】 武汉华新公司20×2年12月31日全部总账和有关明细账余额如表11-1所示。

表 11-1　　　　　　　　　　武汉华新公司总账和有关明细账余额

20×2 年 12 月 31 日　　　　　　　　　　　　　　　　单位：元

总账	明细账	期末余额		总账	明细账	期末余额	
		借方	贷方			借方	贷方
库存现金		15 000		短期借款			1 000 000
银行存款		300 000		应付票据			200 000
其他货币资金		5 000		应付账款			200 000
交易性金融资产		280 000			朝霞公司		240 000
应收账款		460 000			东阳公司	40 000	
	春风公司	500 000		预收账款			20 000

续表

总账	明细账	期末余额 借方	期末余额 贷方	总账	明细账	期末余额 借方	期末余额 贷方
	朝阳公司		40 000		朝阳公司		30 000
预付账款		94 000			硕丰公司	10 000	
	春来公司	100 000		其他应付款			180 000
	硕丰公司		6 000	应付职工薪酬			700 000
其他应收款		160 000		应交税费			1 200 000
原材料		500 000		应付股利			400 000
生产成本		200 000		长期借款			1 280 000
库存商品		400 000		应付债券			4 500 000
长期股权投资		5 000 000		长期应付款			3 500 000
长期股权投资减值准备			314 000	实收资本			6 000 000
固定资产		14 000 000		资本公积			1 200 000
累计折旧			1 400 000	盈余公积			100 000
无形资产		1 500 000		利润分配			800 000
长期待摊费用		80 000					

根据上述资料，编制该公司20×2年12月31日的资产负债表，如表11-2所示。

表11-2 资产负债表

编制单位：武汉华新公司　　　　　　　　20×2年12月31日　　　　　　　　单位：元

资产	期末余额	年初余额	负债及所有者权益	期末余额	年初余额
流动资产：			流动负债：		
货币资金	320 000		短期借款	1 000 000	
交易性金融资产	280 000		交易性金融负债		
衍生金融资产			应付票据	200 000	
应收票据			应付款项	246 000	
应收款项	510 000		预收账款	70 000	
预付账款	14 000		合同负债		
其他应收款	160 000		应付职工薪酬	700 000	
存货	1 100 000		应交税费	1 200 000	
持有待售资产			其他应付款	580 000	
一年内到期的非流动资产			持有待售负债		
其他流动资产			一年内到期的非流动负债		
流动资产合计	2 510 000		其他流动负债		
非流动资产：			流动负债合计	3 996 000	
债权投资			非流动负债：		
其他债权投资			长期借款	1 280 000	
长期应收款			应付债券	4 500 000	
长期股权投资	4 686 000		其中：优先股		
其他权益工具投资			永续债		
投资性房地产			长期应付款	3 500 000	

续表

资产	期末余额	年初余额	负债及所有者权益	期末余额	年初余额
固定资产	12 600 000		预计负债		
在建工程			递延所得税负债		
生产性生物资产			其他非流动负债		
油气资产			非流动负债合计	9 280 000	
无形资产	1 500 000		负债合计	13 276 000	
开发支出			所有者权益（或股东权益）:		
商誉			实收资本（或股本）	6 000 000	
长期待摊费用	80 000		其他权益工具		
递延所得税资产			其中: 优先股		
其他非流动资产			永续股		
			资本公积	1 200 000	
			减: 库存股		
			其他综合收益		
			盈余公积	100 000	
			未分配利润	800 000	
非流动资产合计	18 866 000		所有者权益合计	8 100 000	
资产总计	21 376 000		负债和所有者权益总计	21 376 000	

历年初会考试真题（单项选择题）

下列各项中，"预付账款"科目所属明细科目期末为贷方余额，应将其贷方余额列入资产负债表的项目是（   ）。

A. 预收款项　　　　B. 应付账款　　　　C. 预付款项　　　　D. 应收账款

正确答案：C

解析：应付账款应根据"应付账款"和"预付账款"科目所属的相关明细科目的期末贷方余额合计数填列。

第三节 ｜ 利润表

一、利润表的内容

利润表是反映企业在一定会计期间的经营成果的会计报表。利润表的列报必须充分反映企业经营业绩的主要来源和构成，有助于使用者判断净利润的质量及其风险，有助于使用者预测净利润的持续性，从而作出正确的决策。利润表主要反映以下几个方面的内容。

（一）构成营业利润的各要素

营业利润是营业收入减去为取得营业收入而发生的营业成本，减去税金及附加、销售费用、管理费用、财务费用以及资产减值损失，加投资净收益以及公允价值变动净收益后的金额。营业利润是企业生存和发展的基础。

（二）构成利润总额（或亏损总额）的各项要素

利润总额（或亏损总额）是企业当期的经营成果。它等于营业利润加上营业外收入，减去营业外支出后的余额。

（三）构成净利润（或净亏损）的各项要素

净利润（或净亏损）是企业当期利润总额减去向国家缴纳的所得税以后的余额，即企业的税后利润。

二、利润表的格式

利润表一般有表首、正表两个部分。其中，表首说明报表名称、编制单位、编制日期、报表编号、货币名称和计量单位等；正表是利润表的主体，反映形成经营成果的各个项目和计算过程，所以利润表也曾称为损益计算书。

在利润表中，企业通常按各项收入、费用以及构成利润的各个项目分类分项列示。收入按其重要性进行列示，主要包括营业收入、公允价值变动收益、投资收益、营业外收入；费用按其性质进行列示，主要包括营业成本、税金及附加、销售费用、管理费用、财务费用、资产减值损失、营业外支出、所得税费用等；利润按营业利润、利润总额和净利润等利润的构成项目分项列示。

利润表的内容，一是企业在生产经营过程中获得的各种收入；二是与这些收入相对应的物质投入和各项费用。两者相配比，反映利润的计算过程与结果。

利润表正表结构一般有两种：单步式利润表和多步式利润表。

（一）单步式利润表

单步式利润表在排列上完全按照"收入-费用=利润"这一会计等式及其顺序，将全部收入和利得列在一起，将全部费用和损失列在一起，两者相减后得到净利润。单步式利润表结构比较简单，但不便于分析利润形成的项目及各项内容的配比关系。我国企业会计准则规定，利润表采用多步式。

（二）多步式利润表

多步式利润表通过对当期的收入、费用、支出项目按性质加以归类，按利润形成的主要环节列示一些中间性利润指标，如营业利润、利润总额、净利润等，分步计算当期净损益。利润计算的关系式是：

营业利润=营业收入-营业成本-税金及附加-销售费用-管理费用-研发费用-财务费用+

其他收益+（或-）投资收益+（或-）净敞口套期收益+（或-）公允价值变动收益-

信用减值损失-资产减值损失+（或-）资产处置损失

利润总额=营业利润+营业外收入-营业外支出

净利润=利润总额-所得税费用

三、利润表的编制方法

（一）利润表"本月金额"各项目的填列方法

利润表年内各月每个项目通常又分"本月金额"和"本年累计金额"两栏填列。"本月金额"栏反映各项目本月实际发生数。在编制中期财务会计报表时，要将"本月金额"栏改成"上年金额"栏，同时填列上年同期累计实际发生数；在编报年度财务会计报表时，填列本年金额和上年全年累计实际发生数。如果上年度利润表与本年度利润表的项目名称和内容不一致，则按编报当年的口径对上年度利润表项目的名称和数字进行调整，再填入本表"上年金额"栏。

（二）利润表"本年累计金额"各项目的填列方法

利润表"本年累计金额"栏各项目反映自年初起到本月末止该项目的累计实际发生数。具体填列方法如下。

"营业收入"反映企业经营主要业务和其他业务所取得的收入总额，应根据"主营业务收入"科目和"其他业务收入"科目发生额之和分析填列。

"营业成本"反映企业经营主要业务和其他业务发生的实际成本，应根据"主营业务成本"科目和"其他业务成本"科目发生额之和分析填列。

"税金及附加"反映企业经营主要业务和其他业务应负担的消费税、城市维护建设税、资源税、土地增值税和教育费附加，应根据"税金及附加"科目的发生额分析填列。

"销售费用"反映企业在销售商品过程中发生的各种费用及专设销售机构的各项费用，应根据"销售费用"科目发生额分析填列。

"管理费用"反映企业发生的管理费用，应根据"管理费用"科目发生额分析填列。

"财务费用"反映企业发生的财务费用，应根据"财务费用"科目发生额分析填列。

"资产减值损失"反映企业各项资产发生的减值损失，本项目应根据"资产减值损失"科目的发生额分析填列。

"公允价值变动收益"反映企业应计入当期损益的资产或负债公允价值变动收益，本项目应根据"公允价值变动损益"科目的发生额分析填列。如为净损失，则以"-"号填列。

"投资收益"反映企业以各种方式对外投资所取得的收益，其中包括分得的投资利润、债券投资的利息收入、认购股票应得的股利以及收回投资时发生的收益等，应根据"投资收益"科目发生额分析填列。如为投资损失，以"-"号填列。

"营业外收入"和"营业外支出"反映企业发生的与其生产经营无直接关系的各项利得和损失，这两个项目分别根据"营业外收入"和"营业外支出"科目发生额分析填列。

"利润总额"反映企业实现的税前利润。如为亏损，则以"-"号填列。

"所得税费用"反映企业按规定从本期损益中减去的所得税费用，应根据"所得税费用"科目的发生额分析填列。

"净利润"反映企业扣除所得税费用后的净利润。如为亏损，以"-"号填列。

"每股收益"是指普通股股东每持有一股所能享有的企业利润或需承担的企业亏损。每股收益通常被用来反映企业的经营成果，衡量普通股的获利水平及投资风险，是投资者、债权人等信息使用者据以评价企业盈利能力、预测企业成长潜力进而作出相关经济决策的一项重要的财务指标。

"每股收益"包括"基本每股收益"和"稀释每股收益"两类。基本每股收益只考虑当期实际发行在外的普通股股份，按照归属于普通股股东的当期净利润除以当期实际发行在外普通股的加权平均数计算确定。稀释每股收益以基本每股收益为基础。稀释每股收益的计算和列报主要是为了避免每股收益虚增可能带来的信息误导。企业应当在利润表中单独列示基本每股收益和稀释每股收益。

四、利润表编制示例

【例11-2】 武汉华新公司20×2年12月有关损益类账户的当月发生额如表11-3所示。该公司20×2年11月利润表中各项目"本年累计金额"栏的金额如表11-4所示。

表 11-3   武汉华新公司损益类账户本月发生额

20×2 年 12 月   单位：元

总账	借方发生额	贷方发生额
主营业务收入	100 000	5 100 000
主营业务成本	3 100 000	50 000
税金及附加	750 000	
其他业务收入		900 000
其他业务成本	300 000	
销售费用	560 000	
管理费用	440 000	
财务费用	100 000	
投资收益	200 000	1 600 000
营业外收入		325 000
营业外支出	100 000	
所得税费用	98 000	
资产减值损失		
公允价值变动损益		

表 11-4   武汉华新公司利润表各项目累计金额

20×2 年 11 月   单位：元

总账	本年累计金额	
	借方	贷方
主营业务收入		61 000 000
主营业务成本	20 350 000	
税金及附加	6 800 000	
其他业务收入		2 900 000
其他业务成本	1 000 000	
销售费用	7 000 000	
管理费用	4 000 000	
财务费用	800 000	
投资收益		8 200 000
营业外收入		1 400 000
营业外支出	850 000	
所得税费用	8 800 000	
资产减值损失		
公允价值变动损益		

根据上述资料，编制该企业20×2年12月份的利润表，如表11-5所示。

表 11-5   利润表

编制单位：武汉华新公司   20×2 年 12 月   单位：元

项目	本月金额	本年累计金额
一、营业收入	5 900 000	69 800 000
减：营业成本	3 350 000	24 700 000
税金及附加	750 000	7 550 000
销售费用	560 000	7 560 000
管理费用	440 000	4 440 000
研发费用		
财务费用	100 000	900 000
其中：利息费用		
利息收入		
资产减值损失		
信用减值损失		
加：其他收益		
投资收益（损失以"-"号填列）	1 400 000	9 600 000
其中：对联营企业和合营企业的收益		
净敞口套期收益（损失以"-"号填列）		
公允价值变动收益（损失以"-"号填列）		
资产处置收益（损失以"-"号填列）		
二、营业利润（亏损以"-"号填列）	2 100 000	34 250 000
加：营业外收入	325 000	1 725 000
减：营业外支出	100 000	950 000
三、利润总额	2 325 000	35 025 000
减：所得税费用	98 000	8 898 000
四、净利润（亏损以"-"号填列）	2 227 000	26 127 000
（一）持续经营净利润（净亏损以"-"号填列）		
（二）终止经营净利润（净亏损以"-"号填列）		
五、其他综合收益的税后净额		
（一）以后不能重分类进损益的其他综合收益		
1. 重新计量设定收益计划变动额		
2. 权益法下不能转损益的其他综合收益		
3. 其他权益工具投资公允价值变动		
4. 企业自身信用风险公允价值变动		
……		
（二）以后将重分类进损益的其他综合收益		
1. 权益法下在被投资单位以后将重分类进损益的其他综合收益		
2. 其他债权公允价值变动损益		
3. 金融资产重分类计入其他综合收益的金额		
4. 其他债权投资信用减值准备		
5. 现金流量套期储备		
6. 外币财务报表折算差额		
……		
六、综合收益总额		
七、每股收益	略	略
（一）基本每股收益	略	略
（二）稀释每股收益	略	略

历年初会考试真题（单项选择题）

20×2年度，某企业确认营业收入2 000万元，营业成本800万元，管理费用400万元，税金及附加20万元，营业外收入100万元。不考虑其他因素，20×2年度该企业利润表中"营业利润"项目本期金额为（　　）万元。

A. 780　　　　　　　　B. 800　　　　　　　　C. 880　　　　　　　　D. 1 200

正确答案：A

解析：该企业利润表中"营业利润"项目本期金额=2 000-800-400-20=780（万元）。

第四节　现金流量表

一、现金流量表概述

现金流量表，是反映企业在一定会计期间现金和现金等价物流入和流出的报表。从编制原则上看，现金流量表按照收付实现制原则编制，将权责发生制下的盈利信息调整为收付实现制下的现金流量信息，便于信息使用者了解企业净利润的质量。从内容上看，现金流量表被划分为经营活动、投资活动和筹资活动三个部分。每类活动又分为各具体项目，这些项目从不同角度反映企业业务活动的现金流入与流出，弥补了资产负债表和利润表提供信息的不足。通过现金流量表，报表使用者能够了解现金流量的影响因素，评价企业的支付能力、偿债能力和周转能力，预测企业未来现金流量，为其决策提供有力依据。

现金，是指企业库存现金以及可以随时用于支付的存款。不能随时用于支付的存款不属于现金。现金等价物，是指企业持有的期限短、流动性强、易于转换为已知金额现金、价值变动风险很小的投资。期限短，一般是指从购买日起三个月内到期。现金等价物通常包括三个月内到期的债券投资等。权益性投资变现的金额通常不确定，因而不属于现金等价物。企业应当根据具体情况，确定现金等价物的范围，一经确定不得随意变更。

现金流量，是指现金和现金等价物的流入和流出，可以分为三类，即经营活动产生的现金流量、投资活动产生的现金流量和筹资活动产生的现金流量。

（一）经营活动产生的现金流量

经营活动是指企业投资活动和筹资活动以外的所有交易和事项。各类企业由于行业特点不同对经营活动的认定存在一定差异。对于工商企业而言，经营活动主要包括销售商品、提供劳务、购买商品、接受劳务、支付税费等；对于商业银行而言，经营活动主要包括吸收存款、发放贷款、同业存放、同业拆借等；对于保险公司而言，经营活动主要包括原保险业务和再保险业务等；对于证券公司而言，经营活动主要包括自营证券、代理承销证券、代理兑付证券、代理买卖证券等。在我国，企业经营活动产生的现金流量应当采用直接法填列。直接法，是指通过现金收入和现金支出的主要类别列示经营活动的现金流量。

（1）"销售商品、提供劳务收到的现金"项目，反映企业本期销售商品、提供劳务收到的现金，以及前期销售商品、提供劳务本期收到的现金（包括销售收入和应向购买者收取的增值税销项税额）和本期预收的款项，减去本期销售本期退回商品和前期销售本期退回商品支付的现金。企业销售材料和代购代销业务收到的现金，也在本项目反映。

（2）"收到的税费返还"项目，反映企业收到的所得税、增值税、消费税、关税和教育费附加等各种税费返还款。

（3）"收到其他与经营活动有关的现金"项目，反映企业经营租赁收到的租金等其他与经营活动有关的现金流入，金额较大的应当单独列示。

（4）"购买商品、接受劳务支付的现金"项目，反映企业本期购买商品、接受劳务实际支付的现金（包括增值税进项税额），以及本期支付前期购买商品、接受劳务的未付款项和本期预付款项，减去本期发生的购货退回收到的现金。企业购买材料和代购代销业务支付的现金，也在本项目反映。

（5）"支付给职工以及为职工支付的现金"项目，反映企业本期实际支付给职工的工资、奖金、各种津贴和补贴等职工薪酬（包括代扣代缴的职工个人所得税）。

（6）"支付的各项税费"项目，反映企业本期发生并支付、以前各期发生本期支付以及预交的各项税费，包括所得税、增值税、消费税、印花税、房产税、土地增值税、车船使用税、教育费附加等。

（7）"支付其他与经营活动有关的现金"项目，反映企业经营租赁支付的租金，支付的差旅费、业务招待费、保险费、罚款支出等其他与经营活动有关的现金流出，金额较大的应当单独列示。

（二）投资活动产生的现金流量

投资活动是指企业长期资产的购建和不包括在现金等价物范围内的投资及其处置活动。长期资产是指固定资产、无形资产、在建工程、其他资产等持有期限在一年或一个营业周期以上的资产。这里所讲的投资活动，既包括实物资产投资，也包括金融资产投资。这里之所以将"包括在现金等价物范围内的投资"排除在外，是因为已经将包括在现金等价物范围内的投资视同现金。不同企业由于行业特点不同对投资活动的认定也存在差异。例如，交易性金融资产所产生的现金流量，对于工商业企业而言，属于投资活动现金流量，而对于证券公司而言，属于经营活动现金流量。

（1）"收回投资收到的现金"项目，反映企业出售、转让或到期收回除现金等价物以外的对其他企业的权益工具、债务工具和合营中的权益。

（2）"取得投资收益收到的现金"项目，反映企业除现金等价物以外的对其他企业的权益工具、债务工具和合营中的权益投资分回的现金股利和利息等。企业收回购买股票和债券时支付的已宣告但尚未领取的现金股利或已到付息期但尚未领取的债券的利息，在投资活动的"收到其他与投资活动有关的现金"项目反映。

（3）"处置固定资产、无形资产和其他长期资产收回的现金净额"项目，反映企业出售、报废固定资产、无形资产和其他长期资产所取得的现金（包括因资产毁损而收到的保险赔偿收入），减去为处置这些资产而支付的有关费用后的净额。若"处置固定资产、无形资产和其他长期资产所收回的现金净额"为负数，则应在投资活动的"支付其他与投资活动有关的现金"项目反映。

（4）"处置子公司及其他营业单位收到的现金净额"项目，反映企业处置子公司及其他营业单位所取得的现金减去相关处置费用以及子公司及其他营业单位持有的现金和现金等价物后的净额。

（5）"购建固定资产、无形资产和其他长期资产支付的现金"项目，反映企业购买、建造固定资产，取得无形资产和其他长期资产所支付的现金（含增值税税款等），以及用现金支付的应由在建工程和无形资产负担的职工薪酬。该项目不包括为购建固定资产而发生的借款利息资本化的部分，以及融资租入固定资产支付的租赁费。

（6）"投资支付的现金"项目，反映企业取得除现金等价物以外的对其他企业的权益工具、债务工具和合营中的权益所支付的现金以及支付的佣金、手续费等附加费用。企业购买债券的价款中含有应计利息的，以及溢折价购买的，均按实际支付的金额反映。但企业购买股票和债券时，实际支付的价款中包含的已宣告但尚未领取的现金股利或已到付息期但尚未领取的债券的利息，应在投资活动的"支付的其他与投资活动有关的现金"项目反映。

（7）"取得子公司及其他营业单位支付的现金净额"项目，反映企业购买子公司及其他营业单位购买出价中以现金支付的部分，减去子公司及其他营业单位持有的现金和现金等价物后的净额。

（8）"收到其他与投资活动有关的现金""支付其他与投资活动有关的现金"项目，反映企业除上述（1）至（7）外收到或支付的其他与投资活动有关的现金流入或流出，金额较大的应当单独列示。

（三）筹资活动产生的现金流量

筹资活动是指导致企业资本及债务规模和构成发生变化的活动。这里所说的资本，既包括实收资本（股本），也包括资本溢价（股本溢价）；这里所说的债务，指对外举债，包括向银行借款、发行债券以及偿还债务等。通常情况下，应付账款、应付票据等商业应付款等属于经营活动的范畴，不属于筹资活动的范畴。

此外，对于企业日常活动之外特殊的、不经常发生的特殊项目，如自然灾害损失、保险赔款、捐赠等，应当归并到相关类别中，并单独反映。例如，对于自然灾害损失和保险赔款如果能够确指属于流动资产损失，应当列入经营活动产生的现金流量；若属于固定资产损失，应当列入投资活动产生的现金流量。

（1）"吸收投资收到的现金"项目，反映企业以发行股票、债券等方式筹集资金实际收到的款项，减去直接支付给金融企业的佣金、手续费、宣传费、咨询费、印刷费等发行费用后的净额。以发行股票、债券等方式筹集资金而由企业直接支付的审计、咨询等费用，在"支付其他与筹资活动有关的现金"项目反映，不从本项目内减去。

（2）"取得借款收到的现金"项目，反映企业举借各种短期、长期借款而收到的现金。

（3）"偿还债务支付的现金"项目，反映企业以现金偿还债务的本金。

（4）"分配股利、利润或偿付利息支付的现金"项目，反映企业实际支付的现金股利、支付给其他投资单位的利润或用现金支付的借款利息、债券利息。

（5）"收到其他与筹资活动有关的现金""支付其他与筹资活动有关的现金"项目，反映企业除上述（1）至（4）外，收到或支付的其他与筹资活动有关的现金流入或流出，金额较大的应当单独列示。

二、现金流量表编制的基本方法

企业可根据业务量的大小及复杂程度，选择采用工作底稿法、T型账户法，或直接根据有关科目的记录分析填列现金流量表。

（一）工作底稿法

工作底稿法是以工作底稿为手段，以利润表和资产负债表的数据为基础，结合有关科目的记录，对现金流量表的每一项目进行分析并编制调整分录，从而编制出现金流量表的一种方法。

采用工作底稿法编制现金流量表的具体步骤如下。

第一步，将资产负债表的年初余额和期末余额过入工作底稿的年初余额栏和期末余额栏。

第二步，对当期业务进行分析并编制调整分录。调整分录大体有这样几类：第一类是涉及利润表中的收入、成本和费用项目以及资产负债表中的资产、负债及所有者权益项目，通过调整，将权责发生制下的收入、费用转换为现金基础；第二类是涉及资产负债表和现金流量表中的投资、筹资项目，反映投资和筹资活动的现金流量；第三类是涉及利润表和现金流量表中的投资和筹资项目，目的是将利润表中有关投资和筹资方面的收入和费用列入现金流量表投资、筹资现金流量中去。此外，还有一些调整分录并不涉及现金收支，只是为了核对资产负债表项目的期末年初变动。

在调整分录中，有关现金和现金等价物的事项，并不直接借记或贷记现金，而是分别计入"经营活动产生的现金流量""投资活动产生的现金流量""筹资活动产生的现金流量"有关项目，借记表示现金流入，贷记表示现金流出。

第三步，将调整分录过入工作底稿中的相应部分。

第四步，核对调整分录，借方、贷方合计数均已经相等，资产负债表项目期初数加减调整分录中的借贷金额以后，也等于期末数。

第五步，根据工作底稿中的现金流量表项目部分编制正式的现金流量表。

（二）T型账户法

采用T型账户法编制现金流量表是以T型账户为手段，以资产负债表和利润表数据为基础，对每一项目进行分析并编制调整分录，从而编制现金流量表。T型账户法的程序如下。

第一步，为所有的非现金项目（包括资产负债表项目和利润表项目）分别开设T型账户，并将各自的期末期初变动数过入该账户。如果项目的期末数大于期初数，则将差额过入和项目余额相同的方向；反之，过入相反的方向。

第二步，开设一个大的"现金及现金等价物"T型账户，每边分为经营活动、投资活动和筹资活动三个部分。左边记现金流入，右边记现金流出。与其他账户一样，过入期末、期初变动数。

第三步，以利润表项目为基础。结合资产负债表分析每一个非现金项目的增减变动，并据此编制调整分录。

第四步，将调整分录过入各T型账户并进行核对，该账户借贷相抵后的余额与原先过入的期末、期初变动数应当一致。

第五步，根据大的"现金及现金等价物"T型账户编制正式的现金流量表。

（三）分析填列法

分析填列法是直接根据资产负债表、利润表和有关会计科目明细账的记录，分析计算出现金流量表各项目的金额，并据以编制现金流量表的一种方法。

历年初会考试真题（多项选择题）

下列各项现金流出，属于企业现金流量表中筹资活动产生的现金流量的有（　　　）。

A. 偿还应付账款　　　B. 偿还短期借款　　　C. 发放现金股利　　　D. 支付借款利息

正确答案： BCD

解析： 选项A属于经营活动产生的现金流量。

第五节
其他报表及附注

一、所有者权益变动表

所有者权益变动表是指反映构成所有者权益各组成部分当期增减变动情况的报表。所有者权益变动表应当全面反映一定时期所有者权益变动的情况，不仅包括所有者权益总量的增减变动，还包括所有者权益增减变动的重要结构性信息。特别是要反映直接计入所有者权益的利得和损失，让报表使用者准确理解所有者权益增减变动的根源。

在所有者权益变动表中，企业至少应当单独列示反映下列信息的项目：

（1）净利润；

（2）直接计入所有者权益的利得和损失项目及其总额；

（3）会计政策变更和差错更正的累积影响金额；

（4）所有者投入资本和向所有者分配利润等；

（5）按照规定提取的盈余公积；

（6）实收资本（或股本）、资本公积、盈余公积、未分配利润的期初和期末余额及其调节情况。

所有者权益变动表按照下列方式填列。

（一）"上年金额"栏的填列方法

所有者权益变动表"上年金额"栏内各项数字，应根据上年度所有者权益变动表"本年金额"栏内所列数字填列。如果上年度所有者权益变动表规定的各个项目的名称和内容同本年度不相一致，应对上年度所有者权益变动表各项目的名称和数字按本年度的规定进行调整，填入所有者权益变动表"上年金额"栏内。

（二）"本年金额"栏的填列方法

所有者权益变动表"本年金额"栏内各项数字一般应根据"实收资本（或股本）""资本公积""盈余公积""利润分配""库存股""以前年度损益调整"科目的发生额分析填列。

二、会计报表附注

附注是对资产负债表、利润表、现金流量表和所有者权益变动表等报表中列示项目的文字描述或明细资料，以及对未能在这些报表中列示项目的说明等。附注是财务报表的重要组成部分。附注应当按照如下顺序披露有关内容。

（一）企业的基本情况

（1）企业注册地、组织形式和总部地址。

（2）企业的业务性质和主要经营活动。

（3）母公司以及集团最终母公司的名称。

（4）财务报告的批准报出者和财务报告批准报出日。

（二）财务报表的编制基础

企业应当在持续经营基础下进行财务报表列报。

（三）遵循企业会计准则的声明

企业应当明确说明编制的财务报表符合企业会计准则的要求，真实、公允地反映企业的财务状况、经营成果和现金流量等有关信息，以此明确企业编制财务报表所依据的制度基础。

如果企业编制财务报表只是部分遵循了企业会计准则，则在附注中不得作出这种表述。

（四）重要会计政策和会计估计

企业应当披露采用的重要会计政策和会计估计，不重要的会计政策和会计估计可以不披露。

1. 重要会计政策的说明

由于企业经济业务的复杂性和多样化，某些经济业务可以有多种会计处理方法，也即存在不止一种可供选择的会计政策。企业在发生某项经济业务时，必须从允许的会计处理方法中选择适合本企业特点的会计政策。企业选择不同的会计处理方法，可能会极大地影响企业的财务状况和经营成果，进而编制出不同的财务报表。因此，为了有助于使用者理解，有必要对这些会计政策加以披露。

2. 重要会计估计的说明

企业应当披露会计估计中所采用的关键假设和不确定因素的确定依据，这些关键假设和不确定因素在下一会计期间内很可能导致资产、负债账面价值进行重大调整。在确定报表中确认的资产和负债的账面金额过程中，企业有时需要对不确定的未来事项在资产负债表日对这些资产和负债的影响加以估计。例如，固定资产可收回金额的计算需要根据其公允价值减去处置费用后的净额与预计未来现金流量的现值两者之间的较高者确定，在计算资产预计未来现金流量的现值时需要对未来现金流量进行预测，并选择适当的折现率，应当在附注中披露未来现金流量预测所采用的假设及其依据、所选择的折现率为什么是合理的等。这些假设的变动对这些资产和负债项目金额的确定影响很大，有可能会在下一个会计年度内作出重大调整。因此，强调这一披露要求，有助于提高财务报表的可理解性。

（五）会计政策和会计估计变更以及差错更正的说明

企业应当按照《企业会计准则第 28 号——会计政策、会计估计变更和差错更正》及其应用指南的规定，披露会计政策和会计估计变更以及差错更正的有关情况。

（六）重要报表项目的说明

企业应当以文字和数字描述相结合，尽可能以列表形式披露重要报表项目的构成或当期增减变动情况，并与报表项目相互参照。在披露顺序上，一般应当按照资产负债表、利润表、现金流量表、所有者权益变动表的顺序及其报表项目列示的顺序。

历年初会考试真题（多项选择题）

下列各项中，应在企业财务报表附注中披露的内容有（　　　　）。

A. 财务报表的编制基础

B. 会计政策和会计估计变更以及差错更正的说明

C. 重要会计政策和会计估计

D. 遵循企业会计准则的声明

正确答案： ABCD

解析： 以上内容全部属于财务报表附注披露的内容。

拓展阅读

某咖啡财务报告造假

2020年2月1日，浑水就曾收到一份有关某咖啡的匿名做空报告，这份报告用长达89页的篇幅揭露了某咖啡的造假问题，而浑水在收到报告后认为这一指控成立，并表示在社交媒体做空该股，彼时某咖啡股价一度下跌20%以上，但公司方面对指控矢口否认。某咖啡认为，上述报告的调查方法存在缺陷，且证据未经证实，存在恶意虚假成分。

某咖啡在2020年4月2日晚公告，承认其在2019年二季度至四季度内存在伪造交易行为，涉及销售额达22亿元人民币，并表示公司董事会已成立一个专门的委员会对该事件进行调查。该委员会指出，公司首席运营官兼董事刘某以及向他报告的几名员工存在不当行为，其中包括交易数据的捏造。数据显示，某咖啡2019年前三季度的主营业务收入为29.29亿元，而22亿元的造假规模，已经逼近其三个季度总营收规模。受此消息影响，某咖啡美股盘前价剧烈下跌，从26.20美元一路狂跌至21美元以下。

点评：

上述案例可以帮助读者进行财务造假的识别，通过财务分析虽然不能快速识破造假行为，但是可以从财务分析中发现报表的"异常"，从而在投资决策中作出风险预警。财务人员要有这样的警觉性。

思考练习题

一、简答题

1. 什么是资产负债表？简述资产负债表的编制方法。

2. 简述资产负债表的列表格式及其在我国的具体应用。

3. 什么是利润表？利润表中包含哪些项目？

4. 简述应收账款账户设置的用途及其结构。

5. 简述财务报告的定义及其主要内容。

二、判断题（正确的填"√"，错误的填"×"）

1. 资产负债是反映企业在一定时期内的资产、负债和所有者权益情况的报表。（　　　）

2. 企业的财务会计报告分为年度、半年度、季度和月度几类。（　　　）

3. 利润表是反映企业月末、季末或年末取得的利润或发生的亏损情况的报表。（　　　）

4. 所有者权益变动表是反映企业在一定期间内所有者权益变动情况的会计报表，是资产负债表的附表。（　　　）

5. 目前国际上比较普遍的利润表的格式主要有多步式利润表和单步式利润表两种。为简便明晰起见，我国企业采用的是单步式利润表格式。（　　　）

6. 资产负债表的"期末数"栏各项目主要是根据总账或有关明细账期末贷方余额直接填列的。（　　　）

7. 资产负债表中"货币资金"项目反映企业库存现金、银行结算户存款、外埠存款、银行汇票存款和银行本票存款等货币资金的合计数，因此，本项目应根据"库存现金""银行存款"账户的期末余额合计数填列。（　　　）

8. 资产负债表中的"应收账款"项目，应根据"应收账款"账户所属各明细账户的期末借方余额合计填列。（　　　）

9. 利润表中的"营业成本"项目，反映企业销售产品和提供劳务等主要经营业务的各项销售费用和实际成本。（　　　）

10. 现金流量表的现金净增加额应与资产负债表中的货币资金期末数相等。（　　　）

三、单项选择题

1. "预付账款"科目明细账中若有贷方余额，应将其计入资产负债表中的（　　　）项目。

　　A. 应收账款　　　　B. 预收账款　　　　　C. 应付账款　　　　　　　D. 其他应付款

2. 资产负债表中的"未分配利润"项目，应根据（　　）填列。

    A. "利润分配"科目余额

    B. "本年利润"科目余额

    C. "本年利润"和"利润分配"账户的余额计算后

    D. "盈余公积"科目余额

3. 某企业20×2年12月31日固定资产账户余额为2 000万元，累计折旧账户余额为800万元，固定资产减值准备账户余额为100万元，在建工程账户余额为200万元。该企业20×2年12月31日资产负债表中固定资产项目的金额为（　　）万元。

    A. 1 200   B. 90   C. 1 100   D. 2 200

4. 某公司年末结账前"应收账款"所属明细科目中有借方余额50 000元，贷方余额20 000元；"预付账款"所属明细科目中有借方余额13 000元，"预收账款"所属明细科目中有借方余额3 000元，贷方余额10 000元；与应收账款有关的"坏账准备"科目贷方余额为500元。则年末资产负债表中"应收账款"项目的期末数为（　　）元。

    A. 52 500   B. 53 000   C. 53 500   D. 47 000

5. 在下列各项中，不属于企业利润表反映的内容是（　　）。

    A. 主营业务利润 B. 营业利润   C. 利润总额   D. 净利润

6. （　　）既是财务报表项目又是会计科目。

    A. 固定资产   B. 货币资金   C. 未分配利润   D. 存货

7. 下列各项中，不属于资产负债表项目的是（　　）。

    A. 交易性金融资产   B. 应付债券

    C. 实收资本   D. 主营业务收入

8. 根据财务报告的定义，下列各项中不属于财务报告的内容是（　　）。

    A. 资产负债表   B. 利润表

    C. 现金盘点报告表   D. 股东权益变动表

9. 多步式利润表中的利润总额是以（　　）为基础来计算的。

    A. 营业收入   B. 营业成本   C. 营业利润   D. 投资收益

10. 财务报表按照编制时期可以分为（　　）。

    A. 月报、季报和年报   B. 个别报表和合并报表

    C. 资产负债表和所有者权益变动表   D. 利润表

四、多项选择题

1. 企业的财务报告除了反映企业在某一特定日期的财务状况，还可以反映的总体内容有（　　）。

    A. 成本状况   B. 业务成果   C. 经营成果   D. 现金流量

2. 下列关于资产负债表数据来源的表述中，正确的有（　　）。

    A. 根据明细科目余额计算填列   B. 根据记账凭证直接填表

    C. 根据总账户科目余额直接填制   D. 根据总账科目余额计算填制

3. 下列各项中，属于企业利润表格式的有（　　）。

    A. 多步式   B. 账户式   C. 单步式   D. 多栏式

4. 在编制资产负债表时，应根据总账科目的期末贷方余额直接填制的项目有（　　）。

    A. 交易性金融资产   B. 应收利息

    C. 短期借款   D. 应付利息

5. 下列各项中，属于利润表提供的信息有（　　）。

    A. 实现的营业收入   B. 发生的营业成本

    C. 营业利润   D. 企业的净利润或亏损总额

6. 下列资产负债表项目中，可根据总分类账户期末余额直接填列的有（ ）。

    A. 固定资产   B. 短期借款   C. 应收账款   D. 实收资本

7. 下列资产负债表项目中，应根据几个总账账户余额加计汇总填列的有（ ）。

    A. "短期借款"项目   B. "货币资金"项目

    C. "应交税费"项目   D. "存货"项目

8. 资产负债的表头，应该包括（ ）。

    A. 报表名称   B. 编表单位名称

    C. 编制日期   D. 金额计量单位

9. 下列选项中，不属于利润表账户的是（ ）。

    A. 资产类账户   B. 负债类账户

    C. 所有者权益类账户   D. 反映费用的账户

10. 在利润表中，"营业收入"项目的计算依据一般有（ ）。

    A. "主营业务收入"账户发生额   B. "其他业务收入"账户发生额

    C. "营业外收入"账户发生额   D. "投资收益"账户发生额

五、综合练习题

1. 天华股份有限公司20×2年度有关损益类科目本年累计发生净额如表11-6所示。请据此编制天华股份有限公司20×2年度利润表。

表11-6   损益类科目20×2年度累计发生净额

单位：元

科目名称	借方发生额	贷方发生额
主营业务收入		1 550 000
主营业务成本	1 050 000	
税金及附加	4 000	
销售费用	18 000	
管理费用	157 100	
财务费用	41 500	
资产减值损失	30 000	
投资收益		41 500
营业外收入		45 000
营业外支出	19 000	
所得税费用	90 300	

2. 大方公司9月30日有关总账和明细账账户余额如表11-7所示。

表11-7   总账和明细账账户余额表

单位：元

资产账户	借或贷	余额	负债和所有者权益账户	借或贷	余额
库存现金	借	3 000	短期借款	贷	500 000
银行存款	借	1 600 000	应付票据	贷	51 000
其他货币资金	借	180 000	应付账款	贷	142 000
交易性金融资产	借	230 000	——丙企业	贷	182 000

续表

资产账户	借或贷	余额	负债和所有者权益账户	借或贷	余额
应收票据	借	40 000	——丁企业	借	40 000
应收账款	借	150 000	预收账款	贷	29 400
——甲公司	借	160 000	——C公司	贷	29 400
——乙公司	贷	10 000	其他应付款	贷	24 000
坏账准备	贷	4 000	应交税费	贷	56 000
预付账款	借	72 200	长期借款	贷	1 012 000
——A公司	借	74 000	应付债券	贷	1 127 400
——B公司	贷	1 800	其中：一年到期的且企业不能自主将清偿义务展期的应付债券	贷	46 000
其他应收款	借	17 000	实收资本	贷	8 080 000
原材料	借	108 800	盈余公积	贷	316 200
生产成本	借	530 800	利润分配	贷	3 800
库存商品	借	386 400	未分配利润	贷	3 800
固定资产	借	2 438 800	本年利润	贷	73 400
累计折旧	贷	9 800			
在建工程	借	894 800			
资产合计		11 415 200	负债和所有者权益合计		11 415 200

要求： 计算大方公司9月末资产负债表的下列报表项目金额。

（1）货币资金

（2）应收账款

（3）应付债券

（4）未分配利润

3. 在华夏公司20×2年11月编制的资产负债表中，有些项目的"期末余额"数字未计算出来，如表11-8所示。

表11-8　　　　　　　　　　　　　　资产负债表　　　　　　　　　　　　会企01表

编制单位：华夏公司　　　　　　　　　　　20×2年11月30日　　　　　　　　　　　　单位：元

资产	期末余额	年初余额	负债及所有者权益	期末余额	年初余额
流动资产：			流动负债：		
货币资金			短期借款	100 000	
交易性金融资产	34 500		交易性金融负债		
应收票据	7 500		应付票据		
应收账款	24 000		应付账款		
预付款项			预收款项	13 500	
其他应收款	7 500		应付职工薪酬	4 500	
存货			应交税费	9 000	
持有待售资产			其他应付款	31 500	

续表

资产	期末余额	年初余额	负债及所有者权益	期末余额	年初余额
一年内到期的非流动资产			一年内到期的非流动负债		
其他流动资产			流动负债合计		
流动资产合计			非流动负债：		
非流动资产：			长期借款	28 000	
长期应收款			应付债券	20 000	
长期股权投资	1 012 500		非流动负债合计		
固定资产			负债合计		
在建工程			所有者权益：		
无形资产	15 000		实收资本（或股本）	300 000	
研发支出			资本公积	66 000	
长期待摊费用	6 000		盈余公积	67 500	
其他非流动资产			未分配利润		
非流动资产合计			所有者权益合计	1 213 500	
资产总计			负债及所有者权益合计		

本月与这些尚未填列项目有关的总账账户和明细账账户的余额情况如下。

库存现金	1 500元
银行存款	25 500元
原材料	40 000元
生产成本	5 000元
库存商品	30 000元
预付账款	20 000元（借方余额）
其中：A单位	10 000元（贷方余额）
B单位	30 000元（借方余额）
固定资产	282 000元
累计折旧	15 000元
固定资产减值准备	6 000元
应付票据	17 000元
应付账款	53 000元（贷方余额）
其中：C单位	66 500元（贷方余额）
H单位	13 500元（借方余额）

要求：

（1）计算资产负债表中尚未填列齐全的"货币资金""预付款项""存货""流动资产合计""固定资产""应付票据""应付账款""未分配利润"等项目的数据，并填入表中的相应栏次。

（2）计算资产负债表中的"合计"数和"总计"数，并将计算结果填入表中的相应栏次。

（3）试说明资产负债表两方的"总计"数是否相等？若是，请说明为什么双方"总计"数是相等的？

4. 假定华夏公司20×2年11月有关收入类账户和费用类账户的发生额资料如下。

主营业务收入	915 000元（贷方）
主营业务成本	600 000元（借方）
税金及附加	12 500元（借方）
其他业务收入	15 500元（贷方）
其他业务成本	13 500元（借方）
销售费用	16 500元（借方）
管理费用	41 000元（借方）
财务费用	25 500元（借方）
投资收益	20 000元（贷方）
营业外收入	2 500元（贷方）
营业外支出	12 500元（借方）

假定该公司通用的所得税税率为25%。

要求：

（1）计算营业收入、营业成本和所得税费用等项目的金额。

（2）列示该公司该年11月利润表中的"本期金额"栏的全部数据。

（3）说明利润表中"上期金额"的基本列示方法。

（4）试用计算公式写出"营业利润""利润总额""净利润"的计算过程。

第十二章

会计规范

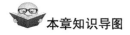

本章知识导图

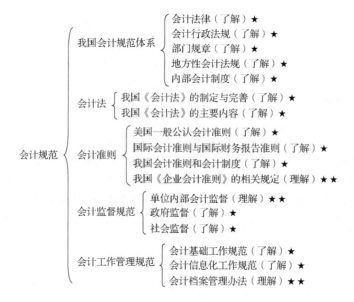

会计规范 ┳ 我国会计规范体系 ┳ 会计法律（了解）★
         ┃   ┣ 会计行政法规（了解）★
         ┃   ┣ 部门规章（了解）★
         ┃   ┣ 地方性会计法规（了解）★
         ┃   ┗ 内部会计制度（了解）★
         ┣ 会计法 ┳ 我国《会计法》的制定与完善（了解）★
         ┃   ┗ 我国《会计法》的主要内容（了解）★
         ┣ 会计准则 ┳ 美国一般公认会计准则（了解）★
         ┃   ┣ 国际会计准则与国际财务报告准则（了解）★
         ┃   ┣ 我国会计准则和会计制度（了解）★
         ┃   ┗ 我国《企业会计准则》的相关规定（理解）★★
         ┣ 会计监督规范 ┳ 单位内部会计监督（理解）★★
         ┃   ┣ 政府监督（了解）★
         ┃   ┗ 社会监督（了解）★
         ┗ 会计工作管理规范 ┳ 会计基础工作规范（了解）★
                            ┣ 会计信息化工作规范（了解）★
                            ┗ 会计档案管理办法（理解）★★

引导案例

某主播偷逃税被追缴并处罚 13.41 亿元

　　国家税务总局浙江省税务局网站消息，浙江省杭州市税务局稽查局查明，网络主播黄某在2019年至2020年期间，通过隐匿个人收入、虚构业务转换收入性质虚假申报等方式偷逃税款6.43亿元，其他少缴税款0.6亿元，依法对黄某作出税务行政处理处罚决定，追缴税款、加收滞纳金并处罚款共计13.41亿元。

　　思考：

　　对这个案件你有何看法呢？

　　分析：

　　平台经济是经济发展的新业态，在更好满足消费者需求、促进新旧动能转换、推动经济高质量发展等方面发挥了积极作用。在平台经济快速发展过程中，部分网络主播的税收违法行为，扰乱了税收征管秩序，破坏了公平竞争的市场环境。税务部门依法依规对有关网络主播税收违法行为进行查处，有利于平台经济长期规范健康发展。

第一节

我国会计规范体系

　　会计规范是指由国家权力机关或其他授权机构制定的，用来规范会计工作、调整会计关系的各种行为规则的总称。会计规范包括管理会计工作的各种法律、法令、条例、规则、章程、制度等规范性文件。目前，我国已基本形成了一套以《中华人民共和国会计法》（以下简称《会计法》）为中心、国家统一的会计制度以及会计准则为基础的相对比较完整的会计规范体系。会计规范体系已成为会计实务工作和经济活动顺利进行的有力保障，对资本市场发展起到了重要的保证和促进作用。我国会计规范体系按权威和法律效力区分，分为五个层次，如图 12-1 所示。

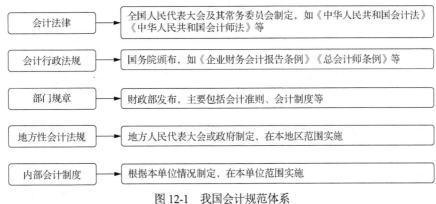

图 12-1　我国会计规范体系

一、会计法律

会计法律是指由全国人民代表大会及其常务委员会制定和颁布的，由国家主席签发的有关调整会计关系的规范性文件或法律规范。

在我国，会计法律规范集中体现在 2000 年 7 月 1 日实施的《会计法》中。《会计法》是依据《中华人民共和国宪法》基本精神制定的，具有强制性，是调整我国经济生活中会计关系的法律总规范，对会计法规、会计规章的制定与实施具有普遍的指导意义。《会计法》是会计法律制度中层次最高的法律规范，是规范会计工作的"宪法"和制定其他会计法规的依据，也是指导会计工作的最高准则。《会计法》中明确规定了其作用、适用范围、会计人员行使职权的保障措施和会计工作的管理体制等，明确规定了会计信息的内容和要求及企业会计核算、监督的原则，以及会计机构的设置、会计人员的配备和相关人员的法律责任。

除了《会计法》这部会计的"宪法"外，还有许多其他涉及会计问题的法律，如《中华人民共和国审计法》《中华人民共和国注册会计师法》《中华人民共和国公司法》《中华人民共和国破产法》《中华人民共和国证券法》《中华人民共和国商业银行法》《中华人民共和国保险法》《中华人民共和国企业所得税法》《中华人民共和国个人所得税法》等。这些法律从不同的行业和角度对会计工作进行了规范，对《会计法》规范的内容起着补充的作用，使《会计法》能更好地发挥其在会计实践中的主体作用。

二、会计行政法规

会计行政法规是我国现行会计法规体系的一个重要组成部分，会计行政法规是由国务院制定颁布或者国务院有关部门拟订经国务院批准发布的由国务院总理签发的规范性文件，其法律效力仅次于会计法律，如《总会计师条例》《企业财务会计报告条例》等。

三、部门规章

部门规章是国务院财政部以及其他部委根据法律、法规的规定发布的指导会计工作的具体规定。会计准则和会计制度作为会计确认、计量、记录和报告的标准和规则，是对《会计法》和《企业财务会计报告条例》的进一步具体化，它们在指导具体的会计工作中发挥着巨大的作用，因此构成了我国会计法律法规制度体系的重要组成部分。会计准则和会计制度均由财政部发布，财政部目前已发布了多项《企业会计准则》《企业会计制度》《小企业会计制度》《金融企业会计制度》《政府会计制度》以及若干针对各行业特殊业务所制定的专业会计核算办法（如新闻出版业会计核算办法等）。由中国证券监督管理委员会制定并发布的《公开发行证券的公司信息披露内容与格式准则》《公开发行证券的公司信息披露编报规则》等，以及《会计基础工作规范》《企业会计信息化工作规范》也属于部门规章。

四、地方性会计法规

地方性会计法规，主要是指各省、自治区、直辖市人民代表大会和人民政府根据会计法律、会计行政法规和国家统一会计制度的规定，结合本地实际情况制定的、在各自的行政区域内实施的地方性会计规范性文件。

五、内部会计制度

内部会计制度是指企业等经济组织内部制定的会计管理制度，由各单位根据本单位情况制定，只在本单位范围内有效。

第二节 ┃ 会计法

会计法律是指由全国人民代表大会及其常务委员会制定和颁布的，有关调整会计关系的规范性文件或法律规范，主要包括两种法律形式：（1）独立的会计法，即《会计法》；（2）在其他法律中出现的对会计工作的法律规定，如《中华人民共和国公司法》（以下简称《公司法》）和有关税收征管法等。会计法律是会计规范体系中权威性最强、最具法律效力的法律规范，是制定其他各层次会计规范的依据。

一、我国《会计法》的制定与完善

《会计法》是调整我国经济生活中会计关系的法律总规范，是会计法律制度中层次最高的法律规范，是制定其他会计法规的依据，也是指导会计工作、规范会计行为的最高准则。1985 年 1 月 21 日，第六届全国人民代表大会常务委员会第九次会议审议通过了《会计法》，标志着我国会计工作开始进入法制阶段。1993 年 12 月 29 日，第八届全国人民代表大会常务委员会第五次会议审议通过了《关于修订<中华人民共和国会计法>的决定》。1999 年 10 月 25 日，第九届全国人民代表大会常务委员会第十二次会议审议通过了《会计法（修订草案）》，10 月 31 日，全国人民代表大会常务委员会第十二次会议举行全体会议，表决通过了经修订后的《会计法》，自 2000

年 7 月 1 日起施行，这是我国对《会计法》的第二次修订。2017 年 11 月 4 日，第十二届全国人民代表大会常务委员会第三十次会议表决通过了《关于修改〈会计法〉的决定》，修改了"从事会计工作的人员，必须取得会计从业资格证书"等规定，并从 2017 年 11 月 5 日起实施。

二、我国《会计法》的主要内容

现行《会计法》共七章 52 条，其主要内容概括如下。

（一）立法宗旨及适用范围

立法宗旨的目的在于规范会计行为，保证会计资料真实、完整，加强经济管理和财务管理，提高经济效益，维护社会主义市场经济秩序；无论是国家还是单位都必须严格规范会计行为，保证会计资料的真实、完整；国家机关、社会团体、公司、企业、事业单位和其他组织都必须依照该法办理会计事务。

（二）单位负责人和会计人员的基本责任

单位负责人对本单位的会计工作和会计资料的真实性、完整性负责；会计机构、会计人员均须依法进行会计核算，实行会计监督；任何单位或者个人不得以任何方式授意、指使、强令会计机构、会计人员伪造、变造会计凭证、会计账簿和其他会计资料，提供虚假财务会计报告；任何单位或者个人不得对依法履行职责、抵制违反《会计法》规定行为的会计人员实行打击报复。

（三）会计工作的管理体制

国务院财政部主管全国的会计工作，县级以上地方各级人民政府财政部门管理本行政区域内的会计工作；我国实行统一的会计制度，统一的会计制度由财政部制定并公布；国务院有关部门可以依照《会计法》和国家统一的会计制度，制定对会计核算和会计监督有特殊要求的行业实施国家统一的会计制度的具体办法或者补充规定，报国务院财政部门审核批准；中国人民解放军总后勤部可以依照《会计法》和国家统一的会计制度，制定军队实施国家统一的会计制度的具体办法，报国务院财政部门备案。

（四）会计核算与会计监督

任何事项的会计核算都必须符合《会计法》的相关规定；各单位应当建立、健全内部会计监督制度；各单位的会计机构、会计人员对违反《会计法》和国家统一的会计制度规定的会计事项，有权拒绝办理或者按照职权予以纠正；财政、审计、税务、人民银行、证券监管、保险监管等部门应当依照有关法律、行政法规规定的职责，对各单位的会计资料实施监督检查；须经注册会计师进行审计的单位，应当向受委托的会计师事务所如实提供会计资料及有关情况，各单位或者个人不得以任何方式要求或者示意注册会计师及其所在的会计师事务所出具不实或者不当的审计报告；财政部门有权对会计师事务所出具的审计报告的内容、程序进行监督；依法对有关单位的会计资料实施监督检查的部门及其工作人员对在监督检查中知悉的国家秘密和商业秘密负有保密义务。

（五）会计机构和会计人员

各单位应当根据会计业务的需要设置会计机构，不具备设置条件的，可以委托中介机构代理记账；国有的或国有资产占控股地位或者占主导地位的大、中型企业必须设置总会计师，同时配备一定数量的、遵守职业道德、具有专业技术职称的会计人员；因有与会计职务有关的违法行为被依法追究刑事责任的人员，不得取得或者重新取得会计从业资格；会计人员调动工作或者离职，必须与接管人员办清交接手续。

（六）法律责任

违法必究是社会主义法治的基本要求。单位、直接负责的主管人员及其他有关人员违反《会计法》所应承担的法律责任，主要包括行政责任和刑事责任。实施行政责任的主体应当是县级以上人民政府财政部门和有关企、事业单位，行政责任的承担主体应当是单位、直接负责的主管人员和其他直接责任人员；刑事责任的承担主体应当是个人、单位、直接负责的主管人员和其他直接责任人员。

（七）附则

附则对《会计法》中使用的相关用语进行界定，并规定了《会计法》的实施日期。

历年初会考试真题（单项选择题）

根据会计法律制度的规定，下列人员中，对本单位的会计工作和会计资料的真实性和完整性负责的是（　　）。

A．总会计师　　　　　B．单位负责人　　　　C．会计核算人员　　　D．单位审计人员

正确答案：B

解析： 对本单位的会计工作和会计资料的真实性和完整性负责的是单位负责人。

第三节 会计准则

会计准则是会计人员从事会计工作必须遵循的基本原则，是会计核算工作的规范，是企业确认和计量经济交易与事项、编制财务报表以提供会计信息所应当遵循的标准和规则。它的目的在于把会计处理建立在公允、合理的基础之上，并使不同时期、不同主体之间的会计结果的比较成为可能。

一、美国一般公认会计准则

在公认会计准则制定和应用方面，美国是世界上制定较早且发展比较完善的国家之一，其第一部公认会计准则制定和颁布于 1937 年，发展到今天，已经过多次修订和完善，发展水平较高，且在实践中得到了很好的验证和发展。

在美国公认会计准则颁布之前的那段时间里，美国会计没有统一的准则，各行各业都用着自己或各移民国家惯用的方法去记录所发生的交易，也不需要向别的企业或者公众披露自己的会计信息，财务报表一般是由投资人编制的，债权人一般得不到真实有效的会计信息。1929 年，美国爆发了严重的经济危机。投资者损失惨重，多起商业丑闻和诈骗案不断被曝光，使得大家开始怀疑会计师的职业能力和职业道德操守，因而，美国十分迫切地需要统一规范的会计准则。

为了实现美国金融市场平稳并且有秩序地发展，美国政府于 1933 年和 1934 年分别颁布了《证券法》和《证券交易法》，设立了"证券交易委员会"（SEC）。在国会要求 SEC 制定会计准则的情况下，SEC 又将这一重任委托给了当时的美国会计师协会（AIA），由此揭开了制定会计准则的序幕，并开创了由民间机构制定会计准则的先河。

目前，美国有三个组织在建立和完善会计准则过程中尤为重要：一是证券交易委员会；二是财务会计准则委员会（FASB）；三是国际会计准则理事会（IASB）。证券交易委员会是一个政

府机构，拥有为公众持股公司制定会计准则和财务报告要求的法定权力。过去 SEC 通常采纳 FASB 的建议，而不是开发一套自己的会计准则。为确保新会计准则被广泛接受，FASB 需要 SEC 的支持，因此这两个组织紧密合作制定新会计准则。

美国会计准则的发展先后经历了"会计程序委员会"（CAP）、"会计原则委员会"（APB）和"财务会计准则委员会"（FASB）三个阶段，由 CAP 发布的 51 份"会计研究公报"、APB 发布的 31 份"会计原则委员会意见书"、FASB 发布的 150 多份"财务会计准则"及其解释公告等，共同形成了适用于美国非政府主体的会计准则的主要内容。

二、国际会计准则与国际财务报告准则

当企业在本国以外经营时，不同国家财务报告惯例方面的差异可能造成大的问题。例如，当公司在另一个国家购买或销售产品时，会计信息如果缺乏可比性就会产生不确定性。国际会计准则理事会起着协调不同国家会计准则的作用。IASB 总部设在伦敦，由精通主要资本市场所采用会计方法的职业人员组成。

20 世纪五六十年代，跨国公司等国际经济联合体大量涌现，许多企业到他国资本市场寻求资金。为了适应国际经济一体化、促进资本的国际流动，须制定一套国际通用的会计标准，以最大限度地消除世界各国利益相关者理解会计信息并以此作出相关决策的障碍。

1973 年 6 月，国际会计准则委员会（IASC）成立。以"制定和公布编制财务报表应当遵守的会计准则并推动这些准则在世界范围内被接受和遵循"作为其工作目标。截至 2000 年，国际会计准则委员会共发布了 41 份"国际会计准则"和 33 项"解释公告"。

2001 年年初，国际会计准则委员会完成改组，国际会计准则理事会取代了国际会计准则委员会。新的国际会计准则理事会对部分国际会计准则作出了修订，并负责发布"国际财务报告准则"（IFRS）。

国际会计准则理事会目前正试图建立可在全世界范围内统一的会计准则，从而便于跨国商业活动。

三、我国会计准则和会计制度

中国经济建设历程曲折前进，从最开始的计划经济，再到计划商品经济，最后是中国特色社会主义的市场经济。随着中国经济的不断发展与变化，会计作为国民经济核算的主要工具也随之不断发展与变革。

中华人民共和国成立初期，各行各业的会计制度非常不统一，不仅缺乏规范的会计规则，甚至连各行各业之间都没有固定的会计做账准则，造成各个单位的会计工作无法系统地规范。后来，虽然财政部先后颁布了一些会计制度和规范，但没有系统地发展。改革开放以后，我国会计准则的建设历程可以分为以下四个阶段。

第一阶段是从 20 世纪 80 年代到 1996 年，这一阶段主要是对国外的学习、借鉴，以及国内关于制定我国的企业会计准则的讨论阶段和尝试阶段。1992 年，我国颁布了《企业财务通则》《企业会计准则》以及分行业财务制度和会计制度（简称"两则两制"），于 1993 年 7 月 1 日起开始实施。

1992 年颁布的《企业会计准则》是中华人民共和国成立以来发布的第一份会计准则，它是借鉴西方会计准则、研究和制定我国会计准则的标志性成果。从内容上看，该准则就企业进行会计确认、计量和报告的基本要求和基本内容作出原则性的规定，属于基本准则。此时颁布的

13 个分行业的会计制度，起到规范各单位的会计行为、指导企业会计实务工作的目的。"两则两制"的发布和实施，标志着我国会计核算模式由原来适应计划经济体制的财务会计核算模式开始转化为适应社会主义市场经济体制的会计核算模式。

第二阶段是从 1997 年到 2000 年，我国证券市场得到充分发展，越来越多的企业上市。为促进深化改革，我国又制定和发布了一系列旨在提高会计信息质量且在内容上与国际惯例保持一致的具体准则和会计制度。1997 年我国发布第一项具体准则——《关联方关系及其交易的披露》，随后相继又发布了 13 项具体的会计准则，突出特点就是针对当时我国经济运行中最需要解决的突出问题而制定，主要是借鉴了国际会计准则。1998 年 5 月，我国正式加入国际会计准则委员。10 月，财政部会计准则委员会成立。2000 年发布国家统一的、打破行业和所有制界限的《企业会计制度》，适用于除金融保险和小企业以外的其他企业，自 2001 年起在股份有限公司范围实施，逐步推广至其他企业。

第三阶段是从 2001 年到 2007 年，这一阶段发布的一系列准则，突出特点就是面对 1997 年准则导致的粉饰财务报表的行为，制定了更为严格的标准；2003 年会计准则委员会改组后，2004 年发布《金融企业会计制度》《非营利组织会计制度》和《小企业会计制度》（2013 年被《小企业会计准则》取代）；2006 年 2 月 15 日正式发布《企业会计准则》和 38 项具体会计准则，标志着我国的企业会计准则体系正式建立起来，可以说是我国会计发展史上具有里程碑意义的事件。

第四阶段是从 2008 年至今，这一阶段修订的一系列准则，突出特点是与国际会计准则相关部分保持了趋同趋势。2014 年和 2017 年财政部新增、修订了企业会计准则的部分项目，这些新准则与国际会计准则相关部分保持了持续趋同。到目前为止，我国的会计准则体系形成了包括 1 个基本准则、42 个具体准则和应用指南 3 个层次。基本准则又根据企业性质分为《企业会计准则》《小企业会计准则》和《事业单位会计准则》。这些准则，成为我国会计人员从事会计工作的规则和指南。

四、我国《企业会计准则》的相关规定

我国《企业会计准则》包括基本准则的规定和具体准则的规定。

（一）企业会计基本准则的规定

我国《企业会计准则——基本准则》类似于国际会计准则理事会的《编报财务报表的框架》，在企业会计准则体系建设中扮演着同样的角色，在整个企业会计准则体系中居于统驭地位。基本准则不仅统驭着具体准则的制定，而且还为会计实务中出现而具体准则尚未规范的新会计问题提供会计处理的基本原则。

基本准则主要包括以下内容：（1）明确了我国财务会计报告的目标是向财务会计报告使用者提供决策有用的信息，并反映企业管理层受托责任的履行情况；（2）强调了企业会计确认、计量和报告应当以会计主体、持续经营、会计分期和货币计量为会计基本假设，规定企业会计确认、计量和报告应当以权责发生制为基础；（3）建立了企业会计信息质量要求体系，规定企业财务会计报告中提供的会计信息应当满足会计信息质量要求；（4）将会计要素分为资产、负债、所有者权益、收入、费用和利润六个要素，同时对各要素进行了严格的定义；（5）规定了企业在将符合确认条件的会计要素登记入账并列报于财务报表时的五种可供选择的计量属性，即历史成本、重置成本、可变现净值、现值和公允价值等，但一般应当采用历史成本，当采用其他计量属性计量时应当保证所确定的会计要素金额能够取得并可靠计量；（6）明确了财务会计报告的基本概念、应当包括的主要内容和所反映信息的基本要求等。

（二）具体准则的规定

我国现行的企业会计准则体系包括 42 个具体准则，2006 年 2 月 15 日，财政部发布了会计准则体系，包括 1 个基本准则和 38 个具体准则。基本准则名称为《企业会计准则——基本准则》，38 个具体准则分别为：存货，长期股权投资，投资性房地产，固定资产，生物资产，无形资产，非货币性资产交换，资产减值，职工薪酬，企业年金基金，股份支付，债务重组，或有事项，收入，政府补助，借款费用，所得税，外币折算，企业合并，租赁，金融工具确认和计量，金融资产转移，套期保值，石油天然气开采，会计政策、会计估计变更和差错更正，财务报表列表，现金流量表，合并财务报表，每股收益，分部报告，金融工具列报，首次执行企业会计准则等。

2014 年新增和修订了八项具体准则，其中新增的有公允价值计量、合营安排、在其他主体中权益的披露，修订的为长期股权投资、职工薪酬、财务报表列报、合并财务报表、金融工具列报。这些准则的目标适用范围为上市公司和所有大中型企业。

2017 年财政部修订了六项企业会计准则，分别为金融工具确认和计量、金融资产转移、套期会计（原为套期保值）、金融工具列报、政府补助、收入。新增一项会计准则——持有待售的非流动资产、处置组和终止经营。

历年初会考试真题（多项选择题）

下列会计法律制度中，由国务院制定的有（　　　　）。

A.《中华人民共和国会计法》　　　　　　B.《总会计师条例》

C.《企业财务会计报告条例》　　　　　　D.《会计档案管理办法》

正确答案：BC

解析：选项A，由全国人民代表大会常务委员会制定；选项D，由财政部与国家档案局联合制定。

第四节 ｜ 会计监督规范

会计监督是指依照国家有关法律、法规、规章对会计工作的监督活动，以利用正确的会计信息，对经济活动进行全面、综合的协调、控制、监督和督促，达到提高会计信息质量和经济效益的目的。会计监督可以分为单位内部监督、政府监督和社会监督。《会计法》等法律、行政法规、规章对单位内部会计监督以及政府监督和社会监督都做了相应的规定。

一、单位内部会计监督

《会计法》要求各单位应当建立、健全本单位内部会计监督制度。单位内部会计监督制度应当符合下列要求：（1）记账人员与经济业务事项的审批人员、经办人员、财物保管人员的职责权限应当明确，并相互分离、相互制约；（2）重大对外投资、资产处置、资金调度和其他重要经济业务事项的决策和执行的相互监督、相互制约程序应当明确；（3）财产清查的范围、期限和组织程序应当明确；（4）对会计资料定期进行内部审计的办法和程序应当明确。这是《会计法》对各单位内部建立会计监督制度所做的原则性规定。

企业内部会计监督制度是一个企业为了合理保证其经营管理合法合规、资产安全、财务会计报告及相关信息真实完整，提高经营效率和效果，防止舞弊、控制风险等目的，而在企业内部采取的一系列政策和程序。从我国会计工作的实际情况出发，建立企业内部会计监督制度应当遵循合法性、全面性、适应性和科学性的原则。

二、政府监督

会计工作的政府监督是一种外部监督，主要是指政府有关部门依据法律、行政法规的规定和部门的职责权限，对有关单位的会计行为、会计资料所进行的监督检查。财政部于2001年2月20日发布的第10号部长令——《财政部门实施会计监督办法》第二条规定，国务院财政部门及其派出机构和县级以上地方各级人民政府财政部门（以下统称财政部门）对国家机关、社会团体、公司、企业、事业单位和其他组织（以下统称单位）执行《会计法》和国家统一的会计制度的行为实施监督检查，以及对违法会计行为实施行政处罚。

《会计法》规定，财政部门对各单位的下列情况实施监督：（1）是否依法设置会计账簿；（2）会计凭证、会计账簿、财务会计报告和其他会计资料是否真实、完整；（3）会计核算是否符合本法和国家统一的会计制度的规定；（4）从事会计工作的人员是否具备从业资格。在对前款第（2）项所列事项实施监督，发现重大违法嫌疑时，国务院财政部门及其派出机构可以向与被监督单位有经济业务往来的单位和被监督单位开立账户的金融机构查询有关情况，有关单位和金融机构应当给予支持。

《财政部门实施会计监督办法》明确规定了会计监督检查的内容，包括各单位设置会计账簿的情况，各单位会计凭证、会计账簿、财务会计报告和其他会计资料的真实性、完整性，各单位会计核算情况，各单位会计档案的建立、保管和销毁是否符合法律、行政法规和国家统一的会计制度的规定，各单位任用会计人员的情况和会计师事务所出具的审计报告的程序和内容等。

《财政部门实施会计监督办法》规定，财政部门实施会计监督检查的形式有：（1）对单位遵守《会计法》、会计行政法规和国家统一的会计制度情况进行全面检查；（2）对单位会计基础工作、从事会计工作的人员持有会计从业资格证书、会计人员从业情况进行专项检查或者抽查；（3）对有检举线索或者在财政管理工作中发现有违法嫌疑的单位进行重点检查；（4）对经注册会计师审计的财务会计报告进行定期抽查；（5）对会计师事务所出具的审计报告进行抽查；（6）依法实施其他形式的会计监督检查。

会计工作是一项社会经济管理活动，其所提供的会计资料是一种社会资源，因此对会计工作的监督除了要发挥财政部门的作用外，还要发挥业务主管部门、其他政府管理部门的作用。《会计法》规定，财政、审计、税务、人民银行、证券监管、保险监管等部门应当依照有关法律、行政法规规定的职责，对有关单位的会计资料实施监督检查；监督检查部门对有关单位的会计资料依法实施监督检查后，应当出具检查结论；有关监督检查部门已经作出的检查结论能够满足其他监督检查部门履行本部门职责需要的，其他监督检查部门应当加以利用，避免重复查账。这体现了财政部门与其他政府管理部门在管理会计事务中的相互协作、配合的关系，是对有关部门实施监督检查的约束性规定。

在实际工作中，各政府部门实施会计监督时各有侧重，财政部门对所有单位实施以保证会计工作秩序和会计信息真实完整为重点的全面监督检查；审计机关依据宪法和审计法律、法规，主要对各级政府的财政收支、国家的财政金融机构和企事业单位的财务收支进行审计监督和检查；税务部门依据税收征管方面的法律、法规，以保证国家税收为主要目的对有纳税义务的单位实施监督检查；人民银行和证券监管、保险监管部门依据相应的法律、行政法规的规定，对所监管的金融、证券、保险类单位以保护国家、出资人和社会公众利益为目的实施行业性的监督管理。

三、社会监督

会计工作的社会监督主要是指由注册会计师及其所在的会计师事务所依法对委托单位的经济活动进行审计和鉴证的一种监督制度。此外，新闻媒体、社会舆论、信访、申诉等检举违反《会计法》和国家统一的会计制度规定的行为也属于会计工作社会监督的范畴。社会监督作为一种外部监督形式，以其特有的独立性而得到法律的认可，具有很强的权威性、公正性和法定证明力。

历年初会考试真题（多项选择题）

依据会计法律制度的规定，下列各项中，属于甲公司内部会计监督主体的有（　　）。

A. 甲公司纪检部门　　B. 甲公司债权人　　C. 甲公司会计机构　　D. 甲公司会计人员

正确答案： CD

解析： 内部会计监督的主体是各单位的会计机构和会计人员。

第五节 | 会计工作管理规范

会计工作管理规范是指会计工作的一些基础制度，主要规定从事会计工作所必须遵循的基本原则和基本规程等。

一、会计基础工作规范

会计基础工作是会计工作的基本环节，也是经济管理工作的重要基础。1984 年 4 月 24 日，财政部曾发布《会计人员工作规则》。1996 年 6 月 17 日，为了加强会计基础工作以建立规范的会计工作秩序、提高会计工作水平，根据《会计法》的有关规定，财政部以财会字第 19 号文的形式制定发布了《会计基础工作规范》（以下简称《基础规范》），它的制定和实施既是做好会计工作的内在要求，也是《会计法》的重要配套规章。2017 年 11 月，《基础规范》修订，将原来的"未取得会计证的人员，不从事会计工作"修改为"（企业）配备会计人员，并确保其具备从事会计工作所需要的专业能力"，取消了"总账和明细账应当定期打印"的规定。《基础规范》由六章共 101 条组成，其主要内容为四个方面的具体规范。

（一）会计机构和会计人员的规范

会计机构是各单位办理会计事务的职能部门，会计人员是从事会计工作的职员。会计机构和会计人员是会计工作的承担者，在会计工作中占主导地位，决定着会计基础工作的状态。设置会计机构并配备素质和数量与之相适应的会计人员，是开展会计工作的起点，也是最基本的会计基础工作。《基础规范》关于会计机构和会计人员的规范内容涉及以下八个方面。

1. 会计机构设置规范

各单位应当根据会计业务的需要设置会计机构；不具备单独设置会计机构条件的，应当在有关机构中设置专职会计人员；是否设置会计机构主要取决于本单位会计业务的需要，即是否能保证本单位会计工作的正常进行；如果一个单位既没有设置会计机构，也没有配备专职会计人员，则应当根据财政部发布的《代理记账管理暂行办法》的要求，委托会计师事务所或者持有代理记账许可证书的其他代理记账机构进行代理记账，以使单位的会计工作有序进行而不影响单位正常的经营管理工作。

2. 会计机构负责人配备规范

设置会计机构的应当配备会计机构负责人；在有关机构中配备专职会计人员的应当在专职会计人员中指定会计主管人员，以及说明会计机构负责人、会计主管人员的任职资格和任免问题。

3. 会计人员配备规范

配备的会计人员应当具备的两个条件：一是应当配备持有会计证的会计人员，未取得会计证的人员不得从事会计工作；二是应当配备有必要的专业知识和专业技能，熟悉国家有关法律、法规和财务会计制度，遵守职业道德的会计人员。会计人员应当按照国家有关规定参加会计业务的培训，各单位应当合理安排会计人员的培训，保证会计人员每年有一定时间用于学习和参加培训。至于一个单位应当配备多少名会计人员，《基础规范》未做明确规定，要求有条件的部门和单位，可以根据本部门（系统）、本单位的具体情况在实施办法中予以明确。

4. 总会计师设置规范

总会计师的设置要求为：一是大、中型企业，事业单位，业务主管部门应当根据《会计法》《总会计师条例》等规定设置总会计师，总会计师由具有会计师以上专业技术资格的人员担任；二是设置总会计师的单位，总会计师应当行使《总会计师条例》规定的职责、权限；三是总会计师的任命（聘任）、免职（解聘）依照《总会计师条例》和有关法律的规定办理，即国有大、中型企业，事业单位和业务主管部门总会计师由本单位主要行政领导人提名，政府主管部门任命或者聘任，免职或者解聘程序与任命或者聘任程序相同；事业单位和业务主管部门的总会计师依照干部管理权限任命或者聘任，免职或者解聘程序与任命或者聘任程序相同；城乡集体所有制企业事业单位总会计师的任免，参照《总会计师条例》的有关规定进行；其他单位总会计师的任免，按照有关法律规定进行。

5. 会计工作岗位设置规范

会计工作岗位设置要求为：一是会计工作岗位可以一人一岗、一人多岗或者一岗多人，但应当符合内部牵制制度的要求，出纳人员不得兼管稽核、会计档案保管和收入、费用、债权债务账目的登记工作；二是会计人员的工作岗位应当有计划地进行轮换，以促进会计人员全面熟悉业务，不断提高业务素质；三是会计工作岗位的设置由各单位根据会计业务需要确定，主要有会计机构负责人或者会计主管人员、出纳、财产物资核算、工资核算、成本费用核算、财务成果核算、资金核算、往来结算、总账报表、稽核和档案管理等。开展会计电算化和管理会计的单位，可以根据需要设置相应工作岗位，也可以与其他工作岗位相结合。

6. 会计人员回避制度

国家机关、国有企业、事业单位任用会计人员应当实行回避制度；单位领导人的直系亲属不得担任本单位的会计机构负责人、会计主管人员；会计机构负责人、会计主管人员的直系亲属不得在本单位会计机构中担任出纳工作。

7. 会计人员职业道德

会计人员职业道德主要包括敬业爱岗、熟悉法规、依法办事、客观公正、搞好服务、保守秘密等。

8. 会计工作交接

会计人员工作调动或者因故离职时必须将本人所经管的会计工作全部移交给接替人员，没有办清交接手续不得调动或者离职。

（二）会计核算的基本规范

会计核算是会计的基本职能之一，在会计基础工作中具有非常重要的地位。《基础规范》从第三十六条至第七十二条对会计核算基础管理问题作出了具体规定，主要包括以下几个方面的内容。

1. 会计核算的一般要求

具体规范了各单位应当依法建账、会计核算的内容和会计核算的基本要求。

（1）应当按照《会计法》和国家统一会计制度的规定建立会计账册，进行会计核算，及时提供合法、真实、准确、完整的会计信息。

（2）发生的经济业务，应当及时办理会计手续、进行会计核算。

（3）会计核算应当以实际发生的经济业务为依据，按照规定的会计处理方法进行，保证会计指标的口径一致、相互可比和会计处理方法的前后各期相一致。

（4）会计年度自公历1月1日起至12月31日止。

（5）会计核算以人民币为记账本位币。

（6）根据国家统一会计制度的要求，在不影响会计核算要求、会计报表指标汇总和对外统一会计报表的前提下，可以根据实际情况自行设置和使用会计科目。

（7）会计凭证、会计账簿、会计报表和其他会计资料的内容和要求必须符合国家统一会计制度的规定，不得伪造、变造会计凭证和会计账簿，不得设置账外账，不得报送虚假会计报表。

（8）对外报送的会计报表格式由财政部统一规定。

（9）实行会计电算化的单位，对使用的会计软件及其生成的会计凭证、会计账簿、会计报表和其他会计资料的要求，应当符合财政部关于会计电算化的有关规定。

（10）对于会计凭证、会计账簿、会计报表和其他会计资料，应当建立档案，妥善保管。会计档案建档要求、保管期限、销毁办法等依据《会计档案管理办法》的规定进行。

2. 填制会计凭证

对发生的经济事项必须取得或者填制原始凭证，并及时送交会计机构。原始凭证不得涂改、挖补。发现原始凭证有错误的，应当由开出单位重开或者更正，更正处应当加盖开出单位的公章。会计机构、会计人员要根据审核无误的原始凭证填制记账凭证。如果在填制记账凭证时发生错误，应当重新填制。填制完经济业务事项后，记账凭证如有空行，应当自金额栏最后一笔金额数字下的空行处至合计数上的空行处画线注销。填制会计凭证，字迹必须清晰、工整。会计机构、会计人员要妥善保管会计凭证。

3. 登记会计账簿

企业应当按照国家统一会计制度的规定和会计业务的需要设置会计账簿。会计账簿包括总账、明细账、日记账和其他辅助性账簿。现金日记账和银行存款日记账必须采用订本式账簿。不得用银行对账单或者其他方法代替日记账。实行会计电算化的单位，用计算机打印的会计账簿必须连续编号，经审核无误后装订成册，并由记账人员和会计机构负责人、会计主管人员签字或者盖章。启用会计账簿时，应当在账簿封面上写明单位名称和账簿名称，在账簿扉页上应当附启用表。记账人员或者会计机构负责人、会计主管人员调动工作时，应当注明交接日期、接办人员或者监交人员姓名，并由交接双方人员签名或者盖章。会计人员应当根据审核无误的会计凭证登记会计账簿。实行会计电算化的单位，应当定期打印总账和明细账。账簿记录发生错误，不准涂改、挖补、刮擦或者用药水消除字迹，不准重新抄写。应当定期对会计账簿记录的有关数字与库存实物、货币资金、有价证券、往来单位或者个人等进行相互核对，保证账证相符、账账相符、账实相符。对账工作每年至少进行一次。按照规定定期结账。

4. 编制财务会计报告

企业按照国家统一会计制度的规定，定期编制财务报告。财务报告包括会计报表及其说明。会计报表包括会计报表主表、会计报表附表、会计报表附注。对外报送的财务报告应当根据国家统一会计制度规定的格式和要求编制。会计报表应当根据登记完整、核对无误的会计账簿记录和其他有关资料编制，做到数字真实、计算准确、内容完整、说明清楚。如果发现对外报送的财务报告有错误，应当及时办理更正手续。除更正本单位留存的财务报告外，应同时通知接受财务报告的单位更正。错误较多的，应当重新编报。

（三）会计监督的基本规范

《基础规范》规定各单位的会计机构、会计人员对本单位的经济活动进行会计监督，其主要内容如下。

1. 会计监督的依据

依据法律、法规、规章、制度进行会计监督，具体依据包括五个方面，即国家财经法律、法规、规章；会计法律、法规和国家统一会计制度；各省、自治区、直辖市财政厅（局）和国务院业务主管部门制定的具体实施办法或者补充规定；各单位制定的单位内部会计管理制度；各单位内部的预算、财务计划、经济计划、业务计划等。

2. 原始凭证的审核和监督

对原始凭证的审核和监督，主要应当抓住两个环节，一是原始凭证的真实性、合法性；二是原始凭证的准确性和完整性。

3. 会计账簿的监督

对伪造、变造、故意毁灭会计账簿或者账外设账行为，应当制止和纠正；制止和纠正无效的，应当向上级主管单位报告，请求作出处理。

4. 实物、款项的监督

应当对实物、款项进行监督，督促建立并严格执行财产清查制度；发现账簿记录与实物、款项不符时，应当按照国家有关规定进行处理；超出会计机构、会计人员职权范围的，应当立即向本单位领导报告，请求查明原因并作出处理。

5. 财务报告的监督

对指使、强令编造、篡改财务报告行为，应当制止和纠正；制止和纠正无效的，应当向上级主管单位报告，请求处理。这主要是针对实际工作中假造会计报表等问题所作出的规定。

6. 财务收支的监督

对审批手续不全的财务收支，应当退回，要求补充、更正；对违反规定不纳入单位统一会计核算的财务收支，应当制止和纠正；对违反国家统一的财政、财务、会计制度规定的财务收支，不予办理；对认为是违反国家统一的财政、财务、会计制度规定的财务收支，应当制止和纠正，制止和纠正无效的，应当向单位领导人提出书面意见请求处理，单位领导人应当在接到书面意见起 10 日内作出书面决定，并对决定承担责任；对违反国家统一的财政、财务、会计制度规定的财务收支，不予制止和纠正，又不向单位领导人提出书面意见的，也应当承担责任；对严重违反国家利益和社会公众利益的财务收支，应当向主管单位或者财政、审计、税务机关报告。

7. 其他经济活动的监督

对违反单位内部会计管理制度，以及单位制定的预算、财务计划、经济计划、业务计划等的经济活动要实行监督。

8. 配合搞好国家监督和社会监督

各单位必须依照法律和国家有关规定接受财政、审计、税务机关等的监督，如实提供会计凭证、会计账簿、会计报表和其他会计资料以及有关情况，不得拒绝、隐匿、谎报；按照法律规定应当委托注册会计师进行审计的单位，应当委托注册会计师进行审计，并配合注册会计师的工作，如实提供会计凭证、会计账簿、会计报表和其他会计资料以及有关情况，不得拒绝、隐匿、谎报，不得示意注册会计师出具不当的审计报告。

（四）建立内部会计管理制度的基本规范

建立健全单位内部会计管理制度，是贯彻执行会计法律、法规、规章、制度，保证单位会计工作有序进行的重要措施，也是加强会计基础工作的重要手段。实践证明，建立并严格执行单位内部会计管理制度的，其会计基础工作就比较扎实，会计工作在经济管理中就能有效发挥作用。

制定内部会计管理制度应当遵循一定的原则，以保证内部会计管理制度科学、合理、切实可行。这些原则包括：应当执行法律、法规和国家统一的财务会计制度；应当体现本单位的生产经营、业务管理的特点和要求；应当全面规范本单位的各项会计工作，建立健全会计基础工作，保证会计工作的有序进行；应当科学、合理，便于操作和执行；应当定期检查执行情况；应当根据管理需要和执行中的问题不断完善。

《基础规范》从强化会计管理和各单位的实际情况出发，示范性地提出了应当建立的十二项内部会计管理制度，即内部会计管理体系、会计人员岗位责任制度、账务处理程序制度、内部牵制制度、稽核制度、原始记录管理制度、定额管理制度、计量验收制度、财产清查制度、财务收支审批制度、成本核算制度和财务会计分析制度等，同时还对各项内部会计管理制度应当包括的主要内容提出了原则性指导意见。应当强调的是，各单位建立哪些内部会计管理制度，各项内部会计管理制度应包括哪些内容，主要取决于单位内部的经营管理需要，不同类型的单位对内部会计管理制度可以有不同的选择，如行政单位往往不需要建立成本核算制度等。

二、会计信息化工作规范

为推动企业会计信息化，节约社会资源，提高会计软件和相关服务质量，规范信息化环境下的会计工作，根据《会计法》《财政部关于全面推进我国会计信息化工作的指导意见》，制定了《企业会计信息化工作规范》，于 2014 年 1 月 6 日开始施行。

《企业会计信息化工作规范》界定了会计软件、会计信息化和会计信息系统的概念，在会计软件、数据接口、基础数据的采集、企业会计信息实施等方面提供了标准，是我国现行的指导企业信息化工作的纲领性文件。

《企业会计信息化工作规范》共分五章四十九条内容，其中总则界定规范中所使用的名词；第二章会计软件和服务，规范了会计软件产品和供应商的行为；第三章是企业会计信息化工作的规范和标准；第四章是财政部门对会计软件及供应商的监督和检查；第五章附则，规定了实施的时间和范围。

《企业会计信息化工作规范》顺应了信息化时代的要求，摆脱了"模拟手工"的电算化思维，在很多方面突破了过去的规定和现行的做法。同时，工作规范把会计信息化放在企业整体经营管理环境中，重视会计与其他业务活动的有机联系，强调会计信息化带来的工作流程和模式的革新，以及信息化与制度环境的互动，这对于信息化时代企业的转型，有着非凡的意义。

三、会计档案管理办法

1984 年 6 月 1 日，财政部和国家档案局发布了《会计档案管理办法》，以加强单位会计档案管理、促进会计工作为单位经济和国家经济建设服务。随着我国社会主义市场经济的发展，经济和会计工作中的新情况、新问题不断出现，1998 年 8 月 21 日，财政部和国家档案局在总结原《会计档案管理办法》实施情况和充分调查研究的基础上，依据《会计法》和《中华人民共和国档案法》的有关规定，修订并重新颁发了自 1999 年 1 月 1 日起施行的《会计档案管理办法》，

2015 年 12 月 11 日公布修订后的《会计档案管理办法》，于 2016 年 1 月 1 日起施行。其基本内容与要求如下。

（一）会计档案及其范围

会计档案是指会计凭证、会计账簿和财务报告等会计核算专业材料，是记录和反映单位经济业务的重要史料和证据。具体包括会计凭证类的原始凭证、记账凭证、汇总凭证和其他会计凭证，会计账簿类的总账、明细账、日记账、固定资产卡片、辅助账簿和其他会计账簿，财务报告类的月度、季度、年度财务报告和其他财务报告，其他类的银行存款余额调节表、银行对账单和其他应当保存的会计核算专业资料、会计档案移交清册、会计档案保管清册及会计档案销毁清册等。

（二）会计档案的整理

每一会计年度终了，单位会计机构负责对会计资料进行整理立卷。整理时应对会计资料按一定的标准进行分类，然后装订成册，并按统一的次序排放。一般情况下，会计凭证每月装订一次，装订好的凭证按年分月妥善保管归档；各种会计账簿年度结账后，除跨年使用的账簿外，其他账簿应按时整理立卷；会计报表编制完成及时报送后，留存的报表应按月装订成册，小企业可按季装订成册。单位内部形成的属于归档范围的电子会计资料可仅以电子形式保存，形成电子会计档案，可以利用计算机、网络通信等信息技术手段管理会计档案。

（三）会计档案的保管

当年形成的会计档案，在会计年度终了后可暂由会计机构保管一年，期满之后应当由会计机构编制移交清册，移交本单位档案机构统一保管；未设立档案机构的，应当在会计机构内部指定专人保管。出纳人员不得兼管会计档案。纸质会计档案移交时应当保持原卷的封装。电子会计档案移交时应当将电子会计档案及其元数据一并移交，且文件格式应当符合国家档案管理的有关规定。

会计档案的保管期限分为永久、定期两类。定期保管期限一般分为 10 年和 30 年。会计档案的保管期限，从会计年度终了后的第一天起算。各种会计档案的保管期限如表 12-1 所示。

表 12-1　　　　　　　　　　　企业和其他组织会计档案保管期限表

序号	档案名称	保管期限	备注
一	会计凭证		
1	原始凭证	30 年	
2	记账凭证	30 年	
二	会计账簿		
3	总账	30 年	
4	明细账	30 年	
5	日记账	30 年	
6	固定资产卡片		固定资产报废清理后保管 5 年
7	其他辅助性账簿	30 年	
三	财务会计报告		
8	月度、季度、半年度财务会计报告	10 年	
9	年度财务会计报告	永久	
四	其他会计资料		
10	银行存款余额调节表	10 年	
11	银行对账单	10 年	
12	纳税申报表	10 年	
13	会计档案移交清册	30 年	
14	会计档案保管清册	永久	
15	会计档案销毁清册	永久	
16	会计档案鉴定意见书	永久	

（四）会计档案的借阅

会计档案为本单位提供和使用，原则上不得借出，有特殊需要外借时须经上级主管单位或单位领导、会计主管人员批准。

外部人员借阅会计档案时，应持单位正式介绍信，经会计主管人员或单位负责人批准后，方可办理借阅手续；单位内部人员借阅会计档案时，应经会计主管人员或单位负责人批准后，方可办理借阅手续。

借阅会计档案人员不得在案卷中乱画、标记、拆散原卷册，也不得涂改、抽换、携带外出或复制原件。有特殊需要时，须经领导批准后方能携带外出或复制原件。

（五）会计档案的销毁

对于保管期满的会计档案需要销毁时，应按照以下程序进行：由本单位档案机构会同会计机构提出销毁意见，编制会计档案销毁清册，列明销毁会计档案的名称、卷号、册数、起止年度和档案编号、应保管期限、已保管期限、销毁时间等内容；单位负责人在会计档案销毁清册上签署意见；销毁会计档案时，应当由档案机构和会计机构共同派员监销，国家机关销毁会计档案时应当由同级财政部门、审计部门派员参加监销，财政部门销毁会计档案时应当由同级审计部门派员参加监销，监销人在销毁会计档案前应当按照会计档案销毁清册所列内容清点核对所要销毁的会计档案；销毁后，相关人员应当在会计档案销毁清册上签名盖章，并将监销情况报告本单位负责人。

保管期满但未结清的债权债务原始凭证和涉及其他未了事项的原始凭证，不得销毁，应当单独抽出立卷，保管到未了事项完结。单独抽出立卷的会计档案，应当在会计档案销毁清册和会计档案保管清册中列明。项目正在建设期间的建设单位，其保管期满的会计档案不得销毁。

历年初会考试真题（多项选择题）

关于单位负责人在单位内部会计工作管理的职责，下列表述中正确的是（   ）。

A. 单位负责人对本单位会计资料的真实性和完整性负责

B. 单位负责人必须事事参与，严格把关

C. 应依法做好会计监督工作

D. 不能授意、指使和强令会计人员办理违法会计事项

正确答案： AD

解析： 选项B，单位负责人是本单位会计行为的责任主体，但不用事必躬亲。选项C，属于会计人员的职责。

拓展阅读

中兴通讯的现代财务创新

近几年，我国的一些大型企业集团都在纷纷设立财务共享服务中心，但财务共享服务这一新的财务形式创立不到40年。全球第一家财务共享服务中心是20世纪80年代由美国福特公司创立的，中国在21世纪才出现这一新的财务服务形式。

中兴通讯创立了第一个中国企业的财务共享服务中心，2005年开始财务共享服务实践，实现了中国企业财务共享服务领域的很多个"第一"：第一个网络报销系统，第一个共享任务平台，第一个企业差旅系统，第一个中国企业的财务共享服务中心，第一个中国的全球财务共享服务中心，第一次提出战略财务、业务财务、共享财务三级财务理念，第一个提出财务云概念。

中兴通讯于2005年制作布制凭证袋，迈开财务共享服务第一步。2006年，进行财务组织转型。

2008年提出战略财务、业务财务、共享财务三级财务架构模式。2009年，建立了单据条形管理体系、影像管理系统、任务分配机制和电子档案系统。2011年提出了财务云概念。2013年，启动了全球财务共享服务中心的建设，把所有的财务业务集中到中国。从第一个国家泰国，到最后一个国家印度，用1308天成功地把全球的财务基础业务移交到财务共享服务中心。

中兴通讯的财务创新经历了报销电子化、报销网络化、线上集中报销、总部财务共享、独立财务共享中心、国际财务共享中心等几个阶段。在这个过程中，中兴通讯财务团队还做了很多小的创新，如将银行的ATM搬进公司，实行支付电子化的操作模式，设置"票据员"岗位，配置票据箱，引入影像扫描系统，引入条形码技术等。

点评：

凭借领先的财务转型理念及财务共享服务上的持续创新，中兴通讯成功摘得第三届中国管理模式杰出奖桂冠。同时，由于中兴通讯财务管理价值模式的构建，中兴通讯也被英国皇家特许管理会计师协会（CIMA）评为"卓越雇主"。CIMA认为中兴通讯能卓有成效地利用国内市场赋予的低成本领先优势和海外市场的发展机遇，通过管理和技术创新，大力开拓国际市场，在不断巩固和扩大国内市场份额的同时，成为为数不多真正"走出去"、实现国际化运营的国内企业之一。财务创新为中兴通讯公司在全球经济舞台的迅速扩张和持续性发展保驾护航。

思考练习题

一、简答题

1. 我国会计规范体系包括哪些内容？

2. 会计人员规范的内容有哪些？

3. 会计档案包括哪几种类型？其具体的保管年限是多少？

二、判断题（正确的填"√"，错误的填"×"）

1. 单位应当定期对已到保管期限的会计档案进行鉴定，并形成会计档案鉴定意见书。（   ）

2. 《会计基础工作规范》的法律地位低于《中华人民共和国会计法》。（   ）

3. 会计监督包括国家监督、社会监督和单位内部监督。（   ）

4. 各单位的会计机构、会计人员对本单位的经济活动进行会计监督。（   ）

5. 《会计法》规定：会计账簿登记，必须以经过审核的记账凭证为依据，并符合有关法律、行政法规和国家统一的会计制度的规定。（   ）

6. 会计档案的保管期分为永久和定期两类。（   ）

7. 新会计准则包括基本准则具体准则和应用指南三个层面。（   ）

三、单项选择题

1. 下列各项中，不属于我国"三位一体"会计监督体系内容的是（   ）。

    A. 由国家公检法部门进行的监督

    B. 通过注册会计师进行的社会监督

    C. 以财政部门为主进行国家监督

    D. 通过建立单位内部会计监督制度进行内部监督

2. 下列各项中，属于企业银行存款余额调节表的保管期限是（   ）。

    A. 10年   B. 15年   C. 30年   D. 永久

3. 根据《中华人民共和国会计法》及有关法律规定，在公司制企业中，对本单位会计工作承担第一责任的人员是（   ）。

    A. 总会计师   B. 董事长   C. 会计机构负责人   D. 以上都不对

4. 下列各项中，不属于政府监督主体的是（　　　）。

    A. 中国证券监督管理委员会   B. 政府财政部门

    C. 政府税务部门   D. 会计师事务所

5. 下列各项中，属于企业保管期限为10年的会计档案有（　　　）。

    A. 记账凭证   B. 明细分类账

    C. 现金日记账   D. 银行存款对账单

6. 下列各项中，属于年度终了会计档案可以由会计机构保管的最长期限是（　　　）。

    A. 1年   B. 2年   C. 3年   D. 6个月

7. 下列各项中，不属于加强会计基础工作的直接原因的是（　　　）。

    A. 规范会计工作秩序   B. 提高会计人员素质

    C. 提高企业的盈利能力   D. 提高会计工作整体水平

8. 一个单位内具体负责会计工作的中层领导人员称为（　　　）。

    A. 单位负责人   B. 注册会计师

    C. 会计机构负责人（会计主管人员）   D. 中级会计师

9. 下列可以不实行会计人员回避制度的单位组织是（　　　）。

    A. 国有企业   B. 国家机关   C. 合伙企业   D. 事业单位

10. （　　　）主要规范各类企业普遍适用的一般经济业务的确认和计量要求。

    A. 报告准则   B. 特殊行业的特定业务准则

    C. 一般业务准则   D. 建造合同准则

四、多项选择题

1. 会计人员办理移交手续前，必须及时做好（　　　）工作。

    A. 尚未登记的账目，应当登记完毕，并在最后一笔余额后加盖经办人员印章

    B. 已经受理的经济业务尚未填制会计凭证的，应当填制完毕

    C. 尚未登记的账目，可以交给后续人员处理

    D. 已经受理的经济业务尚未填制会计凭证的，不应当填制完毕

2. （　　　）和其他组织的会计基础工作，应当符合《会计基础工作规范》的规定。

    A. 国家机关   B. 社会团体   C. 企业   D. 事业单位

3. 会计工作岗位，可以（　　　）。

    A. 有岗无人   B. 一人一岗   C. 一人多岗   D. 一岗多人

4. 会计人员应当按照会计法律、法规和国家统一会计制度规定的程序和要求进行会计工作，保证所提供的会计信息（　　　）。

    A. 真实   B. 准确   C. 及时   D. 完整

5. （　　　）的内容和要求必须符合国家统一会计制度的规定，不得伪造、变造会计凭证和会计账簿，不得设置账外账，不得报送虚假会计报表。

    A. 会计凭证   B. 会计账簿

    C. 会计报表   D. 其他会计资料

6. 会计机构、会计人员应当对单位制定的（　　　）的执行情况进行监督。

    A. 预算   B. 人员招聘   C. 经济计划   D. 业务计划

参考文献

[1] 唐国平. 会计学原理[M], 4版, 北京：中国财政经济出版社，2020.

[2] 陈国辉，迟旭升. 基础会计[M]. 7版. 大连：东北财经大学出版社，2021.

[3] 张捷，刘英明. 基础会计[M]. 6版. 北京：中国人民大学出版社，2020.

[4] 李占国. 基础会计[M]. 北京：高等教育出版社，2021.

[5] 中国注册会计师协会. 税法[M]. 北京：中国财政经济出版社，2022.

[6] 会计专业技术资格考试教材编委会. 经济法基础[M]. 北京：企业管理出版社，2022.

[7] 会计专业技术资格考试教材编委会. 初级实务[M]. 北京：企业管理出版社，2022.

[8] 中华会计网校官网。

[9] 中国注册会计师协会官网。